MOSHE PEARLMAN – YAACOV YANNAI

HISTORISCHE STÄTTEN IM HEILIGEN LAND

Mit einem Vorwort von

YIGAEL YADIN

PROFESSOR FÜR ARCHÄOLOGIE AN DER

HEBRÄISCHEN UNIVERSITÄT, JERUSALEM

Überarbeitete und erweiterte Ausgabe 1980

Fourier Verlag, Wiesbaden

Fourier Verlag GmbH, Wiesbaden
Titel der englischen Originalausgabe "Historical Sites in Israel"
Übersetzung aus dem Englischen von Miriam Magal, Tel Aviv — Lay-out Zur-Avnon

Erste Ausgabe	1964
Zweiter Nachdruck	1965
Dritter Nachdruck	1966
Zweite Ausgabe, überarbeitet	1969
Zweiter Nachdruck	1974
Dritte Ausgabe, überarbeitet und erweitert	1977
Vierte Ausgabe	1978
Deutsche Ausgabe	1980

ISBN 3-921695-32-5

PELI PRINTING WORKS LTD., GIVATAYIM
PRINTED IN ISRAEL

INHALT

Anmerkungen der Verfasser	7
Vorwort von Professor Yigael Yadin	9
Jerusalem	10
Bar'am	35
Hazor	37
Safad	48
Meron	54
See Genezareth	57
Kapernaum	65
Tabgha	66
Berg der Seligpreisungen	67
Tiberias	67
Beth Yerach	73
Dan	73
Berg Tabor	76
Nazareth	79
Beth She'an (Beth Schean)	89
Beth Alpha	93
Beth She'arim (Beth Schearim)	96
Megiddo	101
Montfort	111
Akko (Akka)	120
Karmel und Haifa	132
Athlit	135
Caesarea	141
Tel Aviv-Jaffa	154
Ramla	164
Lod	168
Gezer (Geser)	170
Abu Ghosch	175
Aschkelon	178
Lachisch	185
Beerscheba	190
Masada	197
Die Bar-Kochba-Höhlen	211
Ein Gedi (En Gedi)	223
Avdat	224
Schivta	236
Salomos Bergwerk	241
Sebaste (Samaria)	244
Jericho	249
Qumran	254
Bethlehem	256
Herodion	259
Hebron	263
Sankt-Katharinenkloster	266
Zeittafel	268
Ausgewähltes Literaturverzeichnis	275
Register	281

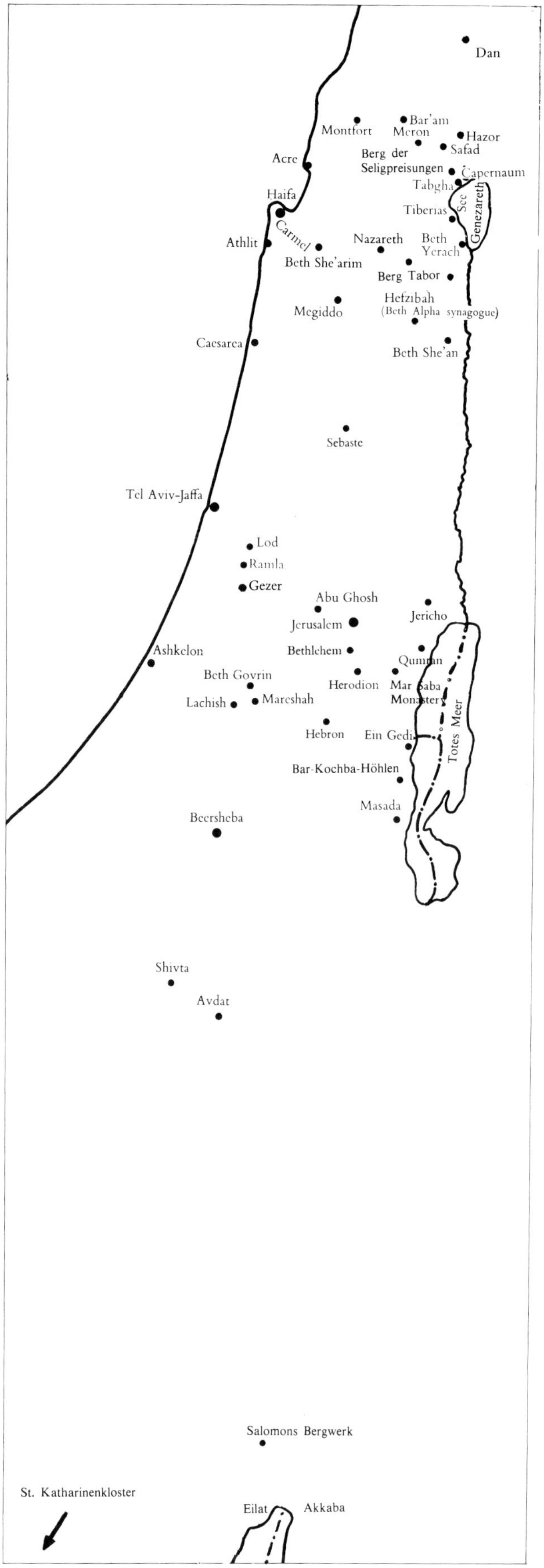

ANMERKUNGEN DER VERFASSER

Wie wir schon in der Einleitung zur ersten, 1964 erschienenen Ausgabe schrieben, ist es Ziel dieses Buches, über die wichtigsten Stätten des Altertums in Israel einen kurzen historischen und archäologischen Abriß in einer leicht verständlichen Sprache zu bringen.

Damals wurden dramatische Ausgrabungen an mehrerer dieser Stätten durchgeführt. Erst in den nachfolgenden Jahren konnte ihr archäologischer Hintergrund durch weitere Entdeckungen bereichert werden. Die Berichte darüber wurden in der 1968 erschienenen zweiten Ausgabe aufgenommen. Diese Ausgabe behandelte auch eine Reihe zusätzlicher Stätten, vor allem Jerusalem, Jericho, Bethlehem und den Sinai, die nach dem Sechstage-Krieg im Juni 1967 zugänglich geworden waren. Seither brachte die weitere archäologische Forschung neue Schätze ans Licht.

Diese neue, beträchtliche erweiterte Ausgabe macht den Leser mit den letzten Entdekkungen an Stätten bekannt, die bereits in den beiden früheren Ausgaben behandelt wurden, sowie anderen, die hier zum ersten Mal beschrieben werden, wo die Ausgrabungen begannen, nachdem die erste Ausgabe bereits abgeschlossen war.

Die historischen Stätten, sind in einer ungefähren geographischen Anordnung vom Norden nach Süden vorgestellt, abgesehen von Jerusalem, mit dem das Buch beginnt, und — das geschah allerdings aus rein technischen Gründen — von den Stätten, die in den späteren Ausgaben hinzukamen.

Die ausgewählten Stätten besitzen alle eine große historische Faszination und archäologische Bedeutung. Alle können jetzt ungehindert besichtigt werden.

Moshe Pearlman
Yaacov Yannai

Jerusalem 1980

VORWORT

Seit langem war ein Buch notwendig über die wichtigen Stätten des Altertums in Israel, das lesbar ist, das die letzten archäologischen Entdeckungen beschreibt und das wissenschaftlich genau ist, ohne jedoch mit der Art von Einzelheiten überladen zu sein, die nur den Fachmann interessieren. HISTORISCHE STÄTTEN IM HEILIGEN LAND erfüllt alle diese Anforderungen.

Der interessierte Besucher, der Israels Altertümer besichtigt, sucht häufig mehr als die kurzen Beschreibungen, die in so zahlreichen Reiseführern erscheinen. Andererseits helfen ihm kaum die technischen Werke weiter, die mit den unvermeidlichen wissenschaftlichen Details überladen und oft in einer trockenen, akademischen Sprache abgefaßt sind. Um etwas über eine Stätte zu erfahren, muß er sich teilweise durch mehrere Bände arbeiten.

HISTORISCHE STÄTTEN IM HEILIGEN LAND bespricht die wichtigsten Stätten im Rahmen eines einzigen Bandes, stellt alle hervorragenden Tatsachen vor, die ein Besucher erfahren möchte, macht ihn mit dem Abenteuer der Archäologie bekannt und erhöht den intellektuellen Genuß seines Besuches. Der Text beeindruckt, genau wie die gelungene Auswahl der zahlreichen Bilder. Es ist ein Buch, das dem Besucher in Israel genau wie dem Leser Zuhause die gleiche Freude bereitet.

Mehrere Faktoren haben zum Erfolg dieses Buches beigetragen. Die Verfasser haben die Bedürfnisse des Lesers bewundernswert gut erfaßt und besitzen die Fähigkeit, ihm in Wort und Bild das vorzustellen, was er braucht. Beide kennen das Land genau, und beide stehen den wissenschaftlichen Quellen und der durchgeführten archäologischen Arbeit nahe.

Moshe Pearlman, der seine schriftstellerische Laufbahn nach einem hervorragenden Dienst im Außenministerium und im Büro des Ministerpräsidenten wieder aufnimmt, hat bereits mehrere wichtige Bücher über Israel und seine Probleme geschrieben. Er war auch der Verfasser der beliebten Broschüren über die Stätten des Altertums, die restauriert wurden. Dabei arbeitete er eng mit den Archäologen zusammen, die die Ausgrabungen durchführten.

Yaacov Yannai ist Leiter für Landschaftsgestaltung und Denkmalschutz in Israel, einer dem Büro des Ministerpräsidenten unterstellten Abteilung. Er war verantwortlich für die bemerkenswerte Restaurierung zahlreicher archäologischer Stätten im Land, insbesondere Caesarea, Beth She'arim (Beth Shearim), Avdat, Schivta, Bar'am und Beth Alpha, die unter anderen im vorliegenden Buch behandelt werden.

HISTORISCHE STÄTTEN IM HEILIGEN LAND ist eine schöne Bereicherung der Literatur über dieses alte Land. Es ist ein wertvolles Buch, das Besucher wie Leser Zuhause mit der gleichen Freude und Genuß in die Hand nehmen werden.

YIGAEL YADIN

JERUSALEM

Jerusalem, hoch oben im judäischen Bergland gelegen, ist mehr Menschen bekannt als jeder andere Ort der Welt. Es liegt ca. 800 m über dem Meeresspiegel und ist 63 km von Tel Aviv an der Mittelmeerküste entfernt. Sein Ursprung verliert sich im Dunst der Vorzeit. Man nimmt jedoch an, daß der Beginn seiner turbulenten Geschichte, in der sich Ereignisse und Ideen drängen, die das Verhalten der Hälfte der Menschheit entscheidend geprägt haben, auf den Beginn des 3. Jts. v. Z. anzusetzen ist. Für alle, die mit der Bibel in Berührung kamen, ist der Einfluß dieser Geschichte vollkommen real. Jerusalem ist die Stadt Davids, Salomos und Hiskias, die Stadt Jesajas und Jeremias, die Stadt Haggais, Maleachis, Habakuks und Sacharjas, die Stadt Judas Makkabis und der hasmonäischen Dynastie. Jerusalem ist die Stadt des letzten Abendmahls Jesu und der Ort seiner Kreuzigung. Auch den Muslimen ist die Stadt heilig — nach Mekka und Medina —, denn in Jerusalem stieg Mohammed ihrem Glauben zufolge in den Himmel auf.

Der Ruhm Jerusalems spiegelt den Triumph des Geistes über die Vergänglichkeit der materiellen Welt wider. Jerusalem war weder mit besonderen wirtschaftlichen noch strategischen Vorteilen gesegnet, die erklären könnten, warum es je mehr als ein kleines, anonymes Bergdorf werden sollte, dessen Schicksal sich von dem der meisten zeitgenössischen Dörfer unterschied, die seither längst verschwunden sind. Seiner Höhenlage verdankt Jerusalem einen gewissen militärischen Vorteil. Eine natürliche Quelle sicherte die Wasserversorgung der Stadt in bescheidenem Umfang. Sie erfreute sich eines ausgeglichenen Klimas. Das sind zwar ausreichende Gründe, um den Ort für eine frühe Besiedlung geeignet zu machen, aber nicht, um ihm eine besondere

Bedeutung zu verleihen. Er lag weitab von den wichtigsten Karawanenstraßen, und er nahm keine Schlüsselstellung ein, von der aus Riesenreiche hätten erobert werden können, die die kriegerischen Reiche des Altertums so sehr schätzten. Nein, Jerusalem verdankt seine Bedeutung den kulturellen Giganten der Antike, den Philosophenkönigen und Bibelpropheten, die Jerusalem zu ihrem Mittelpunkt machten. Inmitten seiner zerklüfteten Landschaft, die Lungen angefüllt mit der reinen Bergluft, teilten sie der Welt ihre Weisheit mit — und veränderten sie. So verkündete der Prophet Jesaja: "Denn von Zion wird Weisung ausgehen und des Herrn Wort von Jerusalem" (Jes. 2, 3).

Um das 18. Jh. v. Z. betrat der Patriarch Abraham die Bühne. Das I. Buch Mose (14, 18) berichtet von seiner Beziehung zu Jerusalem. Schon im 19. Jh. v. Z. wurde die Stadt in Dokumenten erwähnt, und zwar in der ersten Gruppe der ägyptischen Ächtungstexte. Als Josua im 13. Jh. im Land eintraf, war Jerusalem eine befestigte jebusitische Stadt. Er unternahm keinerlei Versuche, sie zu erobern. Erst nach Davids erfolgreichem Angriff zu Beginn des 10. Jhs. v. Z. wurde Jerusalem eine israelitische Stadt. Von diesem Zeitpunkt an gewinnt seine Geschichte an Relevanz. Fortan bezeichnet es die Bibel als Zion und die Davidsstadt. David entwickelte Jerusalem, baute seine Befestigungen, errichtete prachtvolle öffentliche Gebäude, machte es zum ständigen Sitz der Bundeslade und plante den Bau eines Tempels für den Herrn. David rief dann auch Jerusalem zur Hauptstadt Israels aus. Seither ist es die ewige, geistige Hauptstadt des jüdischen Volkes. Im Verlauf der nächsten tausend Jahre war Jerusalem dann für verschieden lange Zeiträume die politische Hauptstadt Israels und, nach der Spaltung des Königreiches, die Judas. Dann folgte eine Lücke von neunzehn Jahrhunderten. Mit der erneuerten Unabhängigkeit Israels seit 1948 wurde Jerusalem wiederum Landeshaupt-

ie West-(“Klage”-)Mauer, ein Überrest des zweiten jüdischen Tempels. Sie ist die heiligste Stätte der Juden, die sie nach dem Sechstage-Krieg ieder ungestört aufsuchen können.

stadt. Aber es war eine geteilte Stadt. Nach dem Sechstage-Krieg im Juni 1967 wurde Jerusalem wiedervereinigt.
König Salomo vergrößerte die Pracht des von seinem Vater begonnenen Werkes. Er erweiterte die Stadt und leitete ein bemerkenswertes Bauprogramm in die Wege, dessen Krönung der Bau des Tempels an dem Ort war, den David für “fünfzig Lot Silber” — “die Tenne Arawnas, des Jebusiters” — gekauft und an dem er einen Altar errichtet hatte (2. Sam. 24, 18-25). Die Überlieferung setzt diesen Ort mit dem Berg Morija in Verbindung, dem Schauplatz, an dem Abraham sich anschickte, seinen Sohn Isaak zu opfern. Bis zum heutigen Tag wird der Tempelberg, wie er nach der Weihung von Salomos Heiligtum im 10. Jh. v. Z. heißt, auch als Berg Morija bezeichnet. Dem Bibelbericht nach zu urteilen, war der Tempel zweifelsohne der eindrucksvollste Bau im Land, mit den besten, im Nahen Osten erhältlichen Materialien gebaut. Jedes architektonische Detail zeugte von der großen Geschicklichkeit der Meisterhandwerker. Die Ornamentik des Tempels inspirierte die führenden Künstler. Das ist allerdings nur aus den überlieferten Texten bekannt, nicht anhand greifbarer Überreste. Denn 587 v. Z. zerstörte der babylonische König Nebukadnezar diesen Tempel.
Nebukadnezar, der sich nicht damit begnügte, alle Aussichten auf eine Wiederbelebung Jerusalems als Mittelpunkt des jüdischen Lebens — sowie die einer zukünftigen Erhebung — zunichte zu machen, führte die meisten Juden ins Exil nach Babylonien. Hier, “an den Wassern von Babel”, ertönte jener Aufschrei, der durch die Jahrhunderte der jüdischen Geschichte nachhallte:

> “Unsere Harfen hängten wir an die Weiden dort im Lande.
> Denn die uns gefangen hielten, hießen uns dort singen
> und in unserm Heulen fröhlich sein:
> ‘Singet uns ein Lied von Zion!’
>
> Wie könnten wir des Herrn Lied singen in fremdem Lande?
> Vergesse ich dich, Jerusalem, so verdorre meine Rechte.
> Meine Zunge soll an meinem Gaumen kleben, wenn ich deiner nicht gedenke,
> wenn ich nicht lasse Jerusalem meine höchste Freude sein ” (Ps. 137, 3-6).

Jedoch schon knapp fünfzig Jahre später brach das große Babylonische Reich ebenso schnell wieder zusammen, wie es aufgestiegen war, überwältigt von Kyros, dem Gründer des neuen Persischen Reiches. Wie zu erwarten, behandelte Kyros die Opfer des soeben von ihm geschlagenen Feindes zuvorkommend — darunter auch die Juden im Exil. Darüber hinaus war ihr Monotheismus ein Konzept, das einem Anhänger der idealistischen persischen Religion zusagen konnte. Nur wenige Monate nach seinem Sieg im Jahr 538 v. Z. erlaubte Kyros den Juden die Heimkehr nach Jerusalem und den Wiederaufbau ihres Tempels. Dieser zweite Tempel war im Jahr 516 v. Z. vollendet. Er stand, bis die Römer ihn 70 n. Z. zerstörten.
Ungefähr zweihundert Jahre lang nach der Heimkehr aus dem babylonischen Exil war Jerusalem erneut Mittelpunkt des jüdischen Lebens im Land — allerdings als Bestandteil

des Persischen Reiches. Mitte des 5. Jhs. v. Z. wurde es dank der inspirierten Führung Esras des Schreibers und Nehemias, einem hervorragenden jüdischen Verwalter, der dem persischen Thron nahestand, beträchtlich gestärkt. Nehemias baute die Mauern Jerusalems wieder auf.

Als Alexander der Große 332 v. Z. das Persische Reich eroberte, brach es zusammen. Er ließ Jerusalem unangetastet. Bei seinem Tode setzte jedoch der Verfall seines Herrschaftsgebietes ein, seine Generäle wetteiferten um die Kontrolle. Einer von ihnen, Ptolemäus, der Ägypten genommen hatte, fiel ins Land ein. In den kommenden 120 Jahren unterstand Jerusalem der Autorität seiner Dynastie. Es war eine wohlwollende Herrschaft. Die Ptolemäer ließen die Juden in einer fast vollkommenen Autonomie leben. Aber 198 v. Z. entrissen die Seleukiden aus Syrien, Nachfahren eines anderen Generals Alexanders — Seleukus, der Antiochia zu seiner Hauptstadt gemacht hatte —, das Land der ägyptischen Kontrolle.

Schwere Zeiten drohten den Juden Jerusalems, als der Seleukidenkönig Antiochos IV. 175 v. Z. den Thron bestieg und den größenwahnsinnigen Titel Epiphanes annahm. (Gewöhnlich bedeutet dieses griechische Wort "erhaben". Außerdem ist es aber auch eine Abkürzung des Ausdrucks für "göttliche Offenbarung" Genau das war die von Antiochos beabsichtigte Bedeutung, wie aus den Symbolen auf den von ihm geprägten Münzen hervorgeht.) Antiochos IV. Epiphanes, der in Athen geboren war und die griechische Lebensweise vergötterte, machte sich leidenschaftlich an die Hellenisierung der Provinzen seines Reiches. Er wollte seinen heterogenen Vasallen eine gleichförmige Lebensart aufzwingen, die keinen Separatismus duldete und alle zur Anbetung der griechischen Götter zwang. Die jüdische Religion sollte abgeschafft werden.

Der heilige Tempel in Jerusalem wurde geschändet. Auf seinem geweihten Gelände praktizierten griechische Soldaten heidnische Riten, stellten das Bild einer griechischen Gottheit auf, opferten auf dem Altar Schweine und zerstörten die Gesetzesrollen. Die Befolgung der jüdischen Religion wurde mit dem Tode bestraft. Das gleiche galt für die Nichtbeachtung der neuen Bräuche. Juden wurden abgeschlachtet, wenn sie den Genuß von Schweinefleisch oder die Verehrung griechischer Götzenbilder verweigerten.

167 v. Z. erhoben sich die Juden unter der Führung einer Priesterfamilie aus dem Haus der Hasmonäer, an deren Spitze Mattathias und sein Sohn Judas, auch als der Makkabäer bekannt, standen. Die Hasmonäer oder Makkabäer, wie sie bald hießen, begannen als Guerillastreitmacht, die von der Sicherheit der Berge aus operierte. Im Laufe der Zeit entwickelten sie sich zu einer nationalen Befreiungsarmee, die den Eroberer vertrieb und die jüdische Unabhängigkeit wiederherstellte. Als erstes reinigten sie den Tempel und befestigten und bauten Jerusalem neu auf. Das Hasmonäische Königreich bestand bis zum Jahr 63 v. Z., als Jerusalem an die Römer fiel.

37 v. Z. bestieg Herodes, der Enkel eines zum Judentum bekehrten Idumäers, den Thron als Vasall Roms. Obwohl Herodes grausam und selbstsüchtig war und von den meisten Juden als Abtrünniger verachtet wurde, der sich beim kaiserlichen Rom eingeschmeichelt hatte, war er doch ein hervorragender Organisator und Verwalter mit einem ungeheuren Drang zu bauen. Er drückte Jerusalem seinen Stempel auf, als er einen Palast mit drei gewaltigen Türmen baute (heute stehen die Zitadelle und der "Davids-

Kopf einer kleinen Astarte-Figur aus Ramat Rachel

turm" an seiner Stelle), ebenso wie die Burg Antonia an der nordwestlichen Ecke des Tempelareals, deren Überreste noch heute zu sehen sind, und zahlreiche öffentliche Gebäude. Seine hervorragendste Leistung war jedoch der Wiederaufbau des Tempels, der fast fünfhundert Jahre lang unverändert geblieben war. Als einziger Rest des Tempels hat sich eine der Mauern der von Herodes gebauten Tempelplattform erhalten: die bekannte Westmauer, auf Hebräisch "Kotel HaMaaravi". Nichtjuden bezeichneten sie im allgemeinen als die "Klagemauer", denn nach einigen Jahrhunderten wurde das strenge römische Verbot, das den Juden das Betreten Jerusalems untersagte, allmählich gelockert, und sie durften einmal im Jahr "an seinen Steinen klagen".

Während Herodes' Herrschaft kam in Bethlehem ein Kind zur Welt und wuchs in Nazareth auf. Kurz nach Herodes' Tod befahl der römische Statthalter von Judäa, Pontius Pilatus, in Jerusalem die Kreuzigung dieses galiläischen Juden, Jesus von Nazareth. Noch nicht einmal in seinen kühnsten Träumen hätte er sich ausgemalt, welche Folgen diese Tat nach sich ziehen würde.

Im Jahr 66 n. Z. brach der große Aufstand der Juden gegen Rom aus. Jerusalem war Sitz und Festung der jüdischen Patrioten. Wahrscheinlich waren sie sich ihrer geringen Aussichten bewußt. Trotzdem waren sie entschlossen, als Kämpfer unterzugehen. Sie behaupteten sich fünf Jahre lang. 70 n. Z. fiel die Stadt an Titus, Sohn des berühmten römischen Generals Vespasian, der selbst ein gefürchteter Soldat war. Der Tempel ging in Flammen auf. Tausende von Juden wurden abgemetzelt oder in die Gefangenschaft geführt. Einigen gelang die Flucht. Sie setzten ihren Kampf von Masada aus fort.

Ungefähr 60 Jahre später erfreute sich Jerusalem erneut eine kurze Zeitlang in seiner Geschichte der jüdischen Souveränität, und zwar während des Bar-Kochba-Aufstands von 132 bis 135 n. Z., als die Juden die Römer aus der Stadt vertreiben konnten. Sie begannen sogar mit der Restaurierung des Tempels. Ihre Zeit war jedoch zu knapp. Die Römer, die den Ernst des Aufstands erkannten, setzten die volle Macht ihrer Kriegsmaschine ein. Jerusalem fiel wiederum.

Dieses Mal wurde die Stadt Jerusalem auf Befehl von Kaiser Hadrian dem Erdboden gleichgemacht. Auf ihren Ruinen entstand eine neue heidnische Stadt. Die Umbenennung Judäas in Syria palestina — von hier kommt der Name Palästina — war Bestandteil der Politik zur Unterdrückung der Juden. Die Stadt, die anstelle von Jerusalem entstand, hieß Aelia Capitolina. Hier bauten die Römer ein Forum, einen Venus-Tempel, ein Theater und einen Zirkus sowie die unvermeidlichen Bäder. Auf dem Tempelruinen errichteten sie einen Tempel zu Ehren Jupiter Capitolinus'. (Ihm verdankte die Stadt ihren neuen Namen; Aelia kam von Hadrians Familiennamen.) Hadrian ließ einen Erlaß ergehen, der den Juden bei Androhung der Todesstrafe das Betreten dieser Stadt untersagte.

Erst im 4. Jh. n. Z. wurde Jerusalem auch für die Christen eine heilige Stadt. Das geschah auf Veranlassung Konstantins des Großen (306-337 n. Z.), alleiniger Kaiser des östlichen (Byzanz) und westlichen (Rom) Teils des Römischen Reiches, der sich als erster römischer Herrscher zum Christentum bekehrte. Seine Mutter, Königin Helena, stattete 326 n. Z. dem Heiligen Land einen Besuch ab und bestimmte die Orte, an denen Jesus gekreuzigt und begraben worden war, sowie die anderen Stätten seines Wirkens.

Kachel mit dem Stempel der zehnten romischen Legion aus Ramat Rachel

Im Anschluß daran ließ Konstantin angemessene Heiligtümer errichten, unter denen die Grabeskirche das wichtigste war. Hadrians heidnische Bauten wurden zerstört und der Name "Aelia Capitolina" aufgehoben. Fortan hieß die Stadt wieder "Jerusalem".
Helena entdeckte nicht nur den Kreuzigungsort sondern auch — die Entdeckungen wurden ihr zumindest später im gleichen Jahrhundert zugeschrieben — Überreste, die mit diesem Ereignis zusammenhingen. Mit dieser Entdeckung und Identifizierung begann die Tradition der wichtigsten heiligen Stätten der Christen, die bis zum heutigen Tag fortlebt. Andere Orte, die in die Tradition aufgenommen wurden, kennzeichneten während der byzantinischen Herrschaft, die die persische Invasion im Jahre 614 unterbrach und der die Eroberung durch die Muslime im Jahre 638 ein Ende setzte, Basiliken und Klöster in ganz Palästina.

Auf sie folgte die Herrschaft der islamischen Kalifen. Im Laufe der nächsten vierhundertundfünfzig Jahre entstanden mehrere muslimische Heiligtümer, die meisten an Orten, die schon jüdische Schreine weihten. Die bekanntesten waren der Felsendom (spätes 7. Jh.) und die Al-Akza-Moschee (frühes 8. Jh.) auf dem Tempelberg.
1099 n. Z. eroberten die Kreuzfahrer Jerusalem. Dabei schlachteten sie Muslime und Juden rücksichtslos ab. 1100 wurde der Kreuzfahrer Balduin zum König von Jerusalem gekrönt; 87 Jahre später eroberten die Sarazenen unter dem berühmten Saladin die Stadt zurück. Von jenem Zeitpunkt an nahmen die Juden aus den zerstreuten Gemeinden aus vielen Teilen der Welt ihre Pilgerfahrt zur heiligen Stadt wieder auf. Der große Maimonides besuchte die Stadt Ende des 12. Jhs. 1267 weckte der jüdische Weise aus Spanien, Rabbi Mosche ben Nahman (Nachmanides), die jüdische Gemeinde in Jerusalem zu neuem Leben, richtete ein Zentrum des Gelehrtentums ein und baute eine Synagoge, die seither seinen Namen trägt.
Zu Beginn des 13. Jhs. wechselten die Besitzer der ewigen Stadt mehrere Male. 1250 ergriffen die Mamelucken Besitz von ihr, und sie beherrschten sie bis 1517; dann wurden sie von den osmanischen Türken vertrieben. Der Osmanensultan Süleiman der Prächtige (1520-66) befestigte Jerusalem erneut. Die Mauern, die er baute — und die 1538 vollendet waren —, umgeben noch heute die Altstadt. Sie folgen größtenteils dem Verlauf von Hadrians Mauern und sind gut erhalten. Die vierhundertjährige Herrschaft der Osmanen ging zu Ende, als der britische Befehlshaber General Allenby Jerusalem 1917 kampflos nahm. Darauf folgte die britische Mandatszeit, die 1948 zu Ende ging.
Das ist die stürmische Geschichte des alten Jerusalems, eine Geschichte von Krieg und Frieden, von Pracht und Elend, von erhabener Weisheit und von Blutströmen in seinen Gossen. Die Geschichte der Juden und Jerusalems wurde immer wieder von neuen Eroberern unterbrochen: Ägyptern, Assyrern, Babyloniern, Persern, Ptolemäern, Seleukiden, Römern, muslimischen Arabern, Seldschuken, Kreuzfahrern, Sarazenen, Mamelucken und Osmanen. Trotzdem hielten die Juden dreitausend Jahre lang, seitdem es unter David ihre Hauptstadt wurde, beharrlich an Jerusalem fest. Es ist eine einzigartige Bindung. Während all der Jahrhunderte ihrer Zerstreuung beteten die Juden, in welchem Winkel der Erde sie sich auch befanden, um die Rückkehr nach Zion. Ihre Synagogen waren, in welchem Teil der Welt sie auch immer standen, so gebaut, daß der

Thoraschrank nach Jerusalem blickte. Für dieses mystische Band gibt es in der Geschichte keine Parallele. Ohne diese Bindung gäbe es heute keinen Staat Israel.
Bis 1860 wohnte praktisch niemand außerhalb der Stadtmauern. Das war zu gefährlich. Im übervölkerten jüdischen Viertel der Altstadt mit seinen zahlreichen Synagogen und theologischen Akademien verbrachten die Juden ihre Tage meistens in Gebet und Studium. Der englisch-jüdische Philanthrop Sir Moses Montefiore und ansässige Pioniere wie Yosef Rivlin und David Yellin gründeten die ersten jüdischen Stadtviertel außerhalb der Mauern: Nachlat Schiva und Yemin Mosche. Gegen Ende des britischen Mandats hatten die Juden eine dynamische neue Stadt in Westjerusalem geschaffen. Ihre Gemeinde im alten Stadtviertel und in den neuen Vororten bildeten die Mehrheit der Bevölkerung Jerusalems.

Im Unabhängigkeitskrieg Israels, der bei der Ausrufung des Staates im Mai 1948 ausbrach, lieferten sich die jüdischen Streitkräfte und die Arabische Legion Jordaniens blutige Schlachten um Jerusalem. Obwohl die Juden zahlen- und waffenmäßig unterlegen waren, siegten sie in jedem Abschnitt — außer im alten jüdischen Viertel. Entsprechend der Bedingungen des anschließend unterzeichneten Waffenstillstandsabkommens wurde die Stadt Jerusalem geteilt: Westjerusalem gehörte weiterhin zu Israel, die Altstadt fiel dagegen an Jordanien. Trotz einer gegenteiligen Vereinbarung im Waffenstillstandsabkommen wurde den Juden der Zugang zu ihren heiligsten Stätten verweigert. Ihre Synagogen im jüdischen Viertel wurden systematisch zerstört, ihre Friedhöfe entweiht. (Mit den Grabsteinen wurde ein Lager für die Arabische Legion ganz in der Nähe gebaut.) Als Jordanien im Juni 1967 den jüdischen Stadtteil bombardierte, eroberten israelische Armeeinheiten Ostjerusalem in einem erbitterten Kampf zurück. Am dritten Tag des Sechstage-Kriegs, an einem Mittwochmorgen, dem 7. Juni, ging beim Führungsstab der israelischen Armee die elektrisierende Mitteilung vom Befehlshaber der Fallschirmjägerbrigade ein, der in die Altstadt eingedrungen war: "Der Tempelberg ist in unserer Hand. Ich wiederhole: der Tempelberg ist in unserer Hand." Jerusalem war wieder vereinigt.
Die den Juden heiligste Stätte Jerusalems ist die Kotel, die Westmauer, ein wuchtiges Bollwerk aus riesigen Quadern am südwestlichen Rand des Tempelbergs. Dieser Überrest des Tempels wird nicht wegen seiner baulichen Stärke noch wegen seiner Schönheit verehrt, sondern für das, was er verkörpert: das zentrale religiöse Heiligtum der Juden, Brennpunkt ihrer nationalen Bestrebungen im Laufe der Jahrhunderte. Kurz nach der Schlacht im Juni 1967 wurden die unteren Reihen der Mauern, die man heute sieht, geräumt und freigelegt. Der große Platz vor dieser Mauer wurde um die gleiche Zeit geräumt. In jenem Jahr fiel das jüdische Pilgerfest Schawuot, das Wochenfest, auf den 14. Juni. Während in der Stadt noch überall Anzeichen des Kampfes zu sehen waren, strömten an jenem Tag eine Viertelmillion Juden aus ganz Israel und dem Ausland in die Hauptstadt. Die unzähligen Pilger betraten die Stadt durch das Misttor in der Südmauer, zogen an Schildern mit der Aufschrift "Vorsicht Minen" vorbei und versammelten sich an der Westmauer. Das war der größte Pilgerzug an den Überrest des zweiten Tempels seit der großen Zerstreuung vor eintausendneunhundert Jahren. Und es ist zweifelhaft,

ob sich je zuvor an einem einzigen Tag so viele Menschen im Vorhof dieser geweihten Stätte drängten.
Die Kotel setzt sich in nördlicher und südlicher Richtung am Tempelberg entlang fort, Sie wird jedoch größtenteils von Gebäuden verdeckt, die auf der heutigen Straßenebene stehen (die sehr viel höher liegt als die Ebene im Altertum). Unmittelbar im Süden der Kotel befindet sich der "Robinson-Bogen", Reste eines Bogens, der einen großen, offenen Platz vor einem der Eingangstore zum Tempelberg stützte. Direkt im Norden der Kotel liegt der "Wilson-Bogen", der lange Zeit wegen des vielen Schutts unzugänglich war. Inzwischen wurde er abgetragen, so daß jetzt ein vollständiger, wunderschön erhaltener Bogen zu sehen ist, seine riesigen herodianischen Quader makellos ineinandergefügt, um eine ebenso makellose Bogenlinie zu bilden. Beide Bogen wurden nach den Männern benannt, die sie im vergangenen Jahrhundert entdeckten.
Dieses Gebiet an der südwestlichen Ecke des Tempelareals, das direkt unterhalb der Kotel in südlicher Richtung verläuft und dann an der Südwand in östlicher Richtung abbiegt, war Gegenstand einer der dramatischsten archäologischen Grabungen, die durch die Wiedervereinigung Jerusalems nach dem Sechstage-Krieg ermöglicht und von ihr angeregt wurde. An der Spitze der Expedition steht Professor Benjamin Mazar von der Hebräischen Universität. Er nahm die umfassenden Grabungen, die bis heute andauern, im Frühling 1968 auf.
Am 7. Juni 1968, genau ein Jahr nach der Befreiung der Stadt, legten die Archäologen eine herodianische Straße frei, die vom Tyropoeon-(Käsemacher-)Tal zum Doppeltor führte (eines der "Huldatore", der Haupteingang, durch den die Bevölkerung die Tempelplattform betrat). Die Straße war mit schön bearbeiteten Platten aus Jerusalemer Stein gepflastert. An sie grenzte auf einer tieferen Ebene ein weiter Platz, der um die gleiche Zeit angelegt worden war, nähmlich gegen Ende des 1. Jhs. v. Z. Als die Gelehrten die jahrhundertealten Trümmer forträumten, sahen sie sich plötzlich ins Jahr 70 n. Z. zurückversetzt: sie konnten das Bild des Gemetzels und der Zerstörung rekonstruieren, als die römischen Truppen unter Titus bei den heftigen Kämpfen mit den jüdischen Verteidigern das Tempelareal verwüsteten. Auf der gepflasterten Straße, die sie soeben freigelegt hatten, lagen nämlich herodianische Bausteine und Architekturfragmente, die bei der erbarmungslosen Schlacht vor 1900 Jahren oben von der Mauer herabgefallen waren. Unter der Wucht des Aufpralls waren einige der Pflastersteine gesprungen.
Das Geröll auf dieser archäologischen Ebene enthielt Töpferscherben, Gebrauchsgegenstände aus Stein, Stücke von Sonnenuhren, die in die Mauer eingesetzt waren, und zahlreiche Münzen, von denen einige aus der Zeit Herodes' stammten, andere dagegen in den Jahren 66-70 n. Z. geprägt worden waren, d. h. während des jüdischen Aufstands. Die Gelehrten waren auf diese herodianische Straße gestoßen, nachdem sie 13 m tief durch fünfzehn Ebenen einer späteren Besiedlung gegraben und die unteren zehn Reihen der Südmauer des Tempelareals freigelegt hatten.
In den mit Gewölben versehenen Kammern unterhalb der Straße machten sie einen aufregenden Fund: die Scherbe eines Kalksteingefäßes, auf dem in wunderschöner hebräischer Schrift das Wort "Korban" (Opfer) eingeritzt war, das zwei Vögel zierten. Solche Gegenstände, mit dieser Inschrift, sind in der Mischna erwähnt.

Im Schutt auf einer tieferen Ebene fand Professor Mazar Tonscherben aus dem 7. Jh. v. Z., d. h. der Zeit der judäischen Könige gegen Ende der ersten Tempelperiode. Auf einer Scherbe, einem Krughenkel, stand die hebräische Inschrift "La-Melech" (für den König). Weitere wichtige Funde aus dem 7. Jh. v. Z. waren zwei wunderschön erhaltene, aus dem Fels gemeißelte Grabkammern, die 1969 ungefähr 90 m südwestlich der Westmauer entdeckt wurden.

Im gleichen Jahr machte Mazar eine weitere bemerkenswerte Entdeckung: eine hebräische Inschrift auf einem Stein in der sechsten Reihe der Mauer unter dem schrägen Widerlager des Robinson-Bogens. Diese archäologische Schicht stammt ungefähr aus der Mitte des 4. Jhs. n. Z. Man nimmt an, daß die Inschrift während der dreijährigen Herrschaft Kaiser Julians ("der Apostat") angebracht wurde, der öffentlich den christlichen Glauben seines Onkels, Konstantins des Großen, verworfen und einen Erlaß universaler Toleranz verabschiedet hatte. Während dieser drei Jahre stand Jerusalem wiederum jüdischen Siedlern und Pilgern offen — und nicht nur am alljährlichen Trauertag. Ihre Freude strahlt aus der Inschrift, die die Archäologen entdeckten: sie hatten in wunderschöner hebräischer Schrift die Eingangsworte aus Jesaja 66, 14 geschrieben, die sofort auf "Ja, ihr sollt an Jerusalem getröstet werden", folgen. Die Inschrift besagt: "Ihr werdet's sehen, und euer Herz wird sich freuen, und euer Gebein soll grünen wie Gras."

Ein Stein mit der hebräischen Inschrift "Le 'Beth Ha 'Tekiah" (zu [oder von] dem Ort des Blasens [auf dem Schofar — dem Widderhorn]) ist ein weiterer wichtiger Fund, der im Januar 1971 entdeckt wurde. Er stammt aus dem ausgehenden 1. Jh. v. Z. und war bei Titus' Zerstörung im Jahre 70 n. Z. oben von der Mauer hinuntergefallen. Der Fund bestätigt den lebendigen Bericht dieser Zerstörung durch den Historiker Josephus, der im 1. Jh. n. Z. lebte. Bei seiner Beschreibung der jüdischen Befestigungen auf dem Tempelberg sagte er, daß einer der Verteidigungstürme über dem Dach der Priesterkammern errichtet worden sei. Dort stand einer der Priester, um mit einem Trompetenstoß den Sabbatbeginn zu verkündigen, wenn alle Arbeit einzustellen war, sowie das Sabbatende, wenn die Arbeit wieder aufgenommen werden konnte.

Später im gleichen Jahr (1971) entdeckte Professor Mazar einen herodianischen Treppenaufgang von monumentalen Dimensionen. Er führte zu den Doppel- und Dreiertoren an der Südmauer des Tempelareals hinauf. Diese Toren liegen 76 m voneinander entfernt. Die anschließenden Grabungen erwiesen, daß die weite Fläche des Treppenaufgangs ungefähr 105 m breit war. Im Süden davon lag der Riesenplatz, und die weitere Ausgrabung ergab, daß er fast so breit wie das gesamte Tempelareal war. In der Platzmitte legten die Archäologen die Überreste eines großen Gebäudes mit Ritualbädern frei.

In diesem, an die Südmauer angrenzenden Gebiet mit den reichen Überresten aus der Zeit des zweiten Tempels fanden die Archäologen auch Überreste späterer Perioden. Am aufsehenerregendsten waren die eines großen, stattlichen Palastkomplexes. Er war während der Omajjadendynastie (660-750 n. Z.) gebaut worden und nahm eine beträchtliche Fläche bei der herodianischen Monumentaltreppe ein. Säulen aus Herodes' Stoa Basilica auf dem Tempelareal darüber dienten als Fundamente für Palast und

Der Felsendom

Nebengebäude. Der Komplex besaß ein aufwendiges Wasserversorgungs- und abflußnetz und ein ausgezeichnetes Badehaus. Die Gebäude dieses Omajjaden-Palastes standen nicht lange. 747 n. Z. wurden sie von einem Erdbeben zerstört und nie wieder restauriert. Seine Ruinen wurden als Steinbruch ausgeschlachtet. Im 11. Jh. diente der Ort als Friedhof, was darauf hinweist, daß die Omajjaden-Bauten, die hier standen, völlig in Vergessenheit geraten waren und es auch jahrhundertelang blieben, bis die israelischen Archäologen ihre Ruinen ans Licht brachten.

In den neun Jahren seit der Aufnahme ihrer wissenschaftlichen Arbeit hat Mazars archäologische Expedition mehr von Jerusalems Vergangenheit freigelegt als alle Grabungen, die auf dem gleichen Gelände in den hundert Jahren davor durchgeführt worden waren. Ihre Entdeckungen sind dermaßen dramatisch und von solcher historischen Bedeutung, daß die Grabungen weitergeführt werden sollen.

Professor Nahman Avigad, ebenfalls von der Hebräischen Universität, begann seine archäologischen Ausgrabungen im jüdischen Viertel der Altstadt, das 1948 größtenteils von Jordanien zerstört worden war. Seine Funde erbringen zum ersten Mal den überzeugenden Beweis, daß sich die jüdische Besiedlung bereits im 7. Jh. v. Z. vom Tempelberg in westlicher Richtung entwickelt hatte. Kurz nach Grabungsbeginn stieß Avigad auf den verputzten Boden eines der ersten israelitischen Häuser, die in dem Gebiet gebaut worden waren, aus dem 7. Jh. v. Z. zusammen mit Töpferscherben aus der gleichen Periode. Ganz in der Nähe lag ein verputzter Schacht, der zu einer Olivenpresse gehörte. Einen dramatischeren Fund aus der gleichen Periode machte er im August 1970, als seine Expedition Teil der Fundamente einer Stadtmauer aus dem 7. Jh. v. Z. entdeckte, die wahrscheinlich die Westgrenze der Stadt zu jenem frühen Zeitpunkt kennzeichnete. Nach Avigads Ansicht handelt es sich bei seiner Entdeckung um einen Teil "der breiten Mauer", die im Buch Nehemia (3, 8) erwähnt wird und die Nehemia ausbesserte. Die Mauer ist tatsächlich ungewöhnlich dick — über 6,50 m —, und sie wurde auf Muttergestein gebaut. Die hasmonäische Schicht an dieser Stelle des jüdischen Viertels enthielt geräumige Bauten, Wasserzisternen und Abflußkanäle sowie Töpferscherben und Gebrauchsgegenstände aus dem 2. und 1. Jh. v. Z. sowie zahlreiche Münzen.

Eingang zum Grab der Familie Herodes'; im 1. Jh. v. Z. angelegt.

Zu den bemerkenswertesten Funden aus der herodianischen Periode gehört Teil der Darstellung einer siebenarmigen Menora, die auf zwei Stuckfragmenten eingeritzt war. Sie befand sich in der Schicht aus dem 1. Jh. v. Z. Zweifelsohne stellte sie den Leuchter dar, der zu jenem Zeitpunkt im Tempel stand. Sie unterscheidet sich in den Einzelheiten von der bekannten Menora, die auf dem Titus-Bogen in Rom erscheint und die bis zu dieser Entdeckung als die übliche Wiedergabe der Tempel-Menora galt.

Im Januar 1970 stieß Avigad genau wie Mazar auf Spuren von Titus' Zerstörung im Jahre 70 n. Z. Aber im jüdischen Viertel waren sie beredter. Die Archäologen legten ein jüdisches Haus frei, das sich noch in genau dem gleichen Zustand wie vor 1900 Jahren befand, als es vom Feuer zerstört wurde: eingestürzte Mauern und Decken, verkohlte Überreste der Holzbalken, geschwärzte Stuckwände und auf dem Boden Ruß und Asche. Nur das Erdgeschoß war übriggeblieben, das restliche Haus war eingestürzt und hatte alles unter sich begraben. Da es zuvor weder geräumt noch durch anschließende

Verziertes Kapitell aus der judäischen Königszitadelle in Ramat Rachel

Bautätigkeit durcheinandergebracht worden war, lagen alle Räume dieses Stockwerks zusammen mit ihrem Inhalt genau so vor den Gelehrten, wie sie im Augenblick der Zerstörung ausgesehen haben mußten. Neben den Gebrauchsgegenständen in den vier Zimmern, der Eingangshalle und der kleinen Küche, die Kochtöpfe, Krüge, Flaschen, Phiolen und die für das 1. Jh. typischen kleinen Flaschen umfaßten, fanden die Archäologen auch zahlreiche Münzen, die das Datum der Zerstörung bestätigten. Die letzten waren zur Zeit des jüdischen Aufstands geprägt worden. Sie reichten vom "Ersten Jahr" bis zu dem seltenen "Vierten Jahr der Erlösung Zions" (69 n. Z.). In einem Zimmer wurde eine Münzengußform gefunden, in einem anderen ein unversehrtes Tintenfaß, denen ähnlich, die man im Schreibzimmer in Qumran (in Verbindung mit den Schriftrollen vom Toten Meer) entdeckt hatte.
Zu den Funden in der kleinen Küche gehörten ein Tonofen und Bruchstücke anderer Öfen, darunter einer aus Stein, sowie ein Paar Mahlsteine und ein runder Steintisch. Am bewegendsten war jedoch der Fund der Unterarmknochen einer jungen Frau. Man fand sie an der Wand. Offensichtlich ging sie in der Küche ihrer Arbeit nach, während draußen Schlacht und Zerstörung wüteten. Vielleicht hielt sie für einen Augenblick inne und lehnte die Arme gegen die Wand, als die wütenden Töne plötzlich ganz nahe erklangen. Als das Haus einstürzte, war sie gefangen und kam an der Stelle um, an der sie gerade stand.
Zu den zahlreichen wichtigen Entdeckungen aus späteren Jahrhunderten, die Avigads Expedition ans Licht brachte, gehört als die vielleicht aufregendste die 12 m breite römische Straße, auf beiden Seiten von einem mit Säulen versehenen Portikus flankiert, die 1976 entdeckt wurde. Das war der *Cardo Maximus*, den Hadrian im 2. Jh. n. Z. baute und der auf der Madeba-Karte von Jerusalem aus dem 6. Jh. so deutlich dargestellt ist. Es war die Hauptstraße von Hadrians Aelia Capitolina. Die römische Stadt war wie ein römisches Lager angelegt. Der *Cardo* verlief in einer geraden Linie von Norden nach Süden, d. h. vom heutigen Damaskustor durch den Markt und weiter in den Süden zwischen der heutigen Street of the Jews und Habad Street durch das jüdische Viertel. Erst nach jahrelangen, sorgfältigen Grabungn — die durch die Tatsache erschwert wurden, daß ein großer Teil unter bestehenden Gebäuden und Ruinen hindurchführte —, stieß Avigad auf die römische Straße.
Weitere wichtige Grabungen, wenn auch in kleinerem Maßstab und auf einem begrenzteren Gebiet, wurden von den Archäologen Ruth Amiran und Avraham Eitan vom Israel-Museum bei der Zitadelle durchgeführt, wo Herodes' Palast stand. Bei dieser Grabung überraschte die Entdeckung von Überresten ebenfalls aus dem 7. Jh. v. Z., denn diese Grabungsstätte lag noch weiter im Westen als Professor Avigads. Bis dahin hatte kein Gelehrter angenommen, daß sich das jüdische Jerusalem schon so früh so weit in den Westen entwickelt hatte. Nach zähem Graben bis zum Muttergestein hindurch trafen Amiran und Eitan auf die israelitischen Ebenen. In einem Schacht voller Asche und Schutt entdeckten sie fünf Böden, jeder auf den Ruinen seines Vorgängers gebaut. Die Töpferscherben auf den Böden und im Schacht stammten aus dem 7. Jh. v. Z.
Bei den Grabungen unterhalb des Platzes, der an den Phasael-Turm angrenzt, fanden die

Die griechisch-orthodoxe Kalvarienkapelle in der hl. Grabeskirche. Der Altar des Kreuzes erhebt sich über der traditionellen Kreuzigungsstätte.

Gelehrten die Überreste eines hasmonäischen Gebäudes, dessen Mauern bis zu einer Höhe von 2,75 m erhalten waren, und drei vollkommen erhaltene Türöffnungen mit ihren Türpfosten und Stürzen aus Stein. Daneben fanden sie die Überreste des hasmonäischen Mauernabschnittes und eines Turms. Auf den Ruinen des hasmonäischen Gebäudes war ein herodianischer Bau errichtet worden, der Spuren von Zerstörung durch Feuer aufwies, zweifelsohne durch Titus. Die hier gefundenen Töpferscherben und Münzen stammen aus der hasmonäischen und herodianischen Periode.
Die zufällige Entdeckung eines alten jüdischen Friedhofes im nordöstlichen Jerusalem im Jahr 1968 und mit ihm das Skelett eines jungen, im 1. Jh. gekreuzigten Juden, weckte beträchtliches Interesse. Bauarbeiter, die den Felshang bei Givat Hamivtar (beim Skopusberg) abtrugen, fanden ihn voller Höhlen. Eilig wurden Archäologen herbeigerufen, die bald feststellten, daß es sich um Grabkammern handelte, von denen einige noch aus spätbiblischen Zeiten datierten. Die Kammern enthielten fünfzehn Ossuarien mit den Knochen von Männern, Frauen und Kindern. In einer dieser kleinen Steinurnen lagen die Knochen eines jungen Mannes Mitte zwanzig mit dem Namen "Yehohanan", wie die Inschrift auf seinem Ossarium besagte. Er war gekreuzigt worden — der Nagel, den man durch seine Füße geschlagen hatte, wurde zusammen mit den Knochen gefunden. Nach einer eingehenden zweijährigen Untersuchung durch den Anatomen Dr. Nicu Haas von der Hebräischen Universität, der die Ergebnisse im Januar 1971 veröffentlichte, geht aus der Stellung von Knochen und Nagel eindeutig hervor, daß Yehohanan nicht in der traditionell dargestellten Weise gekreuzigt worden war. Seine Knie waren stark gebeugt, seine Beine zu einer Seite gedreht und gekreuzt und seine Füße unterhalb seines Gesäßes ans Kreuz genagelt worden. Die Beinknochen waren gebrochen — ein üblicher römischer Brauch, nachdem das Opfer ans Kreuz geschlagen war —, der Nagel war durch den Fersknochen getrieben worden. Der Leichnam wurde der Familie für ein provisorisches Begräbnis übergeben. Später wurden die sterblichen Überreste in das Ossuarium gelegt und in der Grabkammer in Givat Hamivtar erneut begraben. Nach Lage und Struktur des Grabes zu urteilen, hatte Yehohanan einer der führenden jüdischen Familien Jerusalems angehört. Töpferscherben und andere in der Höhle gefundene Gegenstände weisen darauf hin, daß er im ersten Jahrzehnt des 1. Jhs. n. Z. starb, d. h. um die Zeit des jüdischen Aufstands und der römischen Unterdrückung. Eindeutig war Yehohanan in der jüdischen Resistance aktiv, war von den Römern gefangen und zu dieser langsamen, schmerzvollen, schauerlichen Form der Hinrichtung verurteilt worden. (Die Römer richteten bis zur Herrschaft Konstantins im 4. Jh. n. Z. durch Kreuzigung hin.) Zum ersten Mal hatte man jetzt einen Nagel gefunden, der bei einer Kreuzigung verwendet worden war.
Heute stehen auf der großen Tempelplattform (von den Arabern zu Haram esch-Scharif, das edle Heiligtum, umbenannt) über der Kotel Ha-Maaravi der Felsendom und die Al-Akza-Moschee sowie mehrere kleinere Kuppelbauten, Minaretts, Brunnen, Tore und Arkaden. Es ist eine eindrucksvolle Stätte, die der Felsendom beherrscht, ein schöner, achteckiger Bau mit einer vergoldeten Kuppel, zu dem auf allen Seiten breite Stufen führen. Jede der acht Außenwände zieren schlanke Bogen. Seine vier Türen blicken in die vier Richtungen des Kompasses. Ein Innenkreis von Pfeilern trägt die Riesenkuppel,

ein Außenring von Säulen die Arkade. Unmittelbar unter der Kuppel liegt der Felsen (auf Arabisch "as-Sakhra"). Von hier aus soll Mohammed seinen mystischen Aufstieg zum Himmel gemacht haben. Der Überlieferung gemäß ist es auch der provisorisch errichtete Altar Abrahams und Isaaks auf dem Berg Morija, sowie der Ort, an dem das Allerheiligste des jüdischen Tempels lag. Obwohl der Felsendom im Volksmund oft fälschlich als die Omar-Moschee bezeichnet wird, wurde er nicht von Omar gebaut, dem Kalifen, der 638 n. Z. Jerusalems Kapitulation akzeptierte, sondern von einem späteren Kalifen, Abdal-Malik (685-705), aus der Omajjadendynastie. Im Laufe der Jahrhunderte wurde er umfangreichen Reparaturen unterzogen und erhielt zahlreiche dekorative Elemente wie die Marmorfront und Mosaiken von Saladin, die Marmorkanzel und die kupfernen Türverkleidungen von den Mamelucken und schließlich die bemalten Glasfenster und exquisiten Kaschani-Kacheln von Suleiman I. Aber im wesentlichen sieht der Bau immer noch so aus wie nach seiner Vollendung im Jahr 691.

Im 12. Jh. verwandelten die Kreuzfahrer den Felsendom in eine Kirche, die sie wegen der Verbindung des Ortes mit dem jüdischen Tempel Templum Domini nannten. Um der Sitte der Pilger Einhalt zu gebieten, Felssplitter als fromme Andenken mitzunehmen, verkleideten die Kreuzfahrerkönige ihn mit Marmor und zogen ein Eisengitter um ihn herum. Saladin entfernte die christlichen Anbauten, reinigte das Gebäude mit Rosenwasser und weihte es erneut als Moschee. Das Gitter ließ er jedoch stehen, und es befindet sich bis zum heutigen Tag an seinem Platz. (Übrigens wurde der Kreuzfahrerorden, der das Tempelareal übernahm, später als der Tempelritterorden bekannt. Kirchen, die der Orden anschließend in Europa baute, ahmten den kreisförmigen Grundriß des Felsendoms nach und hießen oft Tempelkirchen. Die bekannteste ist die Temple Church in London.)

Die rechteckige Al-Akza-Moschee mit der Silberkuppel soll von Abdal-Maliks Sohn, dem Kalifen Walid, zu Beginn des 8. Jhs. gebaut worden sein. Von diesem frühen Bau hat sich außer einigen Pfeilern in der Kolonnade im Osten der Kuppel kaum etwas erhalten. Saladin restaurierte sie, schmückte die Kuppel mit Mosaiken (bis heute erhalten, baute einen wunderschönen *Mihrab* ein (Nische für den Imam, der das Gebet führt), kleidete Boden und Wände mit Marmor aus und installierte eine schöne, handgeschnitzte Holzkanzel.

Die nördliche Vorhalle und Bogen kamen im 13. Jh. hinzu. Das heutige Gebäude ist eine völlige Rekonstruktion, die 1943 unter der britischen Mandatsverwaltung vollendet wurde.

Während der Besetzung der Kreuzfahrer nutzten die Tempelritter, die den Felsendom zu ihrer Kirche machten, Al-Akza als Hauptquartier. Sie nannten es Palatium solomonis, d. h. Salomos Palast, da sie es für den Ort unmittelbar im Süden des Tempels hielten, auf dem Salomo seine Residenz baute (wie in 1. Kön. 7 beschrieben). Die Gewölbe darunter — die noch heute zu sehen sind — dienten den Kreuzrittern als Ställe. Dementsprechend hießen und heißen sie "Salomos Ställe". Sie entstanden jedoch nicht unter Salomo. Herodes baute sie zur Stützung dieses südlichen Abschnittes der Tempelplattform.

Der heiligste Schrein der Christen ist die heilige Grabeskirche. Sie steht im nordwest-

lichen Viertel der Altstadt an der traditionellen Kreuzigungsstätte und dem nahegelegenen Grab Jesu, der Anastasis, was Griechisch für den Ort der Auferstehung ist. Der im 4. Jh. von Konstantin errichtete Komplex bestand aus einer Gebäudegruppe innerhalb eines rechteckigen architektonischen Rahmen, dessen Hauptmerkmal die Anastasis-Rotunde war und ist: das Grab in der Mitte umgeben Säulen, das Ganze krönt eine gewaltige Kuppel. Daran grenzte im Osten ein offener Hof mit einem Kreuzgang an, in dem der traditionelle Fels von Golgatha lag. Östlich davon lag die Kirche, das sogenannte Martyrium, dessen Schiff zwei Pfeilerreihen flankierten.
Der Eingang lag im Osten. Er führte durch einen überdachten Portikus, das Atrium, das drei Tore besaß, die man von Stufen von der Straße her erreichte. Vor den Stufen standen einige der Säulen, die den *Cardo Maximus* gesäumt hatten. Unter der Kirche lag eine ungenutzte Zisterne, die später die Krypta der Auffindung des Kreuzes wurde — und immer noch so heißt. Sie erinnert an die Sage, Helena habe hier das Kreuz entdeckt, an dem Jesus gekreuzigt worden war.
Nach mehreren Zerstörungen und Restaurationen in den folgenden Jahrhunderten rekonstruierten die Kreuzfahrer 1144 den gesamten Schrein und verliehen ihm seine kompakte Form, die alle Elemente unter einem einzigen Dach vereinigt. Die heutige Grabeskirche folgt im großen und ganzen dem Grundriß der Kreuzfahrer. Der Eingang führt geradewegs zur Kreuzfahrer-Rotunde, deren Kuppel achtzehn wuchtige Säulen tragen. (Die Kuppel wurde wiederholt neu aufgebaut. Die heutige ist mehrere hundert Jahre alt.) In der Mitte liegt das hl. Grab. Eine Arkade läuft an einer Reihe von Kapellen und Andachtsräumen verschiedener Konfessionen vorbei, die an verschiedene Ereignisse bis hin zur Kreuzigung erinnern. Dann kommt sie an eine steile Treppe, die nach unten in die Helenakapelle und die Krypta der Auffindung des Kreuzes führt.
Rechts vom Eingang ist der Fels von Golgatha mit zwei Kapellen, die Säulen teilen. Den Altar links schmückt ein Silberstern, der den Ort kennzeichnet, auf dem das heilige Kreuz stand. Die Kapelle rechts, die Mosaiken zieren, kennzeichnet den Ort, an dem Jesus sich auf die Kreuzigung vorbereitete.
In der Grabeskirche liegen die letzten fünf der vierzehn Kreuzwegstationen, die mit besonderen Ereignissen auf Jesu letztem tränenreichen Weg zusammenhängen. Die ersten neun liegen an der Via Dolorosa, dem traditionellen "Leidensweg", den Jesus vom Ort seiner Verurteilung bis zu seiner Kreuzigung beschritt. Diese Tradition der Kreuzwegstationen ist noch verhältnismäßig jung und verdankt ihre Entstehung vor allem den Pilgern.
Die Via Dolorosa nimmt ihren Ausgang bei Herodes' Burg Antonia an der nordwestlichen Ecke des Tempelareals und verläuft in südwestlicher Richtung zum heiligen Grab. Das geht auf die Überlieferung zurück, die Burg Antonia habe Pontius Pilatus als Sitz gedient (wenn er nach Jerusalem kam), wo Jesus verurteilt wurde. Moderne Gelehrte halten eher Herodes' Palast für Pilatus' Residenz — durch die heutige Zitadelle beim Jaffator gekennzeichnet. Somit müßte die Via Dolorosa eigentlich von hier in nordöstlicher Richtung zur Grabeskirche verlaufen.
Den Ort, an dem die Burg Antonia stand, nimmt heute der Hof der ehemaligen türkischen Kasernen ein, jetzt die Jungenschule Umariya. Das ist die erste Kreuzwegstation.

Die "Säule Absaloms"

Die ursprüngliche römische Straße liegt heute drei Meter unter der jetzigen Via Dolorosa. Teile ihrer Pflasterung kann man in der angrenzenden Kirche der Geißelung und im Kloster der Schwestern von Zion sehen. Einige der Steine weisen noch Zeichen der Spiele auf, mit denen sich die römischen Soldaten die Zeit vertrieben.

In der Altstadt drängen sich Kirchen und Kapellen, und sogar die neuesten wurden häufig über antiken Resten erbaut. Neben der Grabeskirche sollte vor allem die St.-Annenkirche unmittelbar hinter dem Löwentor erwähnt werden. Es ist eine wunderschöne Kreuzfahrerkirche, die im 12. Jh. auf der traditionellen Stätte gebaut wurde, an der das Haus Joachims und Annas, Marias Eltern, stand. Im Kirchenhof liegt der Bethesda-Teich, an dem eine Wunderheilung erfolgte, wie in Johannes 5 beschrieben.

Die Stadtviertel, aus denen sich die Altstadt mit ihren Heiligtümern und farbenfrohen Basaren und exotischen Gassen zusammensetzt, sind das christliche im Nordwesten, das arabische im Nordosten, das armenische im Südwesten und das jüdische Viertel im Südosten. Es liegt der Westmauer des Tempelareals am nächsten. Bei der Zerstörung des jüdischen Viertels nach dem 1948er Krieg durch die Jordanier wurden mehrere Synagogen und Zentren des Gelehrtentums dem Erdboden gleichgemacht, von anderen blieb nur die äußere Hülle stehen. Einige wurden kommerziell genutzt. Das älteste Gebäude ist die Nachmanides-Synagoge aus dem 13. Jh. Im späten 16. Jh. wurde sie von den Osmanen beschlagnahmt. Während der noch nicht lange zurückliegenden Mandatszeit der Engländer und der anschließenden Besatzung durch Jordanien diente sie als Lebensmittelfabrik. Als Jerusalem 1967 genau 700 Jahre nach Rabbi Mosche ben Nahmans Ankunft in Jerusalem und dem Bau seiner Synagoge wiedervereinigt wurde, wurde sie teilweise restauriert. Der Gottesdienst zu ihrer erneuten Weihe fand innerhalb ihrer Mauern statt. 1976 war die Restauration der Synagoge vollendet.

Ebenso wichtig war die Restauration der vier schönen sephardischen Synagogen, die unter ihrem Sammelnamen Jochanan-ben-Sakkai-Synagogen sowie unter ihrem Einzelnamen — Ben Sakkai, Istanbuli, Emtzai (oder Kahal-Zion) und Elijahu Hanavi — bekannt sind. Sie entstanden im 16. Jh. um einen kleinen Hof an dem Ort, an dem der Überlieferung zufolge die Synagoge Rabbi Jochanan ben Sakkais stand, einem Weisen, der im 1. Jh. lebte. Als die Synagogen gebaut wurden, durften die jüdischen Bauten nicht die muslischen Gebäude in ihrer Umgebung überragen. Deshalb liegt der Synagogenboden zum Teil unter der Straßenebene. Das rettete sie auch vor der völligen Zerstörung durch die Jordanier im Jahr 1948. Allerdings schützte es sie nicht vor Plünderung und Beschädigungen. Sie wurden ihrer Inneneinrichtung beraubt. Als die Synagogen 1967 zusammen mit der Altstadt befreit wurden, waren sie voller Abfall, denn sie hatten als Schaf- und Ziegenstall gedient. Heute sind die Synagogen in ihrem ursprünglichen Glanz wiederhergestellt.

Die Dächer des Viertels überragen Kuppel und äußere Hülle der Hurva-Synagoge, die wichtigste aschkenasische Synagoge der Stadt, die während der jordanischen Herrschaft stark beschädigt wurde. In der Nähe liegt die Tiferet Yisrael, besser unter dem Namen Nisan-Bek-Synagoge bekannt, nach dem Würdenträger aus Safed in Galiläa, der bei ihrer Errichtung half.

Die von Mauern umgebene Altstadt wird im Osten durch das Kidrontal und im Westen

und Süden durch das Hinnomtal begrenzt. Nur von Norden her ist der Zugang ebenerdig — und aus dieser Richtung wurde die Stadt in der Vergangenheit im allgemeinen angegriffen. In die Stadtmauer sind acht Tore eingelassen: das Jaffator bei der Zitadelle im Westen, das Neue Tor, das Damaskustor und das Herodestor im Norden, das Löwen-(Stephans-)Tor und das zugemauerte Goldene Tor im Osten und das Misttor (bei der Westmauer) und das Zionstor im Süden.

Das Damaskustor, der Stolz der Stadtmauern Süleimans, ist ein schönes Beispiel für die frühosmanische Architektur: wuchtig und doch anmutig. Das gewölbte Portal ist in eine breite Front eingesetzt, die auf beiden Seiten große Türme flankieren und Zinnen krönen. Es steht auf Fundamenten aus dem 2. Jh. Die großen Steinquader von Hadrians Tor kann man immer noch bei dem kurzen Viadukt sehen, das über den alten Graben zum heutigen Eingang führt. Das prachtvolle Goldene Tor mit den Doppelbogen in der Ostmauer (die auch die Ostmauer des Tempelareals ist) ist byzantinisch. Obwohl es von außen versperrt ist, kann es vom Haram esch-Scharif aus besichtigt werden. Ein Besuch lohnt sich.

Neben dem Jaffator liegt weiter südlich die Zitadelle. Hier wurden osmanische und Mamelucken-Bauten auf den Ruinen von Kreuzfahrerbauten sowie herodianischen und hasmonäischen Gebäuden errichtet, denn schon Herodes baute hier seinen Palast auf Fundamenten, die aus der Zeit Judas Makkabis im 2. Jh. v. Z. stammten. Ein Teil des Turms sofort hinter dem Jaffator ist die Basis des Phasael-Turms, einer der drei Türme, die Herodes am Nordrand seines Palastes errichten ließ. Seit der byzantinischen Periode wird er als Davidsturm bezeichnet, ein Name, der später die gesamte Zitadelle umschloß. Für einige bezog er sich nur auf das Minarett.

Außerhalb der Mauern ist der Zionsberg die den Juden heiligste Stätte. Hier wurde der Überlieferung zufolge König David begraben (1. Kön. 2, 10). Die Christen verehren den Zionsberg als den Ort des letzten Abendmahls und Marias Tod. Der Zionsberg ist eine kleine Anhöhe, die sich an der südwestlichen Ecke der Altstadt entlangzieht. Im Altertum lag er innerhalb der Stadtmauern.

Die als Davidsgrab bekannte Kammer ist aus dem Fels gemeißelt. Man erreicht sie durch den ebenerdigen Hof und die Hallen eines mittelalterlichen Baus. In der Kammer steht ein Riesensarkophag, den ein bestickter Schal bedeckt. Die flackernden Kerzen, von andächtigen Besuchern angezündet, spiegeln sich in der Reihe schöner Thorakronen wider, die an den von Rauch geschwärzten Wänden aufgereiht sind. Die Kammer wurde im 12. Jh. beim Bau einer Kreuzfahrerkirche an dieser Stelle entdeckt.

Im zweiten Stock dieses Gebäudes liegt das Coenaculum, von dem man annimmt, daß es der "obere Raum" ist, den das Neue Testament erwähnt. Hier feierten Jesus und seine Jünger die erste Nacht des Passahfestes, ein Ereignis, das bei den Christen seither als das "letzte Abendmahl" bezeichnet wird (Mark. 14, 12-15). Das Coenaculum (Refektorium) bauten im 14. Jh. Franziskanermönche nach der Zerstörung der Kreuzfahrerkirche im gotischen Stil neu auf. Diese gotische Halle sieht man auch heute noch. Ihre Spitzbogen entspringen den großen Pfeilern, die aus dem Erdgeschoß kommen, von dem aus man zum Davidsgrab gelangt.

Neben diesem Gebäude liegen Kirche und Kloster der Dormitio-Abtei. Ihre Kuppel und der hohe Glockenturm sind ein bekanntes Wahrzeichen Jerusalems. Die Gebäude sind neu, aber sie stehen auf Boden, der von Geschichte durchdrungen ist. In der christlichen Überlieferung ist das der Ort, an dem Maria starb, die Stätte *Dormitio Sanctae Mariae*, d. h. des Schlafes der hl. Maria. Am Rand des verzierten Bodens unter der Kuppel der Rundkirche führen Stufen hinunter in eine Krypta. In ihrer Mitte stellt eine liegende Figur Maria auf ihrem Totenbett dar.

Östlich des Zionsberges liegt das Kidrontal. Die Hänge über dem Kidron steigen zu einem Kamm an, den zwei auffallende Berge kennzeichnen. Von hier aus hat man einen wunderschönen Rundblick auf die Stadt im Westen und auf die Ebene von Jericho und das Tote Meer im Osten. Der Berg weiter im Norden trägt den treffenden Namen Skopus, d. h. "Aussichtsberg". Der südliche ist der Ölberg. Auf dem Skopusberg, der wunderschön gelegen ist, bauten die Juden zur Mandatszeit ihre Hebräische Universität und das Hadassah-Krankenhaus. Nach den Kämpfen von 1948 war der Skopus vom jüdischen Jerusalem abgeschnitten. blieb jedoch eine israelische Enklave. Das Waffenstillstandsabkommen sah zwar den freien Zugang zu Universität und Krankenhaus vor, aber die Jordanier kamen ihren Verpflichtungen nicht nach. Deshalb bauten die Juden in Westjerusalem ein schönes neues Universitätsgelände und das neue medizinische Zentrum der Hadassah. Seit der Wiedervereinigung der Stadt im Jahr 1967 werden die Gebäude auf dem Skopusberg wieder benutzt. Außerdem sind jetzt neue Universitätsgebäude hinzugekommen.

Auf dem Ölberg liegt der älteste, heiligste Friedhof der Juden. Im Laufe der Jahrhunderte hofften fromme Juden aus der ganzer Welt, mit ihren Vorfahren auf diesen Hängen begraben zu werden, die auf das Tempelareal blicken. Nach 1948 war Juden der Zugang zum Friedhof verboten. Seine Gräber wurden von den Jordaniern geschändet. Inzwischen wurde der Friedhof restauriert. In der christlichen Überlieferung stieg Jesus nach seiner Auferstehung vom Gipfel zum Himmel auf. Im späten 4. Jh. stand hier eine Kirche, danach eine Kreuzfahrerkirche, von der man noch einige Überreste sehen kann. Nach Saladins Eroberung im 12. Jh. wurde sie in eine Moschee verwandelt. In der Nähe liegen die ausgegrabenen Überreste der Eleonakirche, die im frühen 4. Jh. von Konstantin und Helena gebaut wurde.

Am Fuß des Ölbergs liegt direkt auf der anderen Seite des Kidrontals gegenüber der Ostmauer des Tempelareals der Garten Gethsemane —*Gatschemanin* ist Hebräisch für Ölpresse —, die Stätte der Seelenangst Jesu. Hier, unter den Olivenbäumen verbrachte er seine letzten Stunden als freier Mensch, und hier wurde er verhaftet. Von dem alten Hain haben sich noch acht Bäume erhalten. Sie stehen im Garten, der sich an die franziskanische Kirche Aller Nationen anschließt, einem neuen Gebäude an einer byzantinischen Stätte. Ein Teil der alten Fundamente und einige der ursprünglichen byzantinischen Mosaiken kann man immer noch sehen. Rechts vom Eingang erhebt sich eine griechische Kirche aus dem 12. Jh. Sie steht über dem traditionellen Grab der Jungfrau Maria. Höher am Hang, oberhalb von Gethsemane, ist die russische Kirche St. Maria Magdalena, die eine Gruppe zwiebelförmiger Kuppeln krönen. Darüber liegt das kleine Heiligtum Dominus Flevit (Hier weinte Jesus) inmitten eines weitläufigen Gartens mit vereinzelten Felsengräbern.

Im Kidrontal südlich von Gethsemane steht eine Gruppe von Monumenten, die zwar wie Gebäude aussehen, tatsächlich aber aus dem Fels gehauen wurden. Das bekannteste Monument ist die Absalom-Säule mit ihrer kegelförmigen Spitze, in dem Davids aufrührerischer Sohn Absalom begraben sein soll. Es entstand jedoch zu einem viel späteren Zeitpunkt und ist im hellenistischen Stil gehalten. Es datiert aus dem 2. oder 1. Jh. v. Z. In dieser Zeit entstanden auch die angrenzenden Gräber, die sogenannten Gräber Zacharias' und des hl. Jakobs, das immer noch als das des hl. Jakobs bezeichnet wird, obwohl es eine Inschrift trägt, die es als das Grab der Priesterfamilie Benei Hezir ausweist, ein Name, der auch im Buch Nehemias vorkommt.

Weiter südlich im Kidrontal liegt die vielleicht faszinierendste historische Stätte Jerusalems: der gut erhaltene Hiskia-Tunnel aus dem ausgehenden 8. Jh. v. Z., der ca. 550 m lang ist und von der Gihonquelle in südlicher Richtung zum Siloah-Teich verläuft. Der Gihon war Jerusalems einzige, ständig wasserführende Quelle — sowie einer der Hauptgründe, warum an diesem Ort eine Stadt gegründet wurde. Die Gihonquelle lag außerhalb der Stadtmauern. Um 700 v. Z. wurde Jerusalem von den Assyrern bedroht. Um die Wasserversorgung der Stadt sicherzustellen, ließ Hiskia (715-687), König von Juda, einen Tunnel anlegen, der in einer langsam fallenden Schräge unter den Mauern verlief und beim Siloah-Teich, dem niedrigsten Punkt der Stadt, an die Oberfläche trat. Um dem Feind den Zugang zum Wasser abzuschneiden, verschloß Hiskia die Quelle von außen. Das Unternehmen wird in 2. Könige 20, 20 und 2. Chronik 32, 30 beschrieben: Hiskia, "der die obere Wasserquelle des Gihon verschloß und sie hinunterleitete westwärts zur Stadt Davids". (Zur Zeit Davids glichen die Grenzen Jerusalems noch größtenteils denen der jebusitischen Stadt außerhalb der heutigen Mauern und südlich des Tempelareals.) Hiskias Tunnelarbeiten bestanden aus zwei Mannschaften, die an gegenüberliegenden Enden begannen, zueinander hin arbeiteten und sich schließlich in der Mitte trafen. Diese bemerkenswerte Ingenieursleistung des Altertums wurde in klassischem Hebräisch auf einer Tafel an ihrem Treffpunkt festgehalten. Die Inschrift wurde 1880 entdeckt, und sie bestätigte den Bibelbericht sowie die Grabungsmethode. Heute ist sie als "die Siloah-Inschrift" bekannt. Der Tunnel ist immer noch in Gebrauch. Man kann durch ihn hindurchwaten.
Gegenüber der nordöstlichen Ecke der Mauer der Altstadt liegt das Rockefeller Museum für Altertümer. Einen knappen Kilometer nordwestlich davon befindet sich das aus dem Felsen gemeißelte Grab der Könige, zu dem von der Straßenebene eine lange Treppe erst in den großen Vorhof und dann in die Grabkammern führt. Das ist das Grab von Königin Helena und der Königsfamilie aus Adiabene, einem mesopotamischen Fürstentum, die sich im 1. Jh. n. Z. zum Judentum bekehrte und nach Jerusalem kam.
Ebenfalls aus dem 1. Jh. n. Z. und ebenfalls im Norden der Stadt — westlich vom Königsgrab — gelegen, befindet sich die Nekropolis von Sanhedria, eine große, dreistöckige, künstliche Höhle mit mehreren Kammern, die gewölbte Grabnischen enthalten. Die Höhle betritt man durch einen großen Vorhof und einen schönen Steineingang, den ein aufwendig verzierter Giebel krönt. Das am reichsten verzierte Grab gilt der Überlieferung zufolge als die gemeinsame Ruhestätte der Richter an Israels Oberstem

Gerichtshof im Altertum, dem Synedrium. Nach ihnen erhielten das Grabgebiet und dieses Jerusalemer Stadtviertel ihren Namen Sanhedria, d. h. Synedrium.

In Westjerusalem liegt am Rand des Wohnvorortes Rehavia das Tal des Kreuzes, dessen Hänge zu beiden Seiten mit Olivenbäumen bewachsen sind. Dieser Name kommt von der Legende, daß aus einem dieser Bäume das Kreuz geschnitzt worden sei, an dem Jesus gekreuzigt wurde. Mitten in diesem Tal erhebt sich ein altes Steingebäude, das mit seinen von vielen Strebepfeilern gestützten Mauern wie eine mittelalterliche Burg aussieht. Das ist das hl. Kreuzkloster. Auf seinem Gelände steht eine schöne Kreuzfahrerkirche aus dem 12. Jh. Sie ist nicht besonders groß, besitzt eine gewölbte Decke und eine hohe Kuppel über dem Altar. Sie steht auf älteren Fundamenten. Einen Teil des Bodens bedecken immer noch die ursprünglichen Mosaiken. Teile der Mauern und der Basilika wurden restauriert.

Auf dem Kamm oberhalb des Tals sind die ineinandergreifenden, quadratischen Pavillons des Israel-Museums auf verschiedenen Ebenen so angeordnet, daß sie sich harmonisch ins Gelände einfügen. Der Komplex umfaßt das Kunstmuseum Bezalel, das biblische und archäologische Museum Samuel Bronfman, den Skulpturgarten Billy Rose im Freien und den Schrein des Buches Samuel D. Gottesman. Der Schrein des Buches beherbergt die sieben vollständigen Schriftrollen vom Toten Meer sowie die erst kürzlich entdeckten Briefe Bar Kochbas und andere antike Manuskripte, die bei archäologischen Grabungen gefunden wurden. Von der weitläufigen Plaza am Eingang blickt man auf eine der schönsten Gegenden Westjerusalems. Mehrere hundert Meter nördlich vom Museum erhebt sich auf einer Anhöhe der eindrucksvolle quadratische Bau der Knesset, das Parlament Israels. Hier kann man die von Marc Chagall geschaffenen Wandgemälde, Mosaiken und Gobelin-Wandteppiche besichtigen. Unmittelbar im Nordwesten schließen sich Stadion und neue Gebäude der Hebräischen Universität an. Gegenüber der Universität liegen die strengen Steinbauten der Regierungsministerien inmitten von Steingärten und Kiefern. Im Osten wird dieser neu erschlossene Komplex von den welligen Rasenflächen des Sacherparks begrenzt.

Im Südteil der Stadt liegt das im 1. Jh. v. Z. von König Herodes für seine Familie gebaute Grab, nur einige Schritte vom Hotel King David entfernt. Man betritt das Grab durch einen tieferliegenden Hof und einen aus dem Felsen gehauenen kurzen Tunnel, der früher mit einem gut erhaltenen "wälzbaren Mühlstein" verschlossen war — eine Tür, deren Türangeln aus einer Steinplatte herausgemeißelt wurden. Innen führt ein Korridor zu den Grabkammern. Obwohl schon Josephus die Lage des Grabes angab, wurde es erst am Ende des vergangenen Jahrhunderts entdeckt.

Auf dem südlichsten Kamm Jerusalems liegt Ramat Rachel, ein Kibbuz mit einer Aussichtsplattform, von der aus man eine wunderschöne Aussicht auf das Kloster Mar Elias und die Stadt Bethlehem hat. 1958 begannen hier unter Dr. Yohanan Aharoni Ausgrabungen, die fünf Grabungskampagnen andauerten. Dabei wurden sieben Siedlungsschichten aus dem 7. Jh. v. Z. bis zum 7. Jh. n. Z. ans Licht gebracht. Die bemerkenswertesten Entdeckungen waren die Überreste einer judäischen Königszitadelle und einer Inschrift von Jojakim, König von Juda von 609 bis 598 v. Z. Diese Siedlung, die Nebukadnezar zerstörte, wurde von den jüdischen Heimkehrern aus dem babylonischen Exil in der persischen Periode neu aufgebaut. Auf der Ausgrabungsstätte fand man Krughenkel, auf die die Namen "Juda" und "Jerusalem" aufgedrückt waren, sowie Siegelabdrücke mit einigen, bis zu jenem Zeitpunkt unbekannten Namen jüdischer Statthalter Judas unter persischer Herrschaft. 70 n. Z. wurde der Ort von Titus zerstört, später lagerte hier die zehnte römische Legion. Bis heute kann man noch die Überreste ihres Badehauses und die einer palastartigen Residenz sehen. Viele Böden weisen ihr Siegel auf. Ebenso kann man die Überreste eines byzantinischen Klosters und einer Kirche aus dem 5. Jh. sehen, die große Vorratsgefäße, eine Ölpresse und Wasserzisternen umfassen.

Ungefähr 5 km westlich der Altstadt liegt Jerusalems zauberhaftester Vorort: Ein Karem (En Kerem). Er sieht wie ein kleines judäisches Dorf aus dem Mittelalter aus, wie es den Hang hinaufklettert, mit seinen Steinhäusern, gerahmt von schlanken, dekorativen Zypressen, die sich wie Wächter auf den Terrassen ausnehmen. Ein Karem (En Kerem) ist zu jeder Tageszeit schön; am schönsten ist es jedoch, wenn die Sonne tief steht und die Schatten länger werden. Auf dem Berg darüber erhebt sich das neue medizinische Zentrum der Hadassah, dessen Synagoge die berühmten farbigen Glasfenster von Chagall beherbergt.

Historisch gesehen, hängt das Interesse an Ein Karem (En Kerem) mit Johannes dem Täufer zusammen. Hier wurde er der Überlieferung nach geboren, und dies ist auch "eine Stadt in Juda", in die sich Maria nach der Ankündigung begab und "kam in das Haus des Zacharias und grüßte Elisabeth", Johannes' Mutter (Luk. 1, 39-40). Deshalb ist es verständlich, daß zwei Orte in Ein Karem (En Kerem), der Geburtsort und der des Besuches, durch Sakralbauten gekennzeichnet wurden. Das heutige Johannes-Kloster und die Kirche stammen aus dem 17. Jh. Sie entstanden auf den Ruinen älterer Kirchen. Auf der anderen Dorfseite steht die Kirche der Heimsuchung, ein moderner Bau, der auf den Ruinen einer Kreuzfahrerkirche errichtet wurde. Von der Kreuzfahrerkirche sind noch die Krypta, die Apsis und die Fundamente der Mauern zu sehen.

Im Dorfzentrum entspringt die Quelle, der Ein Karem (En Kerem) seinen Namen verdankt.

BAR'AM

Bar'am hoch oben in den Bergen Obergaliläas besitzt die am besten erhaltene, alte Synagoge Israels. Sie datiert aus dem ausgehenden 2. oder beginnenden 3. Jh. n. Z. Der Ort liegt in der Nähe der heutigen libanesischen Grenze, knapp 11 km nordwestlich von Safad.

Mit der Zerstörung Jerusalems im Jahr 70 n. Z. kam für die Juden auch das Ende des politischen und militärischen Lebens. In den drei Jahren danach flackerte es nur kurz in Masada und dann noch einmal während des Bar-Kochba-Aufstands ungefähr 60 Jahre später auf. Anderweitig im Land hielten die Juden jedoch an ihrem kulturellen Leben fest, anfangs zwar mühsam, dann aber zunehmend nachdrücklicher. Sein Zentrum lag in Galiläa.

Erst gegen Ende des 2. und zu Beginn des 3. Jhs. durften die jüdischen Siedlungen jedoch ein ernsthaftes Wiederaufbauprogramm in Angriff nehmen. Das verdankten sie vor allem der wohlwollenderen Haltung von Septimius Severus, der sich den Juden in Palästina gegenüber toleranter verhielt als seine Vorgänger. Bei einem längeren Besuch im Land im Jahr 200 ermutigte er sie sogar dazu. Sein Sohn Caracalla setzte diese judenfreundliche Politik fort. Unter ihrer Herrschaft erlebten die Juden Galiläas eine kulturelle und wirtschaftliche Blüte. Jetzt, da sie öffentlich ihr Gemeindeleben entwikkeln konnten, bauten sie als erstes Gebetshäuser. In dieser Periode entstanden die frühesten Synagogen im Land Israel. Die am besten erhaltene steht in Bar'am, eine weitere in Kapernaum am Ufer des Sees Genezareth. Sie zeugen von dem hohen Niveau der materiellen Kultur, das die Juden zu jenem Zeitpunkt erreicht hatten. Weniger gut erhaltene Synagogenruinen aus der gleichen Zeit befinden sich in Meron, Gusch Halav, Khorazin und Arbel. Alle weisen den gleichen Grundriß auf.

Die Synagoge in Bar'am bestand aus einer reich verzierten, rechteckigen Gebetshalle, die man durch einen überdachten Portikus betrat, dessen Dach von Säulen getragen wurde. Eine quer- und zwei längsverlaufende Säulenreihen teilten die Halle in ein rechteckiges Schiff, das drei Seitenschiffe begrenzten. Die Ecksäulen standen auf herzförmigen Basen.

Der eindrucksvollste Teil des Baus, der heute noch steht, war seine Hauptfront. Sie blickt in den Süden, nach Jerusalem, Sitz des zerstörten Tempels. Die Synagoge besitzt drei Steinportale. Das in der Mitte ist das größte. Ein halbrunder Bogen, den ein Basrelief mit Weinblättern und Trauben ziert, krönt das Portal. Auf einem Teil des verzierten Sturzes erscheint eine gemeißelte Girlande zwischen Siegessymbolen. Eingemauert in die Bauernhäuser im Dorf Bar'am, fand man einen vollständigen Löwenkopf aus Stein und Fragmente einer Tafel mit symbolischen Sternfiguren. Sie stammten aus der Synagoge und waren aus dem Schutt entfernt worden, als der Bau verfiel. Der Archäologe, Professor E. L. Sukenik, rettete sie.

Ein Abschnitt des Sturzes der Fassade befindet sich heute im Louvre in Paris. Auf ihm steht die folgende hebräische Inschrift: "Möge Frieden sein an diesem Orte und an allen Orten Israels. Dieser Sturz ist das Werk Josas des Leviten. Segen sei über seinen Werken. Schalom."

HAZOR

Nördlich des Sees Genezareth windet sich die Hauptstraße von einem Niveau unter dem Meeresspiegel langsam ins obergaliläische Bergland hinauf. In einer Entfernung von ungefähr 15 km vom See führt sie kurz vor dem Kibbuz Ayelet Haschachar an einem auffälligen Berg vorbei, der sich über einem rechteckigen Plateau erhebt. An diesem mit Gestrüpp bewachsenen Ort, den vereinzelt Steine bedecken, schien bis vor kurzem nichts außergewöhnliches zu sein. Und doch bewahrte er in seinem Inneren die Überreste einer langen Geschichte. Denn hier lag das biblische Hazor, die Stadt, die Josua eroberte, von der es hieß: "Denn Hazor war vorher die Hauptstadt aller dieser Königreiche" (Jos. 11, 10).

Zweifelsohne war Hazor schon früh eine bedeutende Stadt. Bereits ägyptische und mesopotamische Texte, die der Bibel vorausgehen, erwähnen es als eine der wenigen Städte des Altertums in der Gegend. Zum ersten Mal erscheint sein Name in den ägyptischen Ächtungstexten aus dem 19. Jh. v. Z., die die potentiellen Feinde des Ägyptischen Reiches in den entfernten Provinzen aufzählen. Zweihundert Jahre später ist Hazor Thema mehrerer Briefe, die man in den alten Archiven von Mari — dem heutigen Tell Hariri — am mittleren Lauf des Euphrats fand. Zwei dieser Briefe teilen dem König von Mari mit, daß Boten aus verschiedenen Städten in Mesopotamien unterwegs nach Hazor sind. Ein anderer Brief berichtet dem König, daß eine Karawane aus Hazor und Qatna eingetroffen sei, und zwar in Begleitung babylonischer Gesandter. Demnach war Hazor die einzige Stadt in der Gegend, die diese Dokumente erwähnen.

Als nächstes wird Hazor als eine der Städte erwähnt, die die Pharaonen Thutmosis III., Amenophis II. und Sethos I. eroberten. Einen interessanten Hinweis auf Hazor findet man in dem berühmten Papyrustext Anastasi I aus dem 13. Jh. v. Z., in dem Hori, ein königlicher Beamter, Amen-em-Opet, einen Schreiber, zur Beantwortung einer Reihe militärischer und topographischer Fragen auffordert. Die Korrespondenz hört sich wie ein altes militärisches Ratespiel an. So fragt Hori zum Beispiel: "Auf welchem Weg reist der *Mahir* (militärischer Kurier) nach Hazor? Wie sieht sein Fluß aus?"

Die vielleicht wichtigsten frühen Hinweise auf Hazor gibt es jedoch in den berühmten El-Amarna-Archiven in Ägypten, die aus dem 14. Jh. v. Z. stammen. Vier der an den Pharao gerichteten Briefe sprechen von Hazor. Einer stammt vom König von Tyrus, der zweite vom König von Astarot. Beide beklagen sich über Abdi-Tarschi, den König von Hazor, der sich gegen den Pharao erhoben und mehrere Städte der Beschwerdeführer erobert habe. Die beiden anderen Briefe schrieb der König von Hazor. Darin leugnet er die Anklagen ab, versichert den ägyptischen Monarchen seiner Treue und führt seinerseits Klage gegen die verleumderischen Nachbarn.

Aber erst die Bibelerzählung beschreibt Hazor unabhängig als bedeutende Stadt von strategischem Wert. Josuas Sieg "am Wasser von Merom" kennzeichnet der Bibel zufolge eine entscheidende Phase bei der Eroberung Nordkanaans. Im Anschluß an diese Schlacht berichtet die Bibel: Josua "kehrte um zu dieser Zeit und eroberte Hazor und erschlug seinen König mit dem Schwert; denn Hazor war vorher (d. h. nicht mehr

Bronzefigur einer Gottheit aus Hazor, 10. Jh. v. Z.

Salomonisches Tor und Kasemattenmauer (Vordergrund) und Ahab mit Pfeilern versehenes Gebäude (darüber) in Hazor

Basaltstele mit reliefierten Händen, im Gebet ausgestreckt. Darüber das Emblem der Gottheit: eine Mondscheibe in einem Halbmond — aus dem kanaanäischen Allerheiligsten, 14.-13. Jh. v. Z.

zur Zeit des Berichterstatters sondern zur Zeit Josuas) die Hauptstadt aller dieser Königreiche, ... und er verbrannte Hazor mit Feuer" (Jos. 11, 10-11).

Als nächstes wird Hazor — nebenbei — in Richter 4 (zum Unterschied von Deboras Siegeslied im fünften Kapitel) in dem Bericht über die Schlacht erwähnt, bei der die Israeliten, von Debora inspiriert, unter dem Befehlshaber Barak kämpften. Diese Schlacht, die "zu Taanach am Wasser Megiddos" stattfand, war der entscheidende Sieg der Israeliten, nach dem sie die Kanaanäer endgültig unterwarfen.

Zwei spätere Bibelpassagen erwähnen wiederum Hazor. Salomo baute "Hazor und Meggido und Geser" wieder auf (1. Kön. 9, 15), drei Städte in einer strategischen Lage, die das Hula-, das Jesreel-, bzw. das Ajalontal (in der Nähe des heutigen Latruns) beherrschten, und machte sie zu königlichen Städten, allem Anschein nach zu Garnisonsstädten für seine Gespanne. Das war im 10. Jh. v. Z. Schließlich gibt es noch den Bericht, der von Hazors Eroberung durch Tiglatpileser III. (2. Kön. 15, 29) erzählt. Diese Eroberung erfolgte 732 v. Z.

Fast sechshundert Jahre später, im Jahre 147 v. Z., kämpfte Jonathan, der Hasmonäer, "in der Ebene bei Hazor" gegen Demetrius. Diese Auskunft steht im 1. Makkabäerbuch II, 67.

Im Sommer 1955 begann ein Team israelischer Archäologen unter Professor Yigael Yadin mit den Ausgrabungen, die vier Kampagnen andauerten. Das war die archäologische Expedition von James A. de Rothschild, die die Ausgrabungen für die Hebräische Universität in Jerusalem durchführte. Sie wurden von der P.I.C.A., dem Anglo-Israel Exploration Committee und der israelischen Regierung gefördert:

Den Ort kennzeichnen zwei verschiedene topographische Gebiete, die beide untersucht wurden. Eines ist der Tell — "Tell" ist der archäologische Ausdruck für einen künstlichen Erdhügel, unter dem eine Stadt (oder Städte) vergraben liegt. Das andere ist da rechteckige Plateau, das unmittelbar im Norden an den Tell grenzt.

Der Tell hat, grob gesehen, eine flaschenartige Form; er liegt in ost-westlicher Richtung, der Hals liegt am Westende. Seine Hänge streben aus den Wadis der Umgebung steil in eine Höhe von fast 37 m auf. Das rechteckige Plateau ist siebenmal größer als die Fläche des Tells. Obwohl das Plateau tiefer liegt, ist es ebenfalls erhöht. Auf drei Seiten wird es durch steile, natürliche Hänge begrenzt. Diese Hänge wurden durch künstliche Erddämme, sogenannten Glacis, verstärkt. Der vierte lag im Westen. Ihn schützte eine gewaltige Mauer aus gestampfter Erde, die bis zu 14 m über das Plateau hinausragte. An der Basis war sie über 90 m breit. Weiterhin wurde sie durch einen großen Graben geschützt; mit der Erde aus dem Graben wurde die Mauer aufgeworfen. Diese Art von Befestigung war damals selten.

An zehn umrissenen Orten, drei auf dem Berg und sieben auf dem rechteckigen Plateau, wurden sorgfältige Grabungen bis zur frühesten Siedlungsebene durchgeführt. Dabei kamen die Überreste zahlreicher Städte ans Licht; jede Schicht enthielt die Überreste einer neuen Stadt, die auf den Ruinen ihrer Vorgängerin gebaut worden war. Die ältere Stadt lag selbstverständlich immer auf der jeweils tieferen Ebene. Die von Salomo im 10. Jh. v. Z. gebaute Stadt fanden die Archäologen in der zehnten Schicht von oben. Mehrere Schichten darunter kamen die verkohlten Reste der letzten kanaanäischen Stadt

zum Vorschein, die bei Josuas Eroberung Mitte des 13. Jhs. v. Z. durch Feuer zerstört worden war.

Die Ausgrabungen ergaben, daß die Stadt Hazor zum ersten Mal auf dem Erdhügel irgendwann im Laufe der ersten Hälfte des 3. Jts. v. Z. gebaut worden war, d. h. vor über viertausendfünfhundert Jahren, in der frühen Bronzezeit. Erst mehrere Jahrhunderte später, im 18. Jh. v. Z., wurde die Unterstadt gegründet. Das war das rechteckige Plateau. Zusammen mit der Unterstadt, die allein 708 190 m^2 bedeckte, wurde Hazor die größte Stadt des Landes sowie eine der größten im Nahen Osten. Wie die meisten großen Städte in jenen Zeiten war auch Hazor das Ziel häufiger Angriffe. Nach Zerstörung und Wiederaufbau blühte es wieder im 14. Jh. v. Z. — leider nicht allzu lange. Am Ende jenes Jhs. wurde Hazor erneut zerstört und zu Beginn des nächsten wieder besiedelt. Obwohl die Stadt immer noch die gleiche Fläche wie zuvor einnahm, waren ihre Befestigungen weniger mächtig. Das war die Stadt, die Josua zerstörte, wie in der Bibel beschrieben. Danach wurde die Unterstadt nie wieder aufgebaut. Alle späteren Städte — und besonders die von König Salomo gebaute — waren auf die Oberstadt auf dem Berg beschränkt.

Als die kanaanäische Herrschaft in Galiläa zusammenbrach, gab es Anfänge einer Besiedlung Hazors und seiner Umgebung durch die Israeliten. Die archäologischen Funde zeigen, daß diese Siedlungen im nächsten Jahrhundert eher ärmlich waren, was von der halbnomadischen Lebensweise dieser neuen Einwohner zeugt. Im Laufe der Zeit besserten sich Lebensstandard und materielle Kultur, und unter Salomo — und nach ihm — entwickelte sich Hazor zu einer Stadt mit einer gewissen Bedeutung. Obwohl Hazor jetzt auf die Oberstadt begrenzt und deshalb viel kleiner als zwischen dem 18. und 13. Jh. war, war es keineswegs kleiner als andere bekannte israelitische Städte wie Megiddo, Samaria und Lachisch. Seine Bedeutung ging bei Tiglatpilesers Eroberung zu Ende. Danach war Hazor eine offene jüdische Siedlung — d. h. es besaß keine Mauern —, die schließlich jedoch endgültig aufgegeben wurde. Später errichteten die neuen Eroberer zur persischen (587-332 v. Z.) und hellenistischen (332-63 v. Z.) Periode neue Zitadellen an diesem Ort.

Schon während der ersten Kampagne kamen bei den Grabungen in der südwestlichen Ecke der rechteckigen Einfriedung überraschende Funde ans Licht: die Überreste einer gut geplanten kanaanäischen Stadt — mit Häusern und Kanalisation —, die knapp 1 m unter der Oberfläche gefunden wurden, waren die vielleicht aufregendsten. Auf dem Boden der Häuser lagen mykenische Töpferscherben herum, die sich eindeutig auf das 13. Jh. v. Z. datieren ließen. Diese Stadt wurde zerstört und nie wieder bewohnt. Das war der bisher bedeutsamste Beweis für die Hypothese, daß Josuas Eroberung tatsächlich auf das 13. Jh. anzusetzen war. (Das ist ein wichtiges Datum, denn es hilft bei der Datierung mehrerer — immer noch unbekannter — früherer historischer Ereignisse wie z. B. des Auszugs der Kinder Israel.)

Diese Theorie war zuvor durch die veröffentlichen Resultate einer Probegrabung stark ins Schwanken geraten, die der eminente britische Archäologe Professor John Garstang 1928 hier durchführte. Allem Anschein nach hatte er mit dem für seine Probegrabung gewählten Ort kein Glück, denn er fand keinerlei Beispiele von mykenischer Töpferei.

Wegen des Fehlens derartiger Tonscherben war es logisch, die Ruinen der von ihm gefundenen Stadt — und somit den Josuabericht — noch vor das 13. Jh. v. Z. zu datieren. Aus diesem Grund bargen Yadin und seine Mannschaft die Gefäße und Tonscherben, die so dicht an der Oberfläche lagen, mit ziemlicher Erregung. Wie sie dann feststellten, waren sie mykenischen Ursprungs. Später fanden sie auch an anderen Orten auf der Ebene der gleichen Periode ähnliche Tonscherben. Genau wie bei der Ölsuche kann ein Archäologe auf einen Schatz stoßen, und zwar nur wenige hundert Meter von dem Ort entfernt, an dem ein anderer nur einen "trockenen Brunnen" fand.

Die Grabungen an dieser südwestlichen Stelle führten bis zur ersten, im 18. Jh. zur Hyksos-Periode gebauten Stadt hinunter, und es erwies sich, daß der riesige Erdwall um die gleiche Zeit enstanden war. Zu den wichtigsten Ruinen aus den späteren Städten, die hier freigelegt wurden, gehörte ein kleiner kanaanäischer "Stelentempel" — eine Stele ist eine aufrechte Platte, häufig mit einer Inschrift oder Reliefdarstellung versehen —, der für die Archäologie in Palästina einzigartig ist und auch im Nahen Osten bisher nur selten gefunden wurde. Er wurde im 14. Jh. dicht beim Erdwall gebaut und im 13. Jh. restauriert. Er offenbarte eine Richtung der kanaanäischen Kunst am Vorabend von Josuas Eroberung, von der man nur wenig wußte. Im "Allerheiligsten" dieses Tempels, allem Anschein nach der Verehrung des Mondes geweiht, stand die kleine Basaltfigur eines Gottes, der in der Nische im Zentrum erhöht auf einem Thron saß. Links von ihm standen oben abgerundete Basaltstelen in einer Reihe angeordnet. Auf der mittleren erscheinen im Relief zwei im Gebet ausgestreckte Hände. Das Ganze krönt ein Emblem der Gottheit, eine Mondscheibe in einem Halbmond. Die Stelenreihe läuft mit einem Orthostaten aus Basalt aus, auf dessen schmaler Seite Kopf und Vordertatzen eines Löwen und auf der anderen ein kauernder Löwe im Relief erscheinen, den Schwanz zwischen die Beine geklemmt. Die Reliefs sind wunderschön ausgeführt. Ebenso wurde hier ein Krug aus dem 18. oder 17. Jh. v. Z. mit einer kurzen Inschrift in Keilschrift gefunden — die älteste Form einer derartigen Schrift, die man im Land fand.
An mehreren Stellen anderweitig auf dem Plateau fand man auf der Ebene aus dem 17. Jh. unter dem Boden der Häuser Kindergräber in großen Tongefäßen. Im östlichen Abschnitt wurden die Überreste eines schönes Palastes aus dem 18.-17. Jh. entdeckt. Ganz in seiner Nähe fanden die Archäologen eine Reihe großer Grabkammern, die aus dem Fels gemeißelt worden waren, zu denen man durch ein Tunnelnetz gelangte. Eventuell war es die Familiengruft der Fürsten von Hazor.
Vier Tempel, die die Archäologen am nördlichen Ende der Einfriedung fanden, bildeten den Höhepunkt der Entdeckungen in der Unterstadt. Der erste, im 18.-17. Jh. gebaut, bestand aus einer großen Halle, die zwei Türme flankierten. Man erreichte sie über einen breiten, schön gepflasterten Platz. Zum Altar führten Steinstufen hinauf. Der zweite Tempel, im 15. Jh. errichtet, wies den gleichen architektonischen Grundriß auf. Hier war jedoch der breite Platz vor dem Eingang durch ein Monumentaltor und mehrere "Höhen" und Altäre gekennzeichnet. Auf dieser Ebene kamen zwei wichtige Funde zum Vorschein: das gebrannte Tonmodell einer Kuhleber, mit deren Hilfe die Priester die Zukunft voraussagten — eine lange Inschrift in Keilschrift zählt die Zwischenfälle

Löwenrelief auf Basaltorthostaten aus dem kanaanäischen Tempel, 14.-13. Jh. v. Z.

auf, die sich ereignen können —, sowie eine Bronzetafel mit einer prachtvollen Reliefdarstellung — die eventuell den kanaanäischen Fürsten oder Statthalter zeigt. Der dritte Tempel, der aus dem 14. Jh. stammt, wies einen anderen Grundriß auf. Statt nur einer großen Halle besaß er drei Kammern: Halle, Schrein und das "Allerheiligste", die ineinander übergingen. Die unteren Wandteile von Halle und inneren Heiligtum waren mit Basaltorthostaten ausgekleidet. In einem Schacht auf dem Gelände dieses Tempels und dieser Schicht fanden die Gelehrten den Orthostaten eines Tors, das mit einem schönen Löwenrelief verziert war. Er war unter den Steinen vergraben worden, zweifelsohne von denen, die den Tempel zerstört hatten. Die vierte Kultstätte an dieser Stelle war eine Restaurierung der vorhergehenden im 13. Jh. Im inneren Heiligtum wurden viele Ritualgegenstände gefunden — eine Reihe davon stammten noch aus dem früheren Tempel: ein Altar mit dem Emblem des Sonnengottes, Tische für Trank- und Weihopfer, Siegel und Figuren. Die Ruinen dieses Gebäudes lagen unter einer dicken Ascheschicht — das Ergebnis des von Josuas Soldaten angelegten Feuers.
Die Grabungen in der nordöstlichen Ecke des Geheges brachten die Überreste der Stadttore aus allen Siedlungsperioden ans Licht. Dadurch konnte die Entwicklung der Tore im Laufe von fünfhundert Jahren verfolgt werden. Das früheste Tor war ein einfacher Eingang, den zwei Türme schützten. Als zunehmend wirksamere Angriffswaffen entwickelt wurden, mußten auch die späteren Tore verstärkt werden. Der Eingang führte jetzt durch einen breiten Korridor, den je zwei Kammern rechts und links flankierten. Zwei große Türme, wiederum mit zwei Kammern versehen, schützten den Korridor zu beiden Seiten. Vor dem Tor lag eine breite Terrasse, auf der die Zufahrt für die Streitwagen ihren Ausgang nahm. Eine große Stützmauer aus Basaltsteinen sicherte Terrasse und Straße ab.
Kasemattenmauer und Stadttor, die Salomo im 10. Jh. v. Z. baute, waren der aufregendste Fund auf dem Berg, d. h. in der Oberstadt im westlichen Abschnitt. Auch die Umstände ihrer Entdeckung waren faszinierend. Als die Ausgräber den Mauernteil freilegten, der an den, wie es schien, Torbeginn angrenzte, schlug Professor Yadin vor, die folgende Theorie auf die Probe zu stellen: Die Bibel berichtet, Salomo habe "Hazor und Megiddo und Geser" wiederaufbauen lassen. Die archäologischen Grabungen in Meggido zwischen 1925 und 1939 hatten das salomonische Tor dieser Stadt ans Licht gebracht. War es nicht wahrscheinlich, schlug nun Yadin vor, daß Salomos Architekt den gleichen Plan für den Bau der Stadttore von Hazor verwendet hatte? Schon bald würden sie es wissen. Bevor jedoch weitergegraben wurde, beschlossen sie einstimmig, den Grundriß des Tors in Megiddo mit dem Korridor, den drei Kammern zu jeder Seite und den Türmen zu markieren, um zu sehen, ob das, was sie ausgraben würden, den Markierungen entsprach. Genauso gingen sie vor. Und unter den Markierungen lagen die Ruinen des Torbaus, genau wie vorausgesehen. Das Tor war eine exakte Kopie des Tors in Megiddo. Diese Ruinen kann man heute besichtigen.
Ebenso kann man die Überreste aus allen Perioden bis hinunter zur ersten Siedlungsschicht von vor über 4500 Jahren sehen. Zu den eindrucksvollsten früheren Überresten gehören die eines großen Palastes aus dem 17. Jh. v. Z., der dem gleicht, der auf der gleichen Ebene im Ostteil der Unterstadt gefunden wurde, sowie eine dicke Ziegel-

Geflügelte Sphinx und Figur, die vor einem "Lebensbaum" kniet. Schnitzerei auf einem Elfenbeinkästchen aus Hazor, 8. Jh. v. Z.

mauer aus der gleichen Periode und ein großer Palast aus dem 14. Jh. Seinen Eingang zieren Orthostaten, die denen gleichen, die in einem der Tempel in der Unterstadt aus der gleichen Zeit gefunden wurden. Wahrscheinlich war das der Palast von Abdi-Tarschi, König von Hazor, dessen Briefe man in den El-Amarna-Archiven fand.

Zu den Überresten aus der Zeit nach Salomo gehörten einige sehr interessante Funde, die mit den Bibelberichten übereinstimmen. Die Archäologen stellten fest, daß die Stadt auf der Ebene aus der Mitte des 8. Jhs. v. Z., d. h. während der Herrschaft Jerobeams II., durch ein Erdbeben zerstört worden war. Dieses Erdbeben wird im Buch des Propheten Amos (1, 1) erwähnt. Die archäologischen Nachweise ergaben weiterhin, daß diese israelitische Stadt schnell wiederaufgebaut und nur wenige Jahre später durch Feuer zerstört wurde. Das ist das Werk Tiglatpilesers III. im Jahr 732 v. Z., von dem die Bibel ebenfalls berichtet (2. Kön. 15, 29). Der gleiche Bibelbericht sagt, daß sich das "zu der Zeit Pekachs, des Königs von Israel" ereignet habe. Auf einem der Weinkrüge fand man die hebräische Inschrift "Pekachs".

Die Ausgrabungen an dieser Stelle erbrachten weitere Beweise für die neuen Befestigungstechniken, die in der Zeit nach Salomo entwickelt wurden. Zu seiner Zeit galt die Kasemattenmauer mit ihren Hohlkammern als ausreichender Schutz gegen die zeitgenössischen Angriffswaffen. Im Jahrhundert danach reichte eine Befestigung von der Art der Kasemattenmauer nicht mehr aus, als, wie Yadin als erster vorschlug, ein stärkerer Sturmbock entwickelt wurde. An ihre Stelle trat eine gewaltige, feste Mauer mit ihren typischen Vorsprüngen und Nischen. In einigen Fällen wurden die Hohlkammern als behelfsmäßige Maßnahme gefüllt. Beispiele beider Mauern fand man in diesem westlichen Abschnitt auf dem Berg in Hazor. Ebenso wurden hier die Überreste einer Reihe von Zitadellen freigelegt, die jeweils auf den Ruinen der vorherigen gebaut worden waren. Sie datieren aus der Zeit vom 9. bis zum 2. Jh. v. Z.

Das Gebäude mit den Pfeilern — die wie Pfosten zum Anbinden von Pferden aussehen, weshalb Garstang sie irrtümlich als Ställe bezeichnet hatte — erwies sich als ein großes israelitisches Lagerhaus, das im 9. Jh. — wahrscheinlich unter Ahab — entstanden war. Am Ostrand des Bergs fanden die Archäologen ein kleines Tor, das aus großen, behauenen Steinen gebaut worden war. Kurz vor der Zerstörung der Stadt im Jahr 732 v. Z. hatten die Israeliten in Hazor dieses Tor hastig mit Ziegeln zugemauert und es von außen — d. h. an der dem Feind zugewandten Seite — mit einer dünnen Kieselschicht getarnt. Dieses kleine Tor wurde wahrscheinlich während einer ruhigen Periode im 8. Jh. in die Mauer eingelassen, damit die Bauern von Hazor den Weizen von ihren weiten Feldern direkt im Norden leichter in die Stadt einfahren konnten. Am Vorabend der Belagerung wurde das Tor nicht mehr benötigt. Im Gegenteil, es war jetzt ein schwacher Punkt der Befestigungen sowie ein einladendes Ziel für einen feindlichen Angriff geworden. Deshalb wurde es hastig zugemauert. Die Theorie, dieses Tor sei vor allem von den Bauern benutzt worden, wurde durch die Entdeckung eines großen rechteckigen Getreidespeichers ganz in der Nähe gestützt, der fast 5 m tief war und dessen Seiten mit groben Steinen verkleidet waren. Den Boden bedeckte eine dicke Schicht feiner Asche. Überreste des verbrannten Getreides, als die Stadt zerstört wurde.

Als Yadin 1958 seine vierjährige Ausgrabungskampagne beendete, gab es nur noch ein

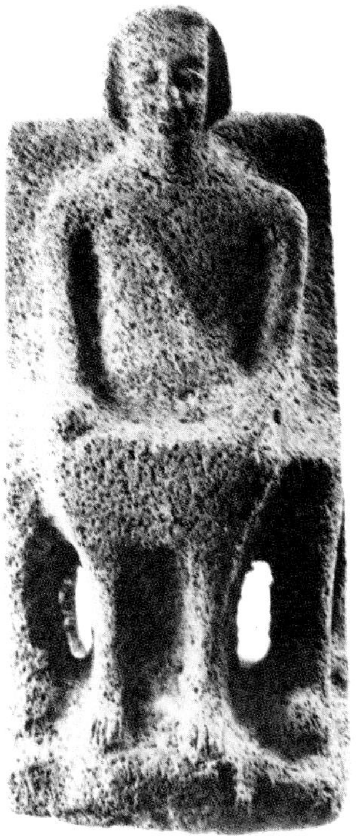

Basaltfigur eines kanaanäischen Gottes, im Heiligtum aus dem 14.-13. Jh. v. Z. gefunden.

Knochengriff eines Spiegels oder Zepters mit eingemeißelter geflügelter Gottheit, 8. Jh. v.

ungelöstes Problem: wie sicherten die Einwohner von Hazor in der israelitischen Periode bei einer Belagerung ihre Wasserversorgung? Er war fest davon überzeugt, daß es in einer so gut befestigten und strategisch bedeutenden Stadt wie Hazor eine hochentwikkelte Einrichtung geben müsse, die die Wasserversorgung bei einer Belagerung sicherstellte. Es gab aber keinerlei Hinweise darauf, wo sie zu suchen sei. Wie Yadin später schrieb, ''wären die Ausgrabungskosten bei einer Suche, nur um eine Theorie zu beweisen, unerschwinglich hoch gewesen''.

In den Jahren danach war er mit anderen archäologischen Projekten beschäftigt. 1960 nahm er dann jedoch eine kurze Probegrabung in Megiddo vor, um verschiedene Theorien zu testen, die er über die Datierung bestimmter Strukturen an jenem Ort aufgestellt hatte und die den vorherrschenden Ansichten von Gelehrten widersprachen. Seine Funde waren umwälzend. Sie stürzten Urteile um, die die Archäologen jahrelang vertreten hatten. Unter anderem erbrachte er den Nachweis, daß das einfallsreiche Wasserversorgungssystem Megiddos — ein tiefer Schacht, mit einem Tunnel verbunden, der zu Quellen außerhalb der Stadt führte — im 9. Jh. angelegt worden war, wahrscheinlich während der Herrschaft von König Ahab und nicht, wie man bisher angenommen hatte, im 12. Jh. v. Z. Das bestärkte ihn in seiner Überzeugung, daß es auch in Hazor ein ähnliches Wasserversorgungssystem geben müsse, denn zwischen diesen beiden antiken Städten gab es auffallende archäologische und historische Ähnlichkeiten.

1968 kehrte Yadin nach Hazor zurück, um die Wassereinrichtung zu suchen. Die Grabungen waren langwierig und voller Spannung. Der Erfolg übertraf dann alle Erwartungen: ein gewaltiges, gut geplantes Wasserversorgungsnetz wurde entdeckt. Es bestand aus einem eindrucksvollen Bau, der zu einem breiten, quadratischen Schacht führte, der senkrecht durch den Felsen getrieben worden war, wo er auf einen Tunnel traf, der sich allmählich nach unten neigt und bei einem Teich endet. Sein Datum wurde endgültig auf die erste Hälfte des 9. Jhs. festgelegt, d. h. auf die gleiche Zeit wie das in Megiddo. In Ḣazor lag die Quelle jedoch innerhalb und nicht außerhalb der Stadt und war somit noch besser geschützt. Eingang und Schacht sind ca. 30 m tief. Der knapp 25 m lange Tunnel verläuft in einer Neigung in eine Tiefe von nochmals 10 m, so daß die Gesamttiefe von der Spitze des Bergs bis zum Wasserspiegel 40 m beträgt. An jeder der vier Schachtseiten führt jeweils eine schöne, aus dem Fels gemeißelte Treppe hinunter, die breit genug ist, um zwei Personen gleichzeitig Hinauf- und Hinabsteigen zu erlauben, ohne daß sie sich dabei berühren. Die fünfte Treppe unten läuft bei der Tunneltreppe aus. Hier waren die Stufen von den antiken Ingenieuren dick gepflastert worden, um den weichen Stein zu schützen. Die letzten acht Stufen, die unter Wasser standen, wenn der Wasserspiegel anstieg, waren größtenteils mit Basaltplatten gebaut.

Der Bau dieses gewaltigen Wasserversorgungssystem verleiht Yadins Theorie Nachdruck, daß angesichts der sich verschärfenden Bedrohung Israels und seiner Nachbarn durch die Aramäer und Assyrer zu Beginn des 9. Jhs. dringende Verteidigungsmaßnahmen ergriffen werden mußten. Insbesondere mußten die wichtigen Städte befestigt und ihre Wasserversorgung gesichert werden, damit sie eine Belagerung überstehen konnten. Yadin schrieb: ''Die einzige Hoffnung für die Könige von Israel und Juda lag in ihrer Fähigkeit, auch eine längere Belagerung zu überstehen''. Deshalb war es

Weichrauch-Schöpfkelle aus Stein in Form einer Hand, die eine Schale hält. In der israelitischen Zitadelle aus dem 8. Jh. v. Z. gefunden

''dringend notwendig, das Ingenieurswesen zu entwickeln'' Das genau taten die Menschen und konnten auf diese Weise ''Festungen und unterirdische Wasserversorgungssysteme schaffen, wie sie zuvor noch keine andere Nation gebaut hatte''
Das also war Hazor, das alte Hazor aus der Bibel, das ''vorher die Hauptstadt aller dieser Königreiche'' war.

SAFAD

Das obergaliläische Bergland, zu allen Jahreszeiten wohlduftend und farbenfroh, ist mit Dörfern und Weilern übersät, die an seinen Felshängen kleben. Keines ist jedoch malerischer als die Stadt Safad, auf einem Berg 850 m über dem Meeresspiegel die höchstgelegene Stadt Nordisraels. Über Safad hängt ein unbeschreiblicher Zauber, der fast greifbar wird, sobald man eine seiner Gassen mit Kopfsteinpflaster betritt, die Stufen zum Künstlerviertel hinabsteigt oder unvermittelt vor einer seiner alten Synagogen steht. Diese eigenartige Atmosphäre, die die Stadt zu einem Anziehungspunkt für fromme Gelehrte und Maler gleichermaßen gemacht hat, setzt sich aus vielen Elementen zusammen. Sie vereint in sich die Pracht und das malerische Aussehen einer Stadt, die hoch oben auf einem Berggipfel liegt. Schmale Gassen und gekrümmte Treppen zweigen von der Hauptstraße ab, die sich durch die Stadt windet und um die Zitadelle auf dem Gipfel führt. Die Häuser verschmelzen mit dem Berg, einige zeugen von der künstlerischen Inspiration der Architekten. Die Luft ist frisch und sauber und irgendwie heller als anderswo. Im Sommer ist die Stadt ein kühler Zufluchtsort aus der brennenden Ebene darunter. Diese galiläische Stadt umgibt ein Hauch von Magie.
Sie liegt an der alten Straße von Damaskus in Syrien nach Akko (Akka) an Israels Mittelmeerküste, fast 16 km nordwestlich des Sees Genezareth und in südwestlicher Richtung in fast gleicher Entfernung von Hula. Am einfachsten ist der Weg von Tiberias, das fast 200 m unter dem Meeresspiegel liegt. Die Auffahrt ist atemberaubend, die Straße überwältigt auf einer Entfernung von nur 36 km einen Höhenunterschied von über 900 m.
Der Blick in den Süden bietet die schönste Aussicht von Safad. Der geeigneteste Standort ist die Zitadelle auf dem Gipfel. Sofort im Vordergrund sieht man die flachen Häuserdächer mit ihren Innenhöfen, die sich an die in Terrassen angelegten Hänge schmiegen. Dahinter liegt das Tal, heute dank der israelischen Siedlungen wieder grün, das vom Nordende des Sees Genezareth, wo der Jordan in den See mündet, bis hin zu den furchteinflößenden Hörnern von Hattin reicht.
Im Herzen der Altstadt stehen die Synagogen von Safad, die Einblick gewähren ins Leben im Mittelalter. Gestalten wie aus einem Rembrandt-Gemälde stehen hier im Gebet vor dem Thoraschrank oder beugen sich in ehrfürchtigem Studium über heilige Bücher. Das ist das Safad, das im 16. Jh. n. Z. eine Gruppe frommer Gelehrter und Kabbalisten anzog, die hier studierten, diskutierten, heilige Bücher lasen und schrieben und den Schlüssel zum Geheimnis des Lebens suchten.

Jenes Jahrhundert, das nach dem kam, in dem die Juden aus Spanien vertrieben wurden, war das goldene Zeitalter der Stadt Safad. Zu jenem Zeitpunkt wurde die galiläische Stadt Sitz, Zentrum und geographische Quelle der Kabbalisten, einer kleinen, aber einflußreichen Gruppe frommer Gelehrter, die sich der Erneuerung der mündlichen jüdischen Tradition widmeten, esoterische Lehren studierten und okkulte Bräuche zu ergründen und jüdische Mystik zu interpretieren suchten. Die reine und kräftige Frische Safads war eines seiner wichtigsten Anziehungspunkte. Stets hatten die Juden in ihrem Innersten daran geglaubt, daß "die Luft des Heiligen Landes den Menschen weise macht" und in Safad "gibt es die reinste Luft im Heiligen Land". Das, so glaubten die Kabbalisten, würde es ihnen ermöglichen, das heilige Buch aufmerksamer zu studieren und klarer seine verborgene Bedeutung zu verstehen.

Wahrscheinlich machten diese jüdischen Gelehrten Safad u. a. zu ihrem Mittelpunkt, weil ganz in der Nähe das Grab Rabbis Simon bar Jochais in Meron liegt. Er soll der Verfasser des Lehrbuchs der Kabbalisten gewesen sein, des sogenannten "Sohars" oder "Buches des Glanzes". Es ist ein mystischer Kommentar der fünf Bücher Moses, der von der Prämisse ausgeht, daß jeder Buchstabe, jedes Wort und jede Zeile im Gesetzbuch Gottes bedeutsam ist und eine tiefere Bedeutung besitzt. Für den Eingeweihten ist das der Schlüssel zum Geheimnis des Lebens. Nach der Vertreibung der Juden aus Spanien stand der "Sohar" in seiner Bedeutung als Werk zum Studium lediglich dem Talmud nach. Denn die Vertreibung wurde als die dunkelste Stunde vor der Morgenröte betrachtet, auf die ganz eindeutig der Erlöser folgen mußte, wie die alten Propheten es vorausgesagt hatten. Und so, wie es der eminente jüdische Historiker Dr. Cecil Roth sagt, "zogen Gelehrte mit einem Hang zum Mystischen wie auf Verabredung nach Obergaliläa, wo die Handlung des Buches des Glanzes in die Tat umgesetzt wurde, wo sein verehrter Verfasser gelebt hatte und wo sein Grab immer noch in hohen Ehren stand". In Safad wurde die traditionelle jüdische Lebensweise intensiv befolgt, genährt von einer mystischen Glut und einer sorgfältigen, bis ins kleinste gehenden Befolgung aller Vorschriften.

Der bedeutendste Kabbalist, der als die Verkörperung dieser Tendenzen gilt und im 16. Jh. Safad entscheidend prägte, war Rabbi Isaak Luria. Er war in Jerusalem geboren, jedoch in Ägypten aufgewachsen. Er vertiefte sich in das Studium des "Sohars", verließ seine Familie, führte mehrere Jahre das Leben eines Einsiedlers und meditierte tage- und nächtelang über das Geheimnis und die besondere Weisheit dieses großartigen Werkes. Dann tauschte er das Nilufer gegen die "heilige Stadt" Safad ein und sammelte um sich eine Gruppe gläubiger Kabbalistenjünger. Für sie war er Unser Meister, was auf Hebräisch "Adonenu" heißt. Das A von "Adonenu" und die Initialen von Rabbi Isaak bilden das Wort "Ari" — was Hebräisch für Löwe ist. So wurde er unter dem Namen Ha'Ari bekannt, seine Jünger hießen Die jungen Löwen, auf Hebräisch "Gurei Ha'Ari".

Der bekannteste der vielen anderen Rabbiner und Gelehrte, die in der Stadt Safad lebten und wirkten, ist Rabbi Yosef Karo, der Verfasser des "Schulchan Aruch". Das ist das großartige Werk, in dem die jüdischen religiösen Sitten kodifiziert wurden. Es umfaßt jede Phase im Leben des frommen Juden, zu Hause, bei der Arbeit, in der

sse mit Kopfsteinpflaster in der Altstadt von Safad

Synagoge und vor dem Gericht. Bis heute ist es der Standardtext und Leiter der jüdischen religiösen Gemeinden auf der ganzen Welt. Es ist das Ergebnis ungewöhnlicher Gelehrsamkeit, Belesenheit und Forschung. Dieses Meisterwerk verfaßte Yosef Karo in Safad. 1563 war es vollendet.

Auf dem Gipfel des Safadberges liegen vereinzelt Ruinen einer Kreuzfahrerburg herum, die im 12. Jh. zum Schutz der Straße von Damaskus gebaut wurde, in dem sich die Muslime verschanzt hatten. Sehr viel früher, im 1. Jh. n. Z., hatten die Juden Galiläas hier ihre Zitadelle errichtet. Das geschah auf Weisung Josephus' — bevor er seine Lebensweise änderte und bevor er seine großen Werke schrieb —, der in den Norden geschickt worden war, um sie für den Aufstand gegen Rom vorzubereiten. Heute gedenkt hier ein Park der Gefallenen, die 1948 während Israels Unabhängigkeitskrieg in Safad starben.

Von den drei ältesten Synagogen gehörten zwei dem Ari, eine ist sephardisch, die andere aschkenasisch. In beiden betete der Löwe. Die dritte, die Bennia-Synagoge, trägt den Namen von Rabbi Yossie Bennia, der ganz in der Nähe begraben ist. Alle drei sind klein, einfach und intim. Sie verströmen eine mittelalterliche Atmosphäre strenger Frömmigkeit und direkter Kommunikation zwischen Mensch und Gott. Der Thoraschrank aller drei enthält ehrwürdige, alte Thorarollen, an den Wänden sind Bibeln und Talmudbände und Kommentare aufgereiht. Wenn man aus dem hellen Sonneschein draußen in eine dieser Synagogen tritt, fällt es einem nicht schwer, sich die ehrwürdigen Gelehrten im 16. Jh. auszumalen, wie sie hier im Kreise ihrer Jünger beteten und später vor dem Thoraschrank mystische Vorträge über die Geheimnisse von Gottes Bedeutung hielten.

Am Hang unterhalb dieser Synagogen liegt der jüdische Friedhof mit Blick auf Meron. Hier liegen der Löwe, Rabbi Yosef Karo und die anderen großartigen Talmudgelehrten begraben, die Safad im 16. Jh. zu einer großartigen Stadt machten.

Gemeißelte Steinfassade der Synagoge in Meron, 2.-3. Jh.

MERON

Auf einem Berghang gegenüber von Safad, in einer Entfernung von ca. 9 km im Nordwesten auf der Straße entlang, liegt Meron, wie Safad ein Kabbalistenzentrum mit Gräbern berühmter alter Rabbiner und einigen schönen, gut erhaltenen mittelalterlichen Bauten.

Seine Anziehung für die Kabbalisten ist natürlich. In Merons zentralem Schrein liegen die sterblichen Überreste von Rabbi Simon bar Jochai, dem Talmudgelehrten und Mystiker des 2. Jhs., der als der Verfasser des Sohars gilt, dem Buch des Glanzes. Er setzte sich leidenschaftlich für die jüdische Unabhängigkeit ein und mußte deshalb vor dem Zorn der Römer fliehen. Mit seinem Sohn Eleasar verbarg er sich in einer Höhle in Galiläa, und hier schrieb er gemäß der Überlieferung dieses klassische Werk.

Das Grab in der Mitte des Schreins ist das von Rabbi Simon. Das zweite in der Ecke das seines Sohnes Eleasar. Das mittelalterliche Gebäude, das die Gräber beherbergt, krönt eine große Kuppel, die zwei Pfeiler flankieren, auf denen zwei Steinbecken ruhen. Zu diesen Pfeilern auf dem Dach gelangt man vom Hof aus über ursprünglichen Steinstufen.

Etwas weiter nördlich davon stehen die Überreste einer Synagoge aus dem 2. Jh. mit einer Steinfassade. Ihre Tore blicken in Richtung Süden nach Jerusalem. Die Synagoge war ein einfacher rechteckiger Bau mit einem Schiff, das achtzehn Säulen begrenzten.

In der Nähe liegt das Grab eines interessanten Rabbiners des 2. Jhs., der Gelehrter und Handwerker zugleich war. Obwohl er ein hervorragender Talmudgelehrter war, mit dessen Werken rabbinische Studenten bis zum heutigen Tag vertraut sind, ist nur sein Vorname Jochanan — Hebräisch für Johannes — bekannt. Er befolgte das Talmudgebot, das gebietet, jedermann solle ein Handwerk lernen. Dieser Rabbiner beschloß, Schuster zu werden und verbrachte seine Tage zur Hälfte beim Thorastudium und zur anderen in seiner Werkstatt. Seither heißt er Rabbi Jochanan HaSandlar — Rabbi Johannes der Schuster (das hebräische Wort Sandlar bedeutet auf Deutsch Schuster). In der Höhle neben dem Grab soll er gearbeitet haben.

Die beiden anderen interessanten Stätten in Meron gelten als die Gräber zweier hervorragender Weisen des 1. Jhs. v. Z.: Hillel und Schammai. Beide waren Talmudgiganten, deren Schriften und Aussprüche von ungewöhnlicher Gelehrsamkeit und tiefer Weisheit zeugen. Beide waren Begründer neuer Schulen, die noch jahrhundertelang danach die Gelehrten beeinflußten. Schammai war bekannt für seine strenge Bibelauslegung, Hillel dagegen für seine Sanftheit. "Tue anderen nicht an, was du nicht willst, daß man es dir antut", war Hillels Leitmotiv. Mit diesem Grundsatz über das menschliche Verhalten antwortete er einem Mann, der um Einführung in das Judentum bat, "während er auf einem Bein stand". Hillel und seine Jünger sollen in einer Höhle ganz in der Nähe der Stelle begraben worden sein, an der Rabbi Jochanan zweihundert Jahre später zur letzten Ruhe geleitet wurde. Wie dem auch sei, Pilger im Mittelalter bezeichneten sie als "Hillels Höhle" Schammais Ruhestätte soll sich in dem rechteckigen, zweistöckigen Grab auf der Anhöhe gegenüber dem Schrein von Rabbi Simon bar Jochai befinden.

Einmal im Jahr ist Meron Schauplatz einer gewaltigen religiösen Pilgerfahrt, wenn Tausende von orthodoxen Familien ans Grab von Rabbi Simon ziehen. Der Tag heißt auf Hebräisch Lag Ba'Omer, und er fällt auf den 33. Tag nach dem Beginn des Passahfestes. Lag Ba'Omer ist ein Freudenfest, dessen Ursprung unbekannt ist. An diesem Tag soll Rabbi Simon gestorben und vor den Herrn gebracht worden sein. Deshalb gedachten die Kabbalisten von Safad im 16. Jh. dieses Tages nicht als eines Trauertages sondern als einem der Freude, gekennzeichnet durch religiöse Gesänge und Tanz um das Grab des heiligen Rabbis. Dieser Brauch hat sich bis heute erhalten. Kurz vor Sonnenuntergang versammeln sich die orthodoxen Männer, Frauen und Kinder am Grab zum Gebet. Dann werden in der Dunkelheit Freudenfeuer in den Steinbecken auf dem Dach angezündet und die ganze Nacht über unterhalten, während die Pilger zu jüdischen Weisen aus dem Mittelalter tanzen und Lobeshymnen singen.

"Moses Stuhl" aus Stein aus Khorazin

SEE GENEZARETH (GALILÄISCHES MEER)

Der See Genezareth, ein harfenförmiger, blauer See mitten im sonnenüberfluteten Jordantal, ist durchdrungen von Geschichte. Seine Ufer waren die Bühne, auf der sich in der Vergangenheit großartige Ereignisse abspielten, die das Denken des Menschen noch viele Jahrhunderte später beeinflußten. Die zeitlosen Geschichten sind in den hl. Schriften festgehalten. Ihr Hintergrund weckt immer noch Bewunderung. Die alten Rabbiner sagten: "Der Herr schuf sieben Meere, aber den See Genezareth schuf er zu seinem Vergnügen." Der Historiker Josephus war von seinem ausgeglichenen Klima im Winter entzückt. "Die Beschaffenheit der Luft ist so harmonisch vermischt", schrieb er. "Man kann diesen Ort als den Ehrgeiz der Natur bezeichnen. . .es ist ein glücklicher Wettstreit der Jahresziten. . ."

Ein früher Reisender hinterließ diese Beschreibung: "Ob man sich nun beim Sonnenaufgang nähert, wenn die Sonne plötzlich über den Bergen auf dem Ostufer erscheint und die kleinen Fischerboote bescheint, die ihre Netze in die Tiefe geworfen haben, oder beim feierlichen Sonnenuntergang, wenn das blaugrüne Wasser leichte Wellen voller Farben und Leben wirft, die die umgestürzten Kaianlagen längst verlassener Städte umspülen, verströmen seine Ufer und sein Wasser unverändert eine Atmosphäre von Frieden und Sturm, von Erfolg und Untergang."

Um die Jahrhundertwende wurde der wortreiche und scheinbar allwissende George Adam Smith, ein aufmerksamer Beobachter mit einem selten gelungenen Stil für Beschreibungen, zu diesen Zeilen inspiriert: "Trinkwasser, voller Fische, eine Fläche von funkelndem Blau, verführerische frische Brisen von oben, die neue Brisen hervorbringen: der See Genezareth ist gleichzeitig Essen, Trinken und Luft, eine Erholung für das Auge, Kühlung in der Hitze und eine sehr willkommene Reisestation. . ."

Vor zweitausend Jahren säumten den See Genezareth fruchtbare Weingärten, Olivenhaine sowie Plantagen mit Palmen, Walnuß- und Feigenbäumen. Das Seeufer wimmelte vom emsigen Treiben der Fischer und Bootsbauer. An seinem Westufer lagen neun Städte, deren wichtigste damals wie heute Tiberias ist und war. Dann kam der Niedergang, und jahrhundertelang bedeckten die Gegend nur einsame, verlassene Sümpfe. Erst in unserem Jahrhundert weckten die jungen Pioniere Israels seine alte Fruchtbarkeit zu neuem Leben. Hier gründeten sie das erste genossenschaftliche Bauerndorf, den Kibbuz Degania, im Jahr 1909. Heute ist das Land um den See Genezareth genau wie im Altertum wieder fruchtbar, sein Wasser voller Fische, und am Seeufer hallt das glückliche Lachen der spielenden Urlauber wider.

Der See Genezareth hat viele Namen. Im Alten Testament heißt er im 4. und 5. Buch Mose See Kinnereth, im Buch Josua Meer Kinnereth. Der Name kommt von "Kinor", dem hebräischen Wort für Harfe. Man nimmt an, daß der See diesen Namen wegen seiner Form erhielt. Eine spätere Sage setzt die Entstehung des Namens mit dem sanften Plätschern des Wassers in Beziehung, das "so süß wie die Stimme einer Harfe klingt". Im Neuen Testament wird er verschiedentlich als Galiläisches Meer, Meer von Tiberias, See Tiberias, See oder Meer Genezareth oder einfach als "der See" oder "das Meer" bezeichnet. Heute heißt er See Genezareth, Galiläisches Meer, See Kinneret oder See Tiberias.

Der See Genezareth liegt in der nordöstlichen Ecke Israels, und zwar 210 m unter dem Meeresspiegel. Das macht ihn zu einem beliebten Winterkurort, in dem vom Herbst bis zum Frühling angenehm warme Temperaturen herrschen. Er hat einen Umfang von etwas über 52 km, ist 21 km lang und an seinem breitesten Punkt 12 km breit. Im allgemeinen ist der See ruhig. Gelegentlich kommen jedoch heftige Stürme auf, so wie sie schon in der Bibel beschrieben wurden. Der See wird zum Teil von natürlichen Quellen gespeist, den größten Teil seines Wassers bezieht er jedoch aus dem Jordan. Die bekanntesten Stätten, die im Altertum am Seeufer lagen, sind Tiberias, Beth Yerach, Kapernaum, Tabgha und der Berg der Seligpreisungen. Darüber hinaus gibt es jedoch auch einige weniger bekannte Orte, die Gegenstand ergiebiger archäologischer Ausgrabungen waren oder die mit historischen Ereignissen zusammenhängen. Die interessantesten davon sind Khorazin, Minya, Wadi Amud, Magdala, Arbel, Scha'ar Hagolan, Ein Gev (En Gev) und Sussita (Susita).

Die Basaltruinen von Khorazin und seiner berühmten Synagoge aus dem 3. Jh. n. Z. liegen ca. 4 km im Norden des Nordufers des Sees, knapp 1 km östlich der Straße von Tiberias nach Rosch Pinna. Von dieser alten Stadt — die auch Korazim oder Chorazin heißt — ist nur wenig bekannt, außer daß es eine kleine jüdische Stadt war, bekannt für ihren ausgezeichneten Weizen und die Tatsache, daß Jesus sie oft besuchte. Aus dem Neuen Testament wissen wir, daß er in der Synagoge am Ort betete und predigte — selbstverständlich in einer früheren als der, deren Ruinen man heute noch sieht. Allem Anschein nach jedoch mit nur beschränkter Wirkung. Sein "Weh dir, Chorazin!" steht in Matthäus (11, 21).

Archäologische Ausgrabungen brachten eine Fülle prähistorischer Überreste ans Licht, die beweisen, daß Khorazin schon seit den frühesten Zeiten besiedelt war. Die Ruinen, die man heute sehen kann, stammen jedoch aus einer späteren Stadt, die hier bis zum 4. Jh. v. Z. existierte. Die Ausgrabungen wurden unter der Leitung des Archäologen Ze'ev Yeivin durchgeführt. Die wichtigsten Überreste sind die der Synagoge. Erhalten sind noch Teile der Wände des rechteckigen Gebetssaales, der Boden und die Sockel von zehn der ursprünglich vierzehn Säulen. Ganz in der Nähe liegen Bruchstücke von Pfeilern und Kapitellen. Einige Basaltsteine schmücken Reliefs. Auf einem erscheint eine primitive Darstellung des Löwen von Juda.

Einer der interessantesten Funde war ein wunderschön ausgeführter Steinstuhl mit einer Widmungsinschrift auf Judäisch-Aramäisch. Einige Gelehrten halten ihn für den "Stuhl Moses", den die talmudische Literatur erwähnt und der in den alten Synagogen als Ehrensitz für das Gemeindeoberhaupt aufgestellt wurde. Der Stuhl wurde nach Jerusalem gebracht, wo er im Museum für Altertümer ausgestellt ist.

6,50 km südwestlich von Khorazin liegen am Seerand die Ruinen von Minya. Die am besten erhaltenen Überreste sind die eines großen Palastes, den ein Omajjadenkalif im 7. Jh. n. Z. sehr wahrscheinlich als seinen Winterpalast baute. Nach seinen Resten zu urteilen, muß es sich um einen prachtvollen Bau gehandelt haben: quadratisch, mit runden Türmen an jeder Ecke, geräumigen Zimmern und Mosaikpavimenten in geometrischen Mustern und einer Privatmoschee — der ältesten in ganz Israel. Nicht weit davon entfernt im Norden liegen die Ruinen eines viel späteren Gebäudes, einer türkischen

Karawanserei, des sogenannten Chan Minya, für die Reisenden bestimmt, die auf der Hauptstraße durch Palästina nach Damaskus zogen. Ganz offensichtlich war es eine ziemlich bedeutende Wegestation, auf jeden Fall bedeutend genug, um einen Reisenden im 17. Jh. dermaßen zu beeindrucken, daß er den See Genezareth als See von Minya bezeichnete.

Auf der anderen Seite der Hauptstraße, genau westlich von Chan Minya, liegt Wadi Amud, eine Schlucht, die wegen ihrer prähistorischen Höhlen bekannt ist. In einer dieser Höhlen wurde 1925 ein 100 000 Jahre alter, altsteinzeitlicher Schädel gefunden, der älteste Menschenschädel, der bis zu jenem Zeitpunkt in Israel entdeckt wurde. Im Volksmund heißt er der "galiläische Mensch". (1959 entdeckte man in Ubeidiye im Jordantal südlich des Sees Genezareth jedoch Teile eines viel älteren Schädels, dessen Alter auf eine halbe Million Jahre angesetzt wurde. Eventuell ist das der wichtigste prähistorische Fund in Israel. Den Schädel entdeckte Professsor M. Stekelis, ein Archäologe für Vorgeschichte an der Hebräischen Universität.) 1961 waren die Höhlen von Wadi Amud Schauplatz einer erneuerten archäologischen Untersuchung. Nach einer Übersicht und einer Probegrabung durch einen japanischen Gelehrten, Hitoshi Watanabi, bei der unberührte altsteinzeitliche Ablagerungen zum Vorschein kamen, führte eine Expedition der Universität Tokio unter Professor Hitashi Suzuki eine Ausgrabungskampagne am Ort durch. Ihr wichtigster Fund war das fast vollständige Skelett eines erwachsenen Mannes, dessen Schädel die gleichen Kennzeichen wie der Neandertaler aufwies.

Ungefähr 1,50 km südlich von Wadi Amud, ebenfalls an der landeinwärts gelegenen Seite der Straße von Tiberias nach Rosch Pinna, befindet sich Migdal, der Überlieferung nach der Ort, an dem Magdala lag, Maria Magdalenas (d. h. Maria aus Magdala) Geburtsort. "Maria, die da Magdalena heißt, von welcher waren sieben Geister ausgefahren", war eine der "etlichen Frauen, die er gesund gemacht hatte von bösen Geistern und Krankheiten" und "die da Jesus waren nachgefolgt aus Galiläa und hatten ihm gedient" (Luk. 8, 2 und Matt. 27, 55). Gegen Ende der zweiten Tempelperiode hieß dieses Dorf auf Hebräisch Migdal Nunaya und Taricheae auf Griechisch — der Ort zum Salzen von Fisch. Als Taricheae spielt es eine wichtige Rolle in Josephus' "Jüdischem Krieg". Seinem Bericht nach zu urteilen, war es im 1. Jh. n. Z. eine bedeutsame Stadt. Sie gehörte zu den Städten, die er als Statthalter von Galiläa befestigte — bevor er zu Rom überlief. Sie ist der Hintergrund eines aufregenden Zwischenfalls — in Buch 2, Kapitel 21 wiedergegeben —, in dem Josephus behauptet, von "einem von Johannes aufgehetzten Pöbel" geschlagen worden zu sein, d.h. von Johannes von Gischala, dem glühenden jüdischen Patrioten, der Josephus als Verräter betrachtete und alles unternahm, um ihn seines Amtes enthoben zu sehen. Josephus berichtet, wie "der Pöbel sich dicht gedrängt im Hippodrom von Taricheae versammelte und die Luft mit Wutschreien erfüllte; einige forderten, den 'Verräter' zu steinigen, andere, ihn bei lebendigem Leibe zu verbrennen". Unter diesen brüllenden Pöbel tritt Josephus, ohne, wie er sich selbst beschreibt, "die geringste Spur von Angst" zu zeigen. Er rettete den Tag — und sein Leben —, indem er "eine Intrige spinnt, durch die er Streit unter seinen erzürnten Kritikern entfachte". Einige Jahre später, beim Kampf der Juden gegen Rom von 66 bis

9000 Jahre alte, weibliche Figurine aus einem geschliffenen Flußstein, wie in neusteinzeitlichen Fruchtbarkeitsriten verwendet, aus Scha'ar Hagolan

Basaltskulptur aus den Ruinen in Khorazin

70 n. Z., fiel Taricheae in einer entscheidenden Schlacht an Titus, in der insgesamt 6700 Juden starben. "Nach der Schlacht hielt Vespasian (Titus' Vater) Kriegsgericht in Taricheae. . . . Die Alten und Nutzlosen, insgesamt 1200, wurden auf seinen Befehl hin niedergestreckt. Von den jungen Männern wählte er die 600 stärksten aus und schickte sie zu Nero am Isthmus (als Erdarbeiter, um den korinthischen Kanal zu graben). Die übrigen Menschen, deren Zahl sich auf 30 400 belief, verkaufte er. . ." (Buch 3, Kapitel 10).

3 km südwestlich von Migdal, dramatisch am Rand einer steilen Klippe, liegt der antike Ort Arbel. Als Zentrum eines blühenden landwirtschaftlichen Gebiets — Arbel war berühmt für sein Leinen, das aus dem unten im Tal angebauten Flachs gewoben wurde — und wegen seiner strategischen Lage — es kontrollierte eine Nebenstraße aus Galiläa zur Mittelmeerküste — besaß es bereits gegen Ende der zweiten Tempelperiode eine gewisse Bedeutung. Die Juden von Arbel widersetzten sich heftig dem syrischen Invasoren während des siegreichen Kampfes Judas Makkabis in der Mitte des 2. Jhs. v. Z. Hundert Jahre später kämpften ihre Nachkommen heldenhaft, aber hoffnungslos, gegen Herodes, der mit Roms Unterstützung versuchte, den Thron von Mattathias Antigonos an sich zu reißen. Der selbstmörderische Kampf der Juden von Arbel, die sich in den Höhlen im Fels unterhalb der Stadt hielten und dickköpfig Herodes' Aufforderung zur Kapitulation ablehnten, wird bewegend von Josephus erzählt (Jüdischer Krieg, Buch 1, Kapitel 16). Arbel blieb seiner kämpferischen Tradition auch im letzten jüdischen Aufstand gegen Rom im Jahr 66 n. Z. treu. Heute kann man noch die Überreste einer späteren jüdischen Besiedlung sehen. Dazu gehören die Ruinen einer Stadtmauer, von Häusern, Brunnen, einer großen, aus dem Fels gemeißelten Zisterne und einer Synagoge aus dem 3. Jh. n. Z.

Ca. 3 km südwestlich von Arbel ragen die Hörner von Hattin auf, ein eigenartig geformter Kamm, der dem Profil von Tierhörnern ähnelt. Es ist ein erloschener Vulkan. Am Fuß dieses Bergs erlitten die Kreuzfahrer 1187 n. Z. ihre entscheidende Niederlage durch Saladin.

Im Kibbuz Scha'ar Hagolan, zwischen dem Yarmukfluß und dem Südufer des Sees gelegen, gibt es ein Museum mit einer einzigartigen Sammlung von Funden, die in der Umgebung entdeckt wurden. 1949-52 von dem Archäologen für Vorgeschichte, Professor M. Stekelis, von der Hebräischen Universität durchgeführte Ausgrabungen brachten Nachweise einer neusteinzeitlichen Kultur ans Licht, die auf ungefähr 5000 v. Z. datiert wird und unter allen anderen neusteinzeitlichen Siedlungen im Land als einmalig gilt. (Heute wird sie als die "Yarmuk-Kultur" bezeichnet.) Er fand zahlreiche Ackerbaugeräte und Ritualgegenstände, die auf landwirtschaftliche Fruchtbarkeitsriten hinweisen — beides eindeutige Beweise für eine seßhafte Gemeinde, die das Land bebaut.

Auf der anderen Seeseite, gegenüber von Tiberias, liegt auf halbem Wege am Ostufer der Kibbuz Ein Gev (En Gev), eine bezaubernde Bauernsiedlung, bekannt wegen ihrer Fische, Bananen, Datteln und dem Musikfestival, das hier jedes Jahr in einem prachtvollen Auditorium stattfindet. Der Kibbuz, der 1937 gegründet wurde, entstand als erste zionistische Siedlung am Ostufer des Sees.

Ein künstlicher Berg mitten im Kibbuz, der eindeutig Überreste einer alten Besiedlung

beherbergen mußte, hatte die Archäologen schon lange angezogen. Aber erst 1961 wurden an diesem Tell Ausgrabungen durchgeführt. An der Spitze der Gelehrten stand Professor Benjamin Mazar von der Hebräischen Universität.
Sie legten fünf Siedlungsschichten frei, die jedoch nur kurze Zeit bewohnt waren. Die älteste datierte aus dem 10. Jh. v Z. Es war eine von Mauern umgebene Stadt, die während Davids oder Salomos Herrschaft entstanden war, also zu einem Zeitpunkt, als sich die israelitische Herrschaft bis östlich des Jordans und im Norden bis nach Damaskus erstreckte. Die nächste Stadt, am Ende des 10. oder zu Beginn des 9. Jhs. v. Z. auf ihren Ruinen gebaut, war mit einer Kasemattenmauer befestigt. Um diese Zeit wurden die Befestigungen nach Ansicht der Archäologen ebenfalls durch den Bau der Zitadelle auf der Anhöhe nördlich des Komplexes verstärkt. Allerdings erwies sie sich als wenig nützlich, denn 886 v. Z. zerstörte — wie es scheint — Benhadad I., König von Syrien, diese Stadt.
Nachdem der Ort vorübergehend aufgegeben war, wurde er Mitte des 9. Jhs. unter dem israelitischen König Omri oder Ahab wieder aufgebaut. An die Stelle der früheren Kasemattenmauer war jetzt eine feste Mauer mit Vorsprüngen und Nischen getreten. Zu den vielen, in dieser Schicht gefundenen Gegenständen gehörte ein Tongefäß mit einer Inschrift auf Frühhebräisch. Auch diese Stadt bestand jedoch nur kurze Zeit, denn schon 838 v. Z. wurde sie ebenfalls zerstört, wahrscheinlich von der assyrischen Armee Salmanassers III. Schon bald wurde sie wiederaufgebaut, dann zerstört und erneut aufgebaut. Während der Invasion des assyrischen Kaisers Tiglatpilesers III. im Jahr 732 v. Z. wurde sie endgültig zerstört.
350 m über dem See und Ein Gev (En Gev), über die niedrigeren Hänge der Golanhöhen, ragt ein als Sussita (Susita) bekannter Berg auf. Hier liegt eine alte Stadt, die auf eine längere Geschichte zurückblickt als die Siedlung auf dem Tell darunter. Die Talmudgelehrten hielten Sussita (Susita) für das Zentrum des Gebietes, in dem der Richter Jephtha seine Jugendjahre verbrachte. Sein Name kommt von dem hebräischen Wort "Sus", was auf Deutsch Pferd bedeutet, weil der Gipfel an die Silhouette eines Pferdes erinnert. Dieser Ähnlichkeit verdankt der Ort auch seinen griechischen Namen Hippos zur hellenistischen Periode. Als Hippos gehört er auch zur "Liga der zehn Städte", der Dekapolis. Beim jüdischen Aufstand im Jahr 66 n. Z. schmeichelte sich seine hellenisierte Gemeinde in die Gunst ihrer römischen Herren ein, als sie ihre Waffen gegen ihre jüdischen Nachbarn erhob. Einige Jahre nach der Zerstörung Jerusalems durch Rom ließen sich in Sussita (Susita) und seiner Umgebung Juden nieder, darunter mehrere Weise. Die meisten Juden bestritten ihren Lebensunterhalt als Bauern.
Überreste dieser frühen Periode sind noch heute auf der Anhöhe zu sehen. Da die steilen Hänge bereits auf drei Seiten natürlichen Schutz boten, lag die stärkste Stadtmauer im Osten, um den verhältnismäßig leichten Zugang aus dieser Richtung über einen kurzen Vorsprung zu schützen, der die Anhöhe mit dem Gebirge verbindet. Am Ort befinden sich Ruinen dieser Mauern sowie mehrerer Häuser, eine Wasserzisterne, Pfeiler, Kapitelle und eine Vielzahl von mit Reliefs geschmückten Steinen. Der Ort war bis zur muslimischen Eroberung im 7. Jh. n. Z. bewohnt. Man fand Überreste eines Theaters, gepflasterter Straßen sowie drei byzantinischer Kirchen aus dem 5. und 6. Jh. n. Z.

Palmenrelief auf Kapitell aus der Synagoge in Kapernaum, 2.-3. Jh.

e teilweise restaurierte Synagoge von Kapernaum am Nord-
d des Sees Genezareth

Die "Bundeslade" in Form eines Tempels auf Rädern aus Kapernaum

KAPERNAUM

Im Neuen Testament erscheint der See Genezareth häufig als Schauplatz von Wundern und alltäglichen Ereignissen im Leben des Begründers des Christentums und seiner Jünger. "Als nun Jesus an dem Galiläischen Meer ging, sah er zwei Brüder, Simon, der da heißt Petrus, und Andreas, seinen Bruder, die warfen ihre Netze ins Meer; denn sie waren Fischer. Und er sprach zu ihnen: Folget mir nach; ich will euch zu Menschenfischern machen!" (Matt. 4, 18-19).

Am Nordende des Sees liegt der Ort, an den Jesus kam, als er Nazareth verließ, um seine Missionstätigkeit aufzunehmen. Das ist Kapernaum, von dem es heißt: "Und sie gingen hinein nach Kapernaum; und alsbald am Sabbat ging er in die Synagoge und lehrte" (Mark. 1, 21). Bis heute stehen in Kapernaum direkt am Seeufer die Ruinen einer alten Synagoge. Obwohl diese Reste aus dem 2.-3. Jh. stammen, darf man zu Recht annehmen, daß diese Synagoge in unmittelbarer Nähe des Gebetshauses gebaut wurde, in dem Jesus lehrte.

Kapernaum ist die griechische Schreibweise für den hebräischen Namen des Ortes: Kefar Nahum, Nahums Dorf. Zu Lebzeiten Jesu war es eine ziemlich bekannte Kleinstadt dicht bei der Straße, die in nordöstlicher Richtung vom See nach Untersyrien verlief. Diesen Ort wählte Jesus als junger Mann als Heimat. Hier heilte er den Knecht des römischen Hauptmanns. Im 6. Jh. setzte der Niedergang Kapernaums ein. 1894 kaufte der Franziskanerorden den Ort den Türken ab und baute in der Nähe der Synagogenruinen ein Kloster.

Die Ruinen sind gut erhalten. Sie umfassen reich verzierte Stürze und Friese, verzierte Bogen, reliefierte Kapitelle und Steinbänke für die Betenden. Wie in Bar'am teilten auch hier Säulen den großen rechteckigen Gebetssaal in ein Schiff und drei Seitenschiffe. Der Thoraschrank befand sich in der Südmauer des Schiffes, die nach Jerusalem blickte. Der Boden war mit großen Steinplatten gepflastert. Dach und zweiter Stock des Gebäudes fehlen. An die Ostmauer schloß sich ein großer trapezförmiger Anbau mit überdachten Gängen um einen offenen Hof an. Diese zweistöckige, weiße Synagoge am Seeufer, die sich von dem schwarzen Basalt der Gegend abhob, muß von außen einen großartigen Eindruck gemacht haben, der dem eindrucksvollen Inneren keineswegs nachstand.

Das vorherrschende Repertorium der Reliefdarstellungen, ausgezeichneten Beispielen der zeitgenössischen Kunst, umfaßte Palmen, Weintrauben, Adler mit ausgebreiteten Schwingen und den traditionellen siebenarmigen Leuchter, die Menora, die heute das Symbol des Staates Israel ist. Typisch ist die Verzierung des Sturzes über dem Haupteingang: ein Adler, flankiert von Palmen. (Die Palme galt als Symbol des Landes Israel, und sie erscheint auf vielen alten jüdischen Münzen.) Gelegentlich erscheinen auch andere Themen wie die reliefierte Meermuschel, von einer Blumengirlande eingefaßt, die den Keilstein des Bogens über der Mitteltür schmückt. Das am besten erhaltene Relief eines Leuchters erscheint auf einem der Steinkapitelle zusammen mit einem Schofar, dem Widderhorn aus dem jüdischen Gottesdienst, das bei Israels Erlösung ertönen wird.

Mosaik in Tabgha mit der Darstellung "des Wunders der Brotlaibe und Fische", 4. Jh.

Besonders interessant ist die Skulptur eines Friessteines, auf dem das Kapitell eines Pilasters ruhte. Er hat die Form eines antiken Tempels auf den Rädern eines Streitwagens. Die Interpretierungen gehen auseinander. Sehr wahrscheinlich stellt das Relief jedoch die Bundeslade dar, unter die der Künstler Räder setzte, um ihr das Aussehen eines vornehmen zeitgenössischen Gefährts zu verleihen.
Neben zahlreichen Säulenabschnitten, korinthischen Kapitellen, attischen Basen und Teilen verzierter Mauersteine, die auf dem Synagogenkomplex herumlagen, wurden am Ort auch Gegenstände aus Basalt gefunden, die die Einwohner damals verwendeten, einschließlich einer großen Ölpresse und Getreidemahlsteinen.

TABGHA

Ebenfalls am Nordufer liegt in der Nähe von Kapernaum, nur etwas westlicher, Tabgha, der Ort, an dem sich der Überlieferung zufolge das Wunder der Speisung der Fünftausend ereignete, wie in Matthäus (15), Markus (8), Lukas (9) und Johannes (6) berichtet. Der prägnanteste Bericht steht in den Versen 11-17 des Evangeliums nach Lukas.
Die Jünger waren auf Missionsreisen geschickt worden. Nach ihrer Rückkehr setzten sie sich mit Jesus zusammen, um ihm im privaten Kreis Bericht zu erstatten. Schon bald strömte jedoch die Bevölkerung aus der Umgebung zum Ort der Zusammenkunft, und Jesus "ließ sie zu sich und sagte ihnen vom Reich Gottes und machte gesund, die es bedurften". Als der Tag zur Neige ging, schlugen die Jünger vor, die Menschenmenge fortzuschicken, "daß sie hingehen in die Dörfer umher und in die Höfe, daß sie Herberge und Speise finden", denn sie hatten keine Nahrung für sie. Jesus aber sagte ihnen: "Gebt ihr ihnen zu essen. Sie sprachen: Wir haben nicht mehr als fünf Brote und zwei Fische. . .denn es waren bei fünftausend Mann. Er sprach aber zu seinen Jüngern: Lasset sie sich setzen in Gruppen, je fünfzig und fünfzig. Und sie taten also und ließen alle sich lagern. Da nahm er die fünf Brote und zwei Fische und sah auf gen Himmel und dankte darüber, brach sie und gab sie den Jüngern, daß sie dem Volk vorlegten. Und sie aßen und wurden alle satt; und es wurde aufgehoben, was ihnen übrigblieb von Brokken, zwölf Körbe."
Die Geschichte dieses Wunders ist in einem wunderschön erhaltenen Mosaik aus dem 5. Jh. in Tabgha festgehalten, dem wichtigsten Ornamentdetail der byzantinischen Kirche der wunderbaren Brotvermehrung, die an dieser Stelle stand. Inzwischen ist der byzantinische Bau längst zu Staub verfallen; über den Mosaiken und einem Überbleibsel des ursprünglichen Altars wurde jedoch eine neue Kirche errichtet.
Das Mosaik der wunderbaren Brotvermehrung ist eine gelungene, wenn auch primitive Darstellung eines Brotkorbs, von zwei Fischen flankiert. Weit komplizierter ist das dekorative Bodenmosaik links vom Altar, das im Jahrhundert danach geschaffen wurde. Als Motiv wählte der Künstler Vögel und Pflanzen, die im Hulatal ganz in der Nähe

heimisch sind (als die Hulasümpfe trockengelegt wurden, wurde eine kleine Fläche als Vogelschutzgebiet unberührt gelassen). Ins Auge fallen bei der Pflanzenwelt des Mosaiks Lotus und Oleander. Dazwischen tummeln sich Fischreiher, Hohltaube und Kormoran, Ringelgans und Knäkenten. Am Fuß des Hauptfelds stehen sich zwei Pfauen gegenüber.

BERG DER SELIGPREISUNGEN

Oberhalb von Tabgha ragt eine sanfte, grasbedeckte Anhöhe auf. Wie in der Vergangenheit liegen vereinzelt riesige Findlinge auf der Anhöhe herum. Auf dem Gipfel stand der Überlieferung zufolge Jesus, von hier blickte er auf das Wasser des Sees und sprach die unsterblichen Worte seiner Bergpredigt: "Selig sind, die da geistlich arm sind; denn das Himmelreich ist ihr. . .selig sind die Sanftmütigen; denn sie werden das Erdreich besitzen. . ." Das ist der Berg der Seligpreisungen.
"Es ist ein lieblicher Ort", wie schon ein früher Reisender berichtete. Die Aussicht in den Süden mit der weiten Fläche des Sees Genezareth im Vordergrund und den purpurnen Höhen des östlichen Golans dahinter ist eindrucksvoll. In der Abendstille, wenn die Sonne ihren letzten Glanz ausstrahlt, ist am Fuße des Berges jedes Wort zu hören, das auf dem Gipfel gesprochen wird. Genau so muß es gewesen sein, als Jesus sprach.
Nur die Stätte ist alt — der Berg und die Steine. Kein Überrest eines früheren Gebäudes gedenkt des Ereignisses. Heute krönt den Berg jedoch eine runde Kirche der Seligpreisungen, die die Franziskaner 1937 bauten. Sie enthält die symbolische Darstellung der sieben Tugenden: Barmherzigkeit, Gerechtigkeit, Umsicht, Hoffnung, Glauben, Standhaftigkeit und Selbstbeherrschung.

TIBERIAS

Tiberias, die Hauptstadt Galiläas, liegt auf halbem Wege am Westufer des Sees. Die Stadt wurde von Herodes Antipas, Tetrach von Galiläa und Sohn Herodes' des Großen, im 1. Jh. n. Z. gebaut und nach dem römischen Kaiser Tiberius benannt. Später schlugen erfinderische Rabbiner jedoch geschickt einen hebräischen Ursprung für "Tiberias" vor (dessen Schreibweise sich von der des Namens des Kaisers unterschied). Das Wort, sagten sie, sei von "Tabur" abgeleitet, dem hebräischen Ausdruck für Nabel. Damit betonten sie die zentrale Stellung, die Tiberias nach der Zerstörung des Tempels in Jerusalem im jüdischen Leben einnahm.
Fest steht, daß sich der Schwerpunkt der jüdischen Besiedlung von Judäa nach Galiläa verlagerte, als die Juden Jerusalems vernichtend von Rom geschlagen wurden. Tiberias wurde Sitz des jüdischen Gelehrtentums und Heimatstadt der großen Weisen. Hier

moderne Kirche der Seligpreisungen, die den traditionellen Ort der Bergpredikt kennzeichnet.

Der von einer Kuppel überdachte Schrein des Rabbi Meir Baal Haness, dem ''Lichtgebet'' und Wundertäter'', einem Gelehrten des 2. Jhs.

wurde der Palästinensische (besser bekannt unter der weniger präzisen Bezeichnung "Jerusalemer") Talmud zusammengestellt. (Der Talmud ist der sagenhafte Kommentar zur Mischna, umfassend und diskursiv, der die gesamte frühe Weisheit des jüdischen Volkes umfaßt. Die Mischna ist die Kodifizierung des mündlichen jüdischen Gesetzes, die gegen Ende des 2. Jhs. in Sephoris, ca. 24 km westlich von Tiberias, beendet wurde.) Ebenfalls in Tiberias wurde im 8. Jh. das Vokal- und Punktierungssystem der hebräischen Schrift erfunden. Nach der Ausweisung der Juden aus Spanien im 16. Jh. strömten Gelehrte und Rabbiner nach Tiberias und bereicherten sein geistiges Leben.

Es ist somit nicht verwunderlich, daß einige der verehrtesten Stätten aus dem Altertum in der Stadt Gräber jüdischer Gelehrter sind. Am Hang einer Anhöhe mit Blick auf Tiberias liegt der große Rabbi Akiva begraben, berühmt für seine ungeheure Gelehrsamkeit und seinen politischen Mut. Er unterstützte den Bar-Kochba-Aufstand im Jahr 132 n. Z. gegen Rom um jüdische Freiheit mit dem vollen Gewicht seiner geistlichen Autorität. Drei Jahre lang behaupteten sich die Rebellen, ja, sie konnten sogar Jerusalem für kurze Zeit zurückerobern und halten. Im Jahr 135 wurde der Aufstand blutig unterdrückt. Rabbi Akiva, der den Eroberern in die Hände gefallen war, wurde aufs grausamste zu Tode gefoltert.

In Tiberias liegt auch das Grab von Rabbi Jochanan ben Sakkai, dem eminentesten Gelehrten des 1. Jhs. und Gründer der großen Akademie von Yavne (Yabne). Ganz in der Nähe liegen die Gräber von Weisen des 3. Jhs.: von Rabbi Ami und Rabbi Assi. Sie waren so fromm, gleichzeitig jedoch auch dermaßen in ihrem Studium versunken, daß man von ihnen sagte: "Obwohl sie in Tiberias in dreizehn Synagogen ihre Gebete sagen konnten, beteten sie nur zwischen den Pfeilern ihres Arbeitszimmers." Einer der verehrtesten Schreine ist das Grab mit der Doppelkuppel auf dem ansteigenden Gelände oberhalb des Ufers. Hier ruhen die sterblichen Überreste von Rabbi Meir Baal Haness. Das hebräische Baal Haness bedeutet "der Wundertäter", Meir "Lichtgeber". Dieser Gelehrte des 2. Jhs. galt als mit so tiefem Wissen bedacht, daß er selbst den Weisen "ein Lichtgeber" war.

Die Stätte, die jedoch die meisten Besucher anzieht, ist das Grab des unglaublichen Gelehrten aus dem 12. Jh., Rabbi Moses ben Maimon, besser unter der griechischen Namensform Maimonides oder dem von den hebräischen Initialen seines Namens abgeleiteten Akronym Rambam bekannt. Ben Maimon war der hervorragende Intellektuelle seiner Zeit, Arzt und Philosoph, Schriftsteller und Gelehrter, dessen enzyklopädischer, logischer Verstand das komplexe Wissen der Medizin und des jüdischen Gelehrtentums aufnahm und vereinfachte. Seine medizinischen Lehrbücher wurden wiederholt übersetzt. In Kairo war er Hofarzt des Wesirs al-Fadil, dem de facto Herrscher Ägyptens, den Saladin ernannt hatte. (Während des dritten Kreuzzugs soll Saladins Feind Richard Löwenherz erfolglos versucht haben, ihn als seinen persönlichen Arzt zu gewinnen.) Auf dem Gebiet des jüdischen Gelehrtentums schrieb er seine berühmte Mischne Thora, in dem er die ganze traditionelle jüdische Lehre, wie sie im Talmud zusammengefaßt ist, in einfachen, methodischen Begriffen darlegte. Sein größtes und bekanntestes Werk ist der *Führer der Unschlüssigen*, eine Darlegung der Philosophie des Judentums.

Obwohl Tiberias, die Stadt, die in der Geschichte eine gewisse Bedeutung erlangte, von Herodes Antipas gebaut worden war, war der Ort selbst schon viele Jahrhunderte früher bewohnt. Seine größte Anziehung waren die warmen Schwefelquellen, die schon im Altertum zu Heilzwecken genutzt wurden — ebenso wie heute, da Tausende von Besuchern jährlich zur Kur nach Tiberias kommen. Herodes Antipas errichtete seinen Palast ganz in der Nähe. Zweifelsohne wollte er die heilende Wirkung des Wassers nutzen. Wie wir aus dem Buch Josua (19, 35) wissen, hieß die Stadt, die in biblischer Zeit an diesem Ort stand, passend Hammath, denn das hebräische "Cham" bedeutet auf Deutsch heiß. Heute heißen die Bäder "Hamei Tiberias".
Auf dem Berg, der an die Thermalquellen grenzt, entdeckte Dr. Moshe Dothan, der hier vor kurzem archäologische Grabungen für die Abteilung für Altertümer durchführte, die Ruinen des, wie man glaubt, alten Hammaths. Zu den Altertümern gehören das südliche Stadttor und die Bäder aus der israelitischen Periode. Die bemerkenswerteste Entdeckung war jedoch die Synagoge aus dem 4. Jh. n. Z. mit einem Mosaikpaviment, das aus technischer Sicht praktisch das schönste frühe Bodenmosaik des Landes ist. Das obere Feld zeigt den Thoraschrank zwischen den beiden bereits bekannten siebenarmigen Leuchtern. Weniger bekannt war jedoch die künstlerische Geschicklichkeit, die das Ende jedes Arms so erscheinen läßt, als brenne hier ein flackerndes Licht. Die Tierkreiszeichen sind das Motiv des großen Mittelfeldes, das komplizierte Menschen und Tierfiguren zieren. Eine, ein Löwe, besitzt eine reich kolorierte Mähne und einen Schnurrbart, der sich eindeutig sträubt. Die feinen Licht- und Schatteneffekte zeichnen sich in diesem Mosaik wunderschön ab. Auf einer Ebene darüber befinden sich die Überreste einer späteren Synagoge. Hier weisen die Mosaiken ein konventionelles geometrisches Muster auf.
Dank der Heilbäder und des tropischen Klimas an diesem unter dem Meeresspiegel gelegenen See wurde Tiberias ein beliebter, ganzjähriger Ferienort, der auch im Winter viele Besucher anzieht. In Tiberias gibt es moderne Hotels, liebliche Parks, Restaurants im Freien am Seeufer und Badestrände, Möglichkeiten zum Fischen, Rudern, Wasserski und Ausflüge in Motorbooten auf dem See.
Trotzdem hat es seinen alten Zauber zurückbehalten. Denn die Stadt hat sich inmitten der zerstörten Mauern der Kreuzfahrer- und Türkenburgen entwickelt, deren Steine die für die Gegend typische Basaltfarbe aufweisen. In einem bescheidenen archäologischen Museum beim Ufer kann man eine Sammlung von Altertümern besichtigen, die in Tiberias und seiner Umgebung gefunden wurden.

Herbst, Detail des Bodenmosaiks aus dem 4. Jh., in Hammath, dem Vorläufer Tiberias', ausgegraben.

BETH YERACH

Ungefähr 9 km südlich von Tiberias, unweit der Stelle, an der der Jordanfluß aus dem See Genezareth fließt, erhebt sich unmittelbar am Ufer der Berg Beth Yerach. An diesem Ort lag eine der frühesten Städte des Landes. Zum ersten Mal wurde sie im ausgehenden 4. Jh. v. Z., d. h. in der frühen Bronzezeit, besiedelt. Wegen ihrer Lage an der Hauptstraße, die Ägypten mit den Königreichen im Norden verband, erlangte die Stadt zu einem späteren Zeitpunkt eine gewisse Bedeutung.

Ihr Name, der auf Deutsch "Haus des Monds" bedeutet, sowie am Ort gefundene Altertümer weisen es als Zentrum der Mondverehrung zur kanaanäischen Zeit aus, ein Kult, der in dieser Gegend in der Frühzeit häufig praktiziert wurde.

Bei den archäologischen Grabungen, die Pesach Bar-Adon in Beth Yerach durchführte, kam eine Stadt aus der frühen Bronzezeit ans Licht, die — und das war bemerkenswert — eine ca. 8 m dicke Mauer schützte. Ebenfalls aus dieser Periode wurden mehrere gewaltige Getreidespeicher entdeckt, die zu den größten gehören, die man im Nahen Osten fand. Sie spiegeln die damalige fleißige Nutzung der natürlichen Fruchtbarkeit dieses Gebietes durch seine Einwohner wider. Die in dieser Siedlungsschicht gefundenen Gefäße zeugen von dem hohen Entwicklungsstand der Töpferei der Periode. Diese Stadt wurde im 18. Jh. v. Z. von den einfallenden Hyksos zerstört. Erst mehrere Jahrhunderte später wurde sie zur Zeit des Zweiten Tempels erneut besiedelt. Als der Hasmonäerkönig Alexander Jannai sie zu Beginn des 1. Jhs. v. Z. eroberte, verwandelte er sie in eine rein jüdische Stadt, die eine Gruppe von Priestern zu ihrem Sitz wählte. Während der römischen Besatzung wurde am Ort eine Zitadelle gebaut.

Die von den Archäologen ausgegrabenen und noch heute sichtbaren interessantesten Ruinen sind jene der sehr frühen Getreidespeicher, einer Synagoge aus dem 2. Jh. n. Z., eines römischen Badehauses aus dem 4. Jh., das sein warmes Wasser aus Tiberias bezog, und einer byzantinischen Kirche, die zweihundert Jahre später gebaut wurde.

DAN

Der Begriff "ganz Israel" in den frühen Büchern der Bibel wird häufig durch den Zusatz "von Dan bis Beerseba" betont, damals der nördlichste, bzw. südlichste Punkt des Landes. Der archäologische Berg von Tell Dan in Nordisrael am Fuß des Hermonbergs wird im allgemeinen mit dem Ort des biblischen Dan identifiziert. Diesen Namen erhielt die Stadt, die vorher Lajisch (Richt. 18, 29) hieß, als sie vom Stamm Dan erobert wurde.

Die Stadt, die in der Nähe der nach Westen und Süden verlaufenden Militär- und Handelsstraßen von und nach Syrien liegt, in deren Nähe wasserreiche Quellen — die wichtigsten Quellflüsse des Jordans — entspringen, wurde im 3. Jh. v. Z. gegründet. In

etreidespeicher aus der frühen Bronzezeit, eine Synagoge aus dem 2. Jh., römische Bäder aus dem 4. Jh. — alle in der Mitte links — und eine yzantinische Kirche aus dem 6. Jh., Mitte rechts. Ausgrabungen in Beth Yerach.

der ersten Hälfte des 2. Jhs. entwickelte sie sich zunehmend. In den ägyptischen Ächtungstexten aus dem 18. Jh. v. Z. heißt sie Lajisch. Unter diesem Namen erscheint sie auch in den Mari-Archiven sowie in den Berichten über die Siege von Thutmosis III. im 15. Jh. v. Z. Im 12. Jh. v. Z. wurde sie vom Stamm Dan erobert. Unter Jerobeam (922-901 v. Z.), dem ersten König von Israel nach der Spaltung des vereinigten Hebräischen Königreiches nach Salomos Tod, spielte sie eine gewisse hervorragende Rolle. In Dan, das die Nordgrenze des Reiches kennzeichnete, errichtete Jerobeam eines seiner königlichen Heiligtümer.

Hundert Jahre später wurde es von den Aramäern zerstört, aber schon kurz danach von König Ahab neu aufgebaut, vergrößert und befestigt. Nach dem Fall des nördlichen Königreiches im Jahr 722 v. Z. war der Ort bis zur römischen Zeit nur sporadisch bewohnt.

1966 begann Dr. Avraham Biran im Auftrag der Abteilung für Altertümer der israelischen Regierung, deren Leiter er damals war, eine mehrjährige Ausgrabungskampagne. 1974 schlossen sich die Nelson Glueck School of Biblical Archaeology und das Harvard Semitic Museum der Abteilung für Altertümer an und förderten ein langfristiges Programm an diesem Ort, das auch weiterhin von Dr. Biran geleitet wurde.

Geneigte Schutzwälle, die in der zweiten Hälfte des 18. Jhs. v. Z. entstanden waren, gehörten zu den Entdeckungen aus der prä-israelitischen Periode. Sie bestanden aus aufgeworfener Erde zu beiden Seiten eines Kerns aus Stein, der wahrscheinlich aus einer früheren Periode stammte. Im inneren Schutzwall lag ein großes Grab aus groben Basaltsteinen. Im Grab fanden die Archäologen eine reiche Sammlung von Gegenständen, darunter Geräte aus Stein, Bronzeschalen, eine Öllampe, Schwerter, am Ort hergestellte Gefäße sowie importierte mykenische Flaschen, kleine Krüge und eine einzigartige Vase. Die Keramikfunde weisen darauf hin, daß dieses Grab für einen kurzen Zeitraum von der Mitte des 14. bis zu Beginn des 13. Jhs. v. Z. benutzt wurde.

Die Schicht aus der israelitischen Periode enthielt zweifelsohne die eindrucksvollsten Funde. Dazu gehörten die Überreste wuchtiger Stadtmauern, die über 3 m dick waren; ein Außen- und ein Innentor — das Innentor besaß zwei Türme und vier Kammern für die Wachen; eine große quadratische, schön gemauerte Plattform, die wie ein riesiger, erhöhter Hof aussah und offensichtlich eine Andachtsstätte im Freien war; sowie eine mit Steinen gepflasterte Straße. Die meisten Bauten stammen aus dem 9. Jh. v. Z. Nach Ansicht von Dr. Biran wurden sie von König Ahab (869-850) gebaut. Ein monumentaler Treppenaufgang, der zur Plattform führt, stammt aus dem Jahrhundert danach. Wahrscheinlich wurde er von Jerobeam II. (786-746) angebaut.

Dr. Biran stellte die Theorie auf, daß Ahab diese schöne Plattform an der Stelle der zentralen "Höhe" baute, die Jerobeam I. gegen Ende des 10. Jhs. v. Z. errichtet hatte. (Der Ort war in prä-israelitischer Zeit eindeutig eine Kultstätte. Die archäologischen Funde beweisen, daß er auch noch in der hellenistischen und römischen Periode als solcher benutzt wurde.) Jerobeam I. wird in der Bibel wegen der Errichtung von "Höhen" und Heiligtümern gescholten, mit denen er versuchte, mit dem Tempel in Jerusalem zu konkurrieren und dadurch sein abgespaltenes Königreich zu konsolidieren. Vor allem wird er jedoch wegen der Schaffung "zweier goldener Kälber" getadelt, von

Die "Höhe" von Tell Dan

dem "er eins in Bethel" aufstellte, und "das andere tat er nach Dan" (1. Kön. 12, 28-29). Die Theorie wurde 1975 erhärtet, als die Expedition bei den Stufen der "Höhe" einen gehörnten Altar entdeckte. Ganz in der Nähe fand sie im Jahr darauf den Steinboden eines aufwendigen Baus, der auch zur heiligen Einfriedung gehörte. Es war denkbar, daß es sich um den Eingang zu einem Tempel handelte. Dr. Biran schlägt die faszinierende Möglichkeit vor, daß es sich um einen Tempel handeln könne, in dem das goldene Kalb angebetet wurde.
Welche Aufgabe und Bedeutung diese Bauten auch immer erfüllten, sieht es ganz danach aus, als sei Dan während der zweihundertjährigen turbulenten Existenz des nördlichen Königreiches sein wichtigstes religiöses Zentrum gewesen.

BERG TABOR

Der Berg Tabor, ca. 10 km östlich von Nazareth gelegen, kauert gelassen wie ein plumper, runder Brotlaib über dem Nordrand der Jesreelebene. So wie er scheinbar allein ohne jede Verbindung zum untergaliläischen Bergland in eine Höhe von fast 500 m aufragt, ist er uns aus dem Alten Testament ein vertrautes Wahrzeichen.
Am vertrautesten ist er uns aus der Bibelpassage über die unerschrockene Prophetin Debora, die den leicht widerstrebenden Barak zur siegreichen Schlacht gegen die Kanaanäer anspornt: "Und sie sandte hin und ließ rufen Barak, . . . und ließ ihm sagen: Hat dir nicht der Herr, der Gott Israels geboten: Geh hin und zieh auf den Berg Tabor und nimm zehntausend Mann mit dir von Naphthali und Sebulon? Ich aber will Sisera, den Feldhauptmann Jabins, dir zuführen an den Bach Kison mit seinen Wagen und seinem Heer und will ihn in deine Hände geben" (Richt. 4, 6-7).
Während des großen Aufstands der Juden gegen Rom im Jahr 66 n. Z. diente der Berg Tabor den jüdischen Rebellen in Galiläa als Stützpunkt. An den Hängen unterhalb des Gipfels sind immer noch Überreste ihrer Befestigungen zu sehen. Das sind die Erdwälle, die Josephus seiner Behauptung zufolge noch als Statthalter von Galiläa aufwerfen ließ, bevor er zu Rom überging.
Obwohl das Neue Testament den Tabor nicht namentlich erwähnt, gilt er in der christlichen Tradition als der Ort der Verklärung: "Und nach sechs Tagen nahm Jesus zu sich Petrus and Jakobus und Johannes, seinen Bruder, und ging mit ihnen allein auf einen hohen Berg. Und er ward verklärt vor ihnen, und sein Angesicht leuchtete wie die Sonne, und seine Kleider wurden weiß wie das Licht. Und siehe, da erschienen ihnen Mose und Elia; die redeten mit ihm. Petrus aber hob an und sprach zu Jesus: . . .so wollen wir hier drei Hütten machen, dir eine, Mose eine und Elia eine" (Matt. 17, 1-4).
Nachdem der Tabor somit bei den frühen Christen als der "hohe Berg" galt, den das Evangelium erwähnt, mußten auf seinem Gipfel zwangsläufig schon seit jener frühen Zeit christliche Schreine entstehen. Beim Bau der neuen franziskanischen Basilika der Verklärung in den 20er Jahren unseres Jhs. wurden denn auch die Ruinen byzantinischer

Die neue franziskanische Basilika der Verklärung auf dem Berg Tabor

Kirchen aus dem 6. Jh. sowie von Kreuzfahrerkirchen aus dem 12. und 13. Jh. integriert. Ganz in der Nähe liegt die griechisch-orthodoxe Elia-(Elija-) Kirche, die ungefähr zehn Jahre später auf den Überresten eines Kreuzfahrerbaus entstand. Da der Berg Tabor häufig Schauplatz von Schlachten zwischen Kreuzfahrern und Sarazenen war und wiederholt von der einen Hand in die andere überging, wurde er von beiden befestigt, wobei die eine Partei auf den Anlagen der anderen baute oder die der anderen Partei nur weiter befestigte. Reste dieser Bauten sind noch heute zu sehen. Die beiden neuen Kirchen stehen auf dem Areal der von Kreuzfahrern und Sarazenen befestigten Burg. Man betritt es durch ein Tor in der alten Sarazenenmauer. Anschließlich kommt man an den Ruinen einer Kreuzfahrerabtei vorbei.
Heute kann man auf einer neuen Straße zum Gipfel hinauffahren. die sich in einer Reihe von scharfen Haarnadelkurven nach oben windet. Vom Gipfel aus hat man in alle Richtungen eine wunderschöne Aussicht.

NAZARETH

Nazareth liegt auf halbem Wege zwischen der Mittelmeerküste und dem See Genezareth am südlichsten Rand des untergaliläischen Berglands. Die Stadt selbst liegt in einem Bekken am Fuß der Berge. Von der Anhöhe an ihrem südlichen Ende hat man jedoch eine der herrlichsten Aussichten von ganz Israel. Vor sich ausgebreitet, sieht man die fruchtbare Jesreelebene, Schauplatz biblischer Schlachten, Wiege der modernen Besiedlung and heute ein bebauter, fruchtbarer und schöner Landstrich. 1880 reiste George Adam Smith durch Galiläa. Bei dieser Gelegenheit stieg er auch auf die Berge um Nazareth. Mit diesen Worten beschrieb er die Aussicht nach Süden: "Esdralon liegt zu Füßen des Betrachters. . .Schauplatz der Siege Baraks und Gideons, Bühne der Niederlagen Sauls und Josias, Schauplatz des Freiheitskampfes zur ruhmreichen Zeit der Makkabäer. Dort liegt Naboths Weingarten und der Ort, an dem Jehu Rache nahm an Isebel; dort liegt Schunem und Elisas Haus; dort der Karmel und die Stätte von Elias Opfer. Im Osten erstreckt sich das Jordantal mit der langen Bergkette des Gilead; im Westen erstrahlt das große Meer mit den Schiffen von Tarsis und dem Versprechen der Inseln. In drei Himmelsrichtungen blickt man in eine Entfernung von fast 50 km. Vor dem Betrachter liegt eine Karte der alttestamentlichen Geschichte."

Nazareth ist das Zentrum der größten arabischen Gemeinde in Israel. Die meisten sind Christen verschiedener Konfessionen.

Heute ist Nazareth eine Stadt der Gegensätze mit einer Mischung von Alt und Neu, von Orient und Okzident. Gegenüber einer modernen Kirche gibt es arabische Cafés. Vor ihnen sitzen Männer, in eine "Galabiya", ein langes Gewand, gehüllt, ihren Kopf bedeckt eine "Keffie", eine traditionelle Kopfbedeckung. Sie rauchen eine "Nargile", eine mit Rosenwasser gefüllte orientalische Wasserpfeife. Aus den offenen Türen und Fenstern dringen die durchdringenden, monotonen Klänge orientalischer Musik. In unmittelbarer Nähe der Hauptstraße, auf der schnelle Wagen vorbeirauschen, liegt die schmale Gasse des alten Marktes. Zu beiden Seiten ihres Kopfsteinpflasters verlaufen ebenfalls gepflasterte Gossen entlang. Sie sind für die Esel vorgesehen, die landwirtschaftliche Erzeugnisse in Körben zu den offenen Ständen bringen. Direkt neben einem neuen Kloster liegt der uralte Marienbrunnen, zur Zeit Jesu angeblich der einzige Brunnen in Nazareth.

In Nazareth drängen sich die Andachtsstätten der Christen aller Konfessionen. Denn hier arbeitete laut des Neuen Testaments Joseph in seiner Zimmerei; hier vernahm Maria die Ankündigung, sie werde Jesus tragen, und hier verbrachte Jesus seine Kindheit. Die Orte, die mit ihrem Leben zusammenhängen; der Keller, in dem die Familie gelebt haben soll; der Ort, an dem Joseph arbeitete; die Synagoge, in der die Familie betete; der Brunnen, aus dem sie ihr Wasser schöpfte; die Stätte der Ankündigung durch den Engel — sie alle stehen seit Jahrhunderten im Brennpunkt des christlichen Interesses.

Den heiligsten Schrein, die Stätte der Ankündigung, kennzeichnet heute eine gewaltige, neue Basilika. Sie entstand über einer Grotte, die gemäß der Überlieferung der Ort ist, an dem der Erzengel Gabriel Maria mit den Worten "Gegrüßet seist du, Hochbegnadete!" (Luk. 1, 28) begrüßte und ihr dann verkündete, sie werde Jesus gebären. An

der Stelle, an der Maria und der Engel sich gegenüberstanden, stehen zwei Granitsäulen, die sogenannte "Säule Gabriels" bzw. die "Säule Marias".
Seit den Anfangstagen des Christentums wurden an dieser Stelle Heiligtümer gebaut, zerstört und wiederaufgebaut. Gegen Ende des 7. Jhs. schrieb der französische Bischof Arculf als einer der ersten Pilger aus dem Westen einen Bericht über seinen Besuch im Heiligen Land. Darin erwähnt er, daß es in Nazareth zwei Kirchen gebe, eine "an der Stelle gebaut, an der der Erzengel Gabriel das Haus betrat und der gesegneten Maria die Botschaft überbrachte".
Der angelsächsische Händler Saewulf, der erste Pilger, der den Kreuzfahrern folgte und um 1102-03 einen Bericht seiner Reisen niederschrieb, fand Nazareth "vollkommen zerstört und verwüstet durch die Sarazenen" vor; "aber den Ort der Ankündigung kennzeichnet ein sehr edles Kloster".
Jener eigenartige englische Pilger, Sir John Maundeville, der seinen eigenen Bericht ganz eindeutig mit nicht identifizierten Berichten früherer Reisender ausschmückte, schrieb zu Beginn des 14. Jhs., daß Gabriel seine "Ankündigung an der Stelle machte, an der jetzt ein großer Altar einer ehemals schönen Kirche steht, die heute jedoch vollkommen zerstört ist; und sie haben ein kleines Gefäß in der Nähe einer Säule dieser Kirche aufgestellt für Spenden der Pilger. Und die Sarazenen sorgen dafür, daß der Ort immer voller Menschen ist, wegen des Gewinns, den sie daraus ziehen; und es sind sehr bösartige und grausame Sarazenen und verächtlicher, als an jedem anderen Ort, und sie haben alle Kirchen zerstört."
Obwohl Maundevilles Berichte im allgemeinen eher interessant als zuverlässig sind — ein bekannter Prälat sagte von ihm, er sei "leichtgläubiger als der blind ergebenste Mönch" —, ist sein Bericht über die zerstörten Kirchen allem Anschein nach korrekt. Denn der burgundische Ritter Bertrandon de la Brocquière, der 1432 Nazareth besuchte, schrieb: "Der Ort, an dem der Engel Gabriel der Jungfrau Maria verkündete, sie werde bald Mutter sein, befindet sich in einem erbarmungswürdigen Zustand. Die Kirche, die hier früher stand, ist vollkommen zerstört; und von dem Haus, in dem sich unsere Liebe Frau befand, als der Engel vor ihr erschien, ist noch nicht einmal der kleinste Rest übriggeblieben".
Im 17. Jh. stand am Ort bereits eine neue Kirche, allem Anschein nach die einzige in Nazareth zu jenem Zeitpunkt. Das wissen wir von Henry Maundrell, dem Theologen aus Oxford, der für die Nüchternheit und Genauigkeit seiner Berichte bekannt ist. Er stattete dem Land 1697 einen Besuch ab. Zu den "Säulen Marias und Gabriels", von denen eine in der Luft zu hängen scheint, da ihr unterer Teil fehlt, macht er die folgende vorsichtige Bemerkung: "Die innerste, das heißt, die der heiligen Jungfrau, wurde von den Türken abgebrochen in der Erwartung, darunter einen Schatz zu finden, so daß jetzt fast 50 cm zwischen der Säule und ihrem Sockel fehlen. Trotzdem steht sie aufrecht, obwohl ich nicht feststellen konnte, durch welchen Trick das möglich ist. Sie berührt das Dach oben und hängt wahrscheinlich an ihm; aber vielleicht glaubt der Leser lieber der Erklärung des Bruders, der sagt, sie hänge dank eines Wunders in der Luft"
In einer kleinen Zelle, die an die Höhle mit diesen Säulen grenzt, kann man ein gut erhaltenes Mosaik mit einer griechischen Inschrift aus dem 6. Jh. sehen. Der gesamte

Die Kirche in Kafr Kana, die traditionelle Stätte des Wunders "der Umwandlung des Wassers in Wei

Ankündigungskomplex ist im Besitz der Franziskaner, die dicht bei der Grotte ein großes modernes Kloster gebaut haben. Daneben liegt ein kleines Museum mit am Ort gefundenen Altertümern.

Vor nicht allzu langer Zeit haben die Franziskaner bei der Grotte archäologische Grabungen durchgeführt, die wertvolle Ergebnisse zeitigten. Ans Licht kamen dabei die Fundamente des alten Dorfes Nazareth sowie die Mauern byzantinischer und mittelalterlicher Kirchen. Aus diesen Funden geht eindeutig hervor, daß diese Gegend zur Zeit Jesu eine Wohngegend war. Zu den einzelnen Entdeckungen, die von archäologischem Interesse sind, gehören byzantinische Mosaiken, ein am Ort hergestelltes gotisches Kapitell, das eine Maske schmückt, und ein wunderschön ausgeführter Torso, von dem man annimmt, er habe den Engel Gabriel bei der Ankündigung dargestellt. Neben dem Torso — und eindeutig das Werk des gleichen Ateliers — fand man ein Kapitell, das den "Nazareth-Kapitellen" ähnlich war, die man bei Grabungen zu Beginn dieses Jahrhunderts ganz in der Nähe fand. Man nimmt an, daß sie im Laufe des 13. Jhs. in Frankreich geschaffen und für eine geplante neue Basilika bestimmt waren, die jedoch nie gebaut wurde. Sie gelten als Meisterwerke der französischen gotischen Bildhauerkunst.

Am nordöstlichen Ende des Komplexes markiert die moderne St.-Josephskirche die traditionelle Stätte von Josephs Zimmerei. Unter dieser Kirche wurde eine Höhle aus dem Fels gemeißelt. Hier sollen Maria und Joseph gewohnt haben. In der Zimmermitte ragt eine glatte, runde Felsplatte über den restlichen Boden hinaus, die wahrscheinlich als Tisch diente. Schächte im Boden dienten wohl als Kühlkammern für Fleisch sowie als Vorratskammern für Mehl, Öl und Wein. In der Wand bei den Schächten wurde auf Kinnhöhe ein kleiner, glatter Felsring aus der Oberfläche herausgemeißelt. Hier war wahrscheinlich das Seil befestigt, das in den Schacht hinunterhing, an dem die Vorräte nach oben gezogen wurden. Sogar im Hochsommer ist diese Höhle noch kühl und luftig.

Der sogenannte Marienbrunnen liegt einige hundert Meter nördlich des Stadtzentrums an der Seite der Hauptstraße. Wie im Laufe der Jahrhunderte schöpften Frauen und Kinder noch bis vor einigen Jahren hier Wasser. Dieses malerische Bild ist jetzt verschwunden, seit Nazareth dank einer staatlichen Subvention mit dem regionalen Wasserversorgungsnetz verbunden ist. Die Frauen von Nazareth mögen uns zwar beipflichten, daß ein Wasserhahn weniger romantisch als Krügeschleppen vom und zum Brunnen ist. Trotzdem ist ihnen der Wasserhahn lieber.

Nur wenige Meter von diesem Brunnen entfernt steht die griechisch-orthodoxe St.-Gabrielskirche. Laut ihres Glaubens erschien der Erzengel Gabriel mit seiner Ankündigung hier vor Maria.

An einer Gasse im Markt, die vom Stadtzentrum in westlicher Richtung verläuft, steht die griechisch-katholische Synagogen-Kirche. Diesen Namen verdankt sie der Tatsache, daß sie über einem antiken Bau errichtet wurde, der in der Tradition als die Synagoge gilt, in der Jesus betete.

Die Mensa-Christuskirche ist eine kleine franziskanische Kapelle südwestlich des Rathauses. Ihr Name — Lateinisch für Tisch Christi — kommt von dem Felsen, über

ter Brunnen in Nazareth, bis heute heißt er "Marienbrunnen"

Der Berg des "Saltus Domini"

dem sie gebaut wurde. Er dient der Tradition zufolge als der Tisch, an dem Jesus nach der Auferstehung "ein Mahl" mit seinen Jüngern "eingenommen" haben soll.
Die Kirche, die dem französischen Mönchsorden der Salesianer gehört, gilt als eine der schönsten, und zwar aus architektonischer und landschaftlicher Sicht. Das ist die Kirche des Kindes Jesus. Sie liegt auf dem Berg oberhalb von Nazareth. Von hier hat man die schönste Aussicht auf Stadt und Land in der Umgebung.
Das Leben der Muslims in Nazareth konzentriert sich um die einsame Moschee, die beim Rathaus steht, und den Markt.
Von den Bergen, die das Südende Nazareths bilden, springt etwas östlich der Straße nach Afula ein steiler, bewaldeter Berg hervor. Das ist der sogenannte "Saltus Domini", d. h. der "Berg des Sprunges des Herrn". Laut der Überlieferung führten die erzürnten Einwohner von Nazareth Jesus an den "Rand des Berges", nachdem er in ihrer Synagoge gepredigt hatte, "daß sie ihn hinabstürzten. Aber er ging mitten durch sie hinweg. Und er kam nach Kapernaum. . ." (Luk. 4, 29-31).
Ungefähr 6 km nördlich von Nazareth liegt an der Straße nach Tiberias Kafr Kana, wahrscheinlich das Dorf von "Kana in Galiläa", in dem sich das Wunder auf der Hochzeit ereignete, bei dem "das Wasser in Wein verwandelt" wurde (Joh. 2). Die griechisch-orthodoxe Kirche bei der Straße und die franziskanische Kirche im Dorfzentrum erinnern an das Ereignis. Beide wurden über alten Bauten errichtet. Unter der Franziskanerkirche ist ein Mosaikfragment zu sehen, das wahrscheinlich aus dem 3. oder 4. Jh. stammt. Es weist eine Inschrift auf Hebräisch-Aramäisch auf. Es ist durchaus möglich, daß an dieser Stelle früher einmal eine Synagoge stand.
Die Biographen Jesu hatten Schwierigkeiten, das Nazareth seiner Jugend zu beschreiben, weil sich das Evangelium über sie ausschweigt. Darauf antwortete George Adam Smith, daß "der Wert einer Vision des Heiligen Landes darin liegt, daß sie das Schweigen füllt". Und wenn auch Nazareth zu seinen Lebzeiten eine unbekannte Stadt war, bot sie dem Jungen Jesus und seinen Freunden doch viele Aussichtspunkte, von denen aus sie über die Jesreelebene bis zum Bergland von Samaria blicken konnten, aus dem "die Straße nach Jerusalem kam, auf der sich jedes Jahr die Pilger drängten, und die Straße nach Ägypten, auf denen die Händler in beiden Richtungen zogen. Die Karawanen aus Midian waren schon in einer Entfernung von vielen Kilometern zu sehen, wie sie nach dem Passieren der Jordanfurten hinaufkamen; und die Karawanen aus Damaskus schlängelten sich um den Fuß des Berges, auf dem Nazareth liegt. Oder, wenn die Dorfjungen auf den Nordrand ihrer hohlen Heimatstadt kletterten, konnten sie eine andere Straße sehen, auf der die Reisegesellschaften noch prachtvoller anzusehen waren: die Straße zwischen Akko (Akka) und der Dekapolis, auf der die Legionen marschierten, und Fürsten mit ihrer Begleitung vorbeizogen sowie alle Arten von Reisenden in die eine oder andere Richtung. Die römischen Ränge, die römischen Adler, die Pracht der Sänften und der Adligen waren für die Jungen von Nazareth keineswegs ein fremder Anblick."

BETH SHE'AN (BETH SCHEAN)

Beth She'an (Beth Schean) ist der üppige, wohl mit Wasser versorgte Ort, an dem die Jesreelebene an das Jordantal angrenzt. Wegen seiner Fruchtbarkeit zog diese Gegend schon früh Bewohner an. Die Archäologen haben denn auch eine Besiedlung bereits zur Kupferzeit — 4. Jt. v. Z. — nachgewiesen. Später lag der Ort am Schnittpunkt der Straßen, die die Zentren der Reiche im Nahen Osten miteinander verbanden. Durch Beth She'an (Beth Schean) zogen die Handelskarawanen von Ägypten nach Mesopotamien, denen es seine wirtschaftliche Blüte verdankte. Allerdings zogen auch die Truppen rivalisierender kaiserlicher Armeen durch Beth She'an (Beth Schean), die es oft zerstörten. Somit nahm es teil an der allgemeinen Geschichte der Gegend und der Zeiten. Einer Geschichte, in der sich Aufstieg und Niedergang ablösten. Der greifbare Nachweis dieser Geschichte wurde bei umfassenden archäologischen Grabungen durch eine Expedition des University Museum von Pennsylvania zwischen 1921 und 1933 freigelegt, der nacheinander C. S. Fisher, A. Rowe und G. M. Fitzgerald vorstanden. Hauptziel ihrer Grabungen war der Tell, einer der höchsten im Land, auf einem natürlichen Berg, auf dem nacheinander die verschiedenen Städte von Beth She'an (Beth Schean) mit ihren Zitadellen entstanden. Er trägt deshalb den Namen Tell el-Hosn, d. h. "Berg der Festung". Der Tell enthielt achtzehn alte Besiedlungsschichten. Vor noch nicht allzu langer Zeit legten die israelischen Archäologen Dr. Shimon Appelbaum und Dr. Avraham Negev das prachtvolle römische Theater frei, Nehemiah Zuri entdeckte eine Synagoge aus dem 4. Jh. n. Z. Beide lagen außerhalb des Tells.

Wie Hazor wird auch Beth She'an (Beth Schean) bereits in den Ächtungstexten im 19. Jh. v. Z. erwähnt. Demnach war die Stadt auch in den Augen der Ägypter bedeutend. Ebenso erscheint ihr Name in den Siegeslisten von Thutmosis III. nach seinem Erfolg in Megiddo im Jahr 1468 v. Z., in denen er die von ihm eroberten kanaanäischen Städte anführt. Dann taucht Beth She'an (Beth Schean) in den El-Amarna-Briefen aus dem 14. Jh. v. Z. auf, sowie auf der Siegesstele der Pharaonen Sethos I. und Ramses II. aus dem 13. Jh. und schließlich auf dem Papyrus Anastasi I aus dem gleichen Jahrhundert. Diese Berichte, die die Ausgrabungen bestätigten, bewiesen, daß Beth She'an (Beth Schean) zu jenem Zeitpunkt den Ägyptern als Militärstützpunkt und Garnisonsstadt diente.

Auch in der Bibel wird es wiederholt erwähnt, und zwar zum ersten Mal, als es dem Stamm Isachar zugeteilt wurde. (Später lag es innerhalb der Grenzen von Manasse — Jos. 17, 11.) Josua nahm Beth She'an (Beth Schean) nicht. Erst ungefähr dreihundert Jahre später eroberten es die Israeliten, wahrscheinlich unter David. Kurz vor jener Eroberung war Beth She'an (Beth Schean) Schauplatz eines dramatischen Zwischenfalls, von dem die Bibel berichtet: hier stellten die Philister den Leichnam des ersten israelitischen Königs, Saul, zur Schau, der auf dem Schlachtfeld auf dem Berg Gilboa ganz in der Nähe umgekommen war. Zu jenem Zeitpunkt, d. h. im 11. Jh. v. Z., hatten die Philister die Pharaonen als Herren über die Kanaanäer in Beth She'an (Beth Schean) verdrängt. Gegen sie zog Saul nach Gilboa, um Krieg zu führen — und wurde geschlagen. Da seine Armee in Unordnung war, seine Söhne tot waren und er selbst durch feindliche Bogenschützen verwundet worden war, stürzte sich Saul in sein Schwert, um

Jagdhund im Kampf mit Löwen auf einer Basaltstele in Beth She'an (Beth Schean), 14. Jh. v. Z.

s kürzlich ausgegrabene römische Theater in Beth She'an (Beth Schean), 2.-3. Jh. n. Z.; im Hintergrund der antike Tell el-Hosn.

nicht lebend gefangengenommen zu werden. Am Tag darauf "kamen die Philister, um die Erschlagenen auszuplündern, und fanden Saul und seine drei Söhne, wie sie gefallen . . . lagen. Da hieben sie ihm sein Haupt ab und nahmen ihm seine Rüstung ab und sandten sie im Philisterland umher, um es zu verkünden im Hause ihrer Götzen und unter dem Volk. Und sie legten seine Rüstung in das Haus der Astarte, aber seinen Leichnam hängten sie auf an der Mauer von Beth Schean" (1. Sam. 31, 8-10). Dem Bericht im 1. Buch der Chronik zufolge "legten" die Philister "seine Rüstung nieder im Haus ihres Gottes, und seinen Schädel hefteten sie ans Haus Dagons" (1. Chron. 10, 10). Während der Ausgrabungen am Tell fanden die Archäologen mehrere Tempel. Zwei stammten aus dieser Periode. Einer war einem Gott, der andere einer Göttin geweiht. Ihrer Ansicht nach handelte es sich hier um das "Haus der Astarte" und das "Haus Dagons", in denen Sauls Rüstung und Kopf zur Schau gestellt wurden. Beweise, daß dieser Tempel nur wenige Jahre später zerstört wurde, lassen die Annahme zu, daß das das Werk König Davids war, der darum bemüht war, den Tempel dem Erdboden gleichzumachen, als er die Stadt nahm, in denen der Leichnam seines Vorgängers so schmählich zur Schau gestellt worden war.
Israels Herrschaft über Beth She'an (Beth Schean) dauerte, abgesehen von einigen kurzen Unterbrechungen, ungefähr dreihundert Jahre lang. Dann fiel es an Assyrien, dann Babylonien und schließlich an die Perser. Zur Zeit der Hasmonäer wurde Beth She'an (Beth Schean) eine hellenistische Stadt, die auch einen neuen Namen erhielt: Skythopolis, "Stadt der Skyther". Es war ein wohlhabendes griechisches Zentrum, das führende Mitglied der Dekapolis, dem Verband der Zehn Städte. Als einzige lag sie am Westufer des Jordans. Im Rahmen der Bemühungen der Hasmonäer, den Hellenismus auszurotten, eroberte Johannes Hyrkanus, ein Neffe Judas Makkabis, Beth She'an-(Beth Schean-)Skythopolis im Jahr 107 v. Z. Es blieb eine jüdische Stadt, bis die Römer im Jahr 63 v. Z. eintrafen. Danach gab es in der Stadt immer noch eine jüdische Gemeinde, allerdings stellte sie eine Minderheit dar. Unter den Römern wuchs die Stadt über den Tell hinaus. Diese Entwicklung hielt auch während der byzantinischen Periode an. Als die Muslime 636 n. Z. ins Land einfielen, nahmen sie als eine der ersten Städte Beth She'an (Beth Schean). Kurz danach setzte ihr Niedergang ein. Nach dem langen Zwischenspiel der Kreuzfahrer, als der Ort häufig als Schlachtfeld diente, sank er auf die Bedeutung eines Dorfes herab.
Es ist bekannt, daß im Mittelalter eine kleine jüdische Gemeinde am Ort lebte und daß sie in einer Synagoge betete, die möglicherweise die im Talmud erwähnte war. Der bekannte jüdische Schriftsteller Aschtori Haparchi, der sich im 14. Jh. n. Z. in Beth She'an (Beth Schean) niederließ, beschrieb sie, und seine Beschreibung entspricht der im Talmud. Bis zum heutigen Tag war Beth She'an jedoch kaum mehr als ein Dorf. Erst nach der Gründung Israels im Jahr 1948 erwachte es zu neuem Leben und blühte auf.
Die wichtigsten Altertümer, die bei den Grabungen des Tells ans Licht kamen, stammen aus der kanaanäischen, israelitischen, griechischen, römischen und byzantinischen Periode. Am aufsehenerregendsten unter den kanaanäischen Funden waren die Überreste von sechs Tempeln, von denen vier aus der letzten Periode der ägyptischen Herrschaft datierten, und zwei — jene, die man mit Sauls Tod in Verbindung setzt — aus der Zeit,

als Beth She'an (Beth Schean) der philistäischen Herrschaft unterstand. Sie waren ähnlich angelegt: rechteckig, aus Ziegelsteinen gebaut und in eine Vorhalle, eine Haupthalle und Allerheiligstes eingeteilt. Zu der letzten Kammer, die die Gottheit beherbergte, gelangte man über Stufen, an deren Fuß ein erhöhter Altar für Opfer stand.
Die Archäologen hatten das Glück, eine Siegesstele von Pharao Sethos I. in dem frühesten Tempel zu entdecken. Unter einem Relief, das den Pharao darstellt, wie er dem Sonnengott Ra seine Ehrerbietung bezeugt, berichten zweiundzwanzig Zeilen in Hieroglyphenschrift von den mutigen Taten Sethos bei der Eroberung "seiner armseligen Feinde". In einer Schicht weiter oben am Ort wurde noch eine zweite Stele Sethos' gefunden. Zur byzantinischen Zeit war sie in einem der Häuser als Türschwelle benutzt worden. Im nächsten Tempel fanden die Archäologen ein Siegesdenkmal Ramses' II. Man nimmt an, daß der dritte zur Zeit Pharaos Merenptahs und der vierte während der Herrschaft Ramses' III. errichtet wurde — zu den Funden gehören eine Ramses-Figur und ein Stein, auf dem sein Name steht. (Die heutigen Gelehrten stimmen übrigens nicht mehr den Daten zu, die die Archäologen, die die Grabungen durchführten, für jeden dieser Tempel festlegten.) Die meisten hier entdeckten Funde befinden sich heute im University Museum in Philadelphia und im Rockefeller Museum in Jerusalem.
Über den kanaanäischen Ebenen lagen Überreste aus der israelitischen Periode einschließlich eines Mauernteils, der eventuell zur Zeit Salomos gebaut wurde. Aus der hellenistischen Periode stammen die großen Marmorsäulen, die man am Ort sieht. Sie gehörten zu einem griechischen Tempel aus dem 3. Jh. v. Z. An seinem Standort wurde einige Jahrhunderte später zur byzantinischen Zeit eine große Basilika gebaut — die während der Ausgrabungen abgetragen wurde. Die Byzantiner zogen um den Tell auch eine Steinmauer. Somit setzten sie die frühere Tradition fort, wonach er als Zitadelle und Schrein diente. Das Tor dieser Zitadelle lag in der nordwestlichen Ecke, und hier führt auch heute noch der Weg hindurch und hinauf zur Spitze des Tells. Allerdings liegen die meisten byzantinischen Überreste außerhalb des Bergs. Dazu gehören Mauernteile, die die Außenstadt umgaben, eine Villa und ein Kloster aus dem 6. Jh., das eines der schönsten Mosaikpavimente aufweist, die je im Land gefunden wurden.
Die eindruckvollsten Überreste in Beth She'an (Beth Schean) sind jedoch die Ruinen des römischen Theaters, das größte, am besten erhaltene und aufwendigste in Israel. Ursprünglich bot es 5000 Zuschauern Platz. Es weist die übliche halbrunde Form auf, die für Schauspiele bestimmt ist — im Gegensatz zum runden Amphitheater für Gladiatorenkämpfe. Die Bühne (Proscaenium) gibt den Durchmesser an, die Zuschauerreihen (Cavea) bilden den Halbkreis. Zwischen Cavea und Proscaenium liegt die ebenerdige, halbrunde Fläche (Orchestra), die für hochgestellte Gäste reserviert war. Der obere Teil der Cavea ist schon lange eingestürzt. Das wird dem flüchtigen Besucher jedoch kaum auffallen, denn die vierzehn Reihen des unteren Teils sind immer noch unversehrt, und das Theater sieht vollständig aus. Ebenso unversehrt sind auch die neun Tunnelausgänge (Vomitoria), die auf der Ebene von Reihe vierzehn um das Auditorium angeordnet sind, sowie die gestuften Gänge, die zum Orchestra hinunterführen. Den Hintergrund der riesigen Steinbühne begrenzte ein reich mit Marmor, Figuren und Reliefs verzierter Kolonnadenbau, der inzwischen zerstört ist. Einige fand man im

Römische Figur aus Marmor, bei den Ausgrabungen im Theater gefunden.

Schutt zusammen mit den korinthischen Kapitellen der Säulen. Das Theater wurde ungefähr im Jahr 200 n. Z. gebaut. Die Abteilung für Landschaftsgestaltung und Denkmalschutz führte die Räumung der Stätte durch.
Die erst kürzlich entdeckten Überreste der alten Synagoge liegen nur wenige hundert Meter nördlich der byzantinischen Stadtmauer. Den Boden von Schiff und Seitenschiffen schmücken wunderschöne farbige Mosaiken mit geometrischen Mustern und Themen aus der Pflanzenwelt. Das Mosaikfeld bei der Apsis stellt die Bundeslade dar, die zu jeder Seite ein siebenarmiger Leuchter flankiert. An die Gebetshalle schlossen sich weitere Räume an. Unter einem gruben die Archäologen weiter in die Tiefe und legten die Überreste eines Hauses sowie Gefäße aus der hasmonäischen Zeit, d. h. aus dem 2. und 1. Jh. v. Z., frei.

Altes Würfelspiel aus Knochen, zusammen mit Bronzemünzen aus dem 5. Jh. n. Z. in Beth She'an (Beth Schean) gefunden.

BETH ALPHA

Hefzibah und Beth Alpha sind zwei benachbarte Kibbuzim am Fuß des Bergs Gilboa zwischen Afula und Beth She'an (Beth Schean) in der Jesreelebene. Als die Landwirte von Hefzibah 1928 einen Bewässerungskanal zogen, stießen sie unvermittelt auf ein farbiges Mosaik mit althebräischen Inschriften. Sie stellten die Arbeit am Graben ein und riefen sofort E. L. Sukenik, Professor für Archäologie an der Hebräischen Universität, herbei, der unverzüglich von Jerualem in den Norden eilte. Was er sah, spornte ihn zur Durchführung einer umfassenden wissenschaftlichen Ausgrabung im Namen der Universität an. Bei den Grabungen kamen die Überreste einer Synagoge aus dem 6. Jh. n. Z. ans Licht, deren Wände und Säulen noch bis zu einer Höhe von ca. 1,50 m standen, sowie ein Mosaikboden, den bisher am vollständigsten, der in Israel gefunden wurde, denn seine vielfältigen Muster waren praktisch unversehrt.
Der Bau setzte sich aus drei Hauptabschnitten zusammen: einem fast quadratischen Hof, einer schmalen Halle und einer großen, rechteckigen Gebetskammer, die ineinander übergingen. Die Gebetskammer, d. h. die eigentliche Synagoge, besaß an ihrer Südmauer eine halbrunde Apsis, die nach Jerusalem blickte. Ursprünglich beherbergte sie den Thoraschrank. Drei Stufen führten zu ihr hinauf. Zwei Kolonnaden, jede mit fünf quadratischen Säulen, teilten die Synagoge in Schiff und Seitenschiffe. Die Frauengalerie befand sich über den Seitenschiffen. Aus den herabgestürzten Steinen, die im Schutt gefunden wurden, geht eindeutig hervor, daß das Dach ursprünglich mit einem Giebel versehen war.
Im Zentrum der Apsis, unter dem Bogen, fanden die Archäologen einen kleinen, mit Steinplatten verdeckten Schacht. Zweifelsohne wurden hier die Synagogenschätze verborgen, denn er enthielt noch eine Reihe von Münzen. Ihr Datum — sowie eine Inschrift auf dem Boden — bestätigen, daß das Gebäude bereits auf das 6. Jh. datiert werden kann.

Abraham bereitet Isaaks Opferung vor. Detail des Mosaikpaviments der Beth-Alpha-Synagoge, 6. Jh. n.

Diese Synagoge war kleiner als die im 3. Jh. n. Z. gebauten. Ebenso waren die verwendeten Materialien dürftiger und spiegelten einen niedrigeren Lebensstandard wider als den, derer sich die früheren jüdischen Siedlungen erfreuten. Aus dem Beitrag über Bar'am ging klar hervor, daß das 3. Jh. für die im Land lebenden Juden eine Periode des friedlichen Fortschritts gewesen war. In diesem Jahrhundert entstanden auch die meisten frühen Synagogen. Mit der Konsolidierung des Christentums kam es jedoch zu erneuten Ausbrüchen gegen die Juden, wodurch der Wiederaufbau ihrer Siedlungen und ihres Lebens unterbrochen wurde. In der ersten Hälfte des 4. Jhs., insbesondere während der Herrschaft Konstantins, erreichten die Verfolgungen einen Punkt, wo jüdische Städte und Dörfer zerstört und erst 200 Jahre später wiederaufgebaut wurden. Als erstes wurden in dieser späteren Periode wiederum die Synagogen aufgebaut. Jetzt waren sie allerdings viel weniger eindrucksvoll. Sie wiesen keine der reichen Dekorationen auf, die die älteren Synagogen geschmückt hatten — wie Friese an den Stürzen und Reliefs an den Türen. Der Mosaikboden war der einzige Schmuck in den Synagogen des 6. Jhs. In Beth Alpha war dieses Mosaikpaviment jedoch ungewöhnlich aufwendig, wie man heute sehen kann.

Es bedeckt den ganzen Boden des Schiffes und ist in drei Felder geteilt, die an drei Seiten geometrische Muster und Tier- und Pflanzendarstellungen begrenzen. Den Rahmen an der dem Eingang am nächsten liegenden Seite bildet eine Inschrift auf Griechisch und Aramäisch, die zwischen einem Löwen und einem Bullen steht. Die Inschrift teilt mit, daß der Boden während der Herrschaft Kaiser Justinians gelegt wurde. Damit ist wahrscheinlich Justinian I. gemeint. Da bekannt ist, daß er von 518 bis 527 n. Z. herrschte, kann für die Synagoge ein absolutes Datum angegeben werden — was in der Archäologie sonst sehr selten ist.

Das Feld beim Eingang stellt die Bibelgeschichte über Abrahams fast vollzogene Opferung Isaaks dar. Die erklärenden Inschriften sind der Bibel entnommen. Über dem Widder sind die Worte "Siehe den Widder!" an einen Baum gebunden. Die Hand, die aus dem Himmel kommt, trägt die Inschrift: "Lege nicht [deine Hand an den Knaben]!" Die Namen "Abraham" und "Isaak" stehen über ihrem Kopf. Das große Feld in der Mitte stellt die Tierkreiszeichen sowie die Symbole der Monate dar und gibt ihre Namen auf Hebräisch und Aramäisch. Das Feld in der Nähe der Apsis zeigt die Embleme des jüdischen Gottesdienstes. Im Zentrum ist eine aufwendige Bundeslade, darüber ist eine Lampe aufgehängt. Sie wird zu beiden Seiten von je einem Löwen, einem Vogel und einem siebenarmigen Leuchter flankiert.

Bei anschließenden Reparaturen eines Teils dieses Bodens kamen die Überreste eines älteren Mosaiks direkt darunter zum Vorschein. Sie stammen aus einer früheren Synagoge, die an dieser Stelle stand und zerstört worden war.

Für den Besucher ist es vielleicht etwas verwirrend, daß diese alte Synagoge zwar auf dem Gelände vom Kibbuz Hefzibah liegt, trotzdem unter dem Namen des angrenzenden Kibbuzes Beth Alpha bekannt ist. Das rührt daher, daß das Synagogengelände zum alten Beth Alpha gehörte und man es dafür für angebracht hielt, sie bei ihrem ursprünglichen Namen zu nennen.

Das Innere der Beth-Alpha-Synagoge, 6. Jh. n. Z.

אברהם
יצחק

BETH SHE'ARIM (BETH SCHEARIM)

Ungefähr 20 km südöstlich vom Mittelmeerhafen Haifa liegt zwischen dem Karmel und dem untergaliläischen Bergland ein abschüssiger Berg, den bis zum Spätfrühling dichtes, grünes Gras und blühende Blumen bedecken. Obwohl er unmittelbar im Süden des Dorfes Kiryat Amal (Kiriath Amal) und dem kühlen, bewaldeten Erholungsort Tivon liegt, herrschen um diesen Berg Ruhe und Feierlichkeit — als ob die Natur selbst den Seelen der Verstorbenen, die in den ungewöhnlichen Katakomben in seinem Inneren begraben sind, ihre Ehrerbietung erweisen wolle. Denn hier liegt die Nekropolis der alten jüdischen Stadt des Gelehrtentums zur Zeit der Sammlung der Mischna: Beth She'arim (Beth Schearim).
Dank des reichen schriftlichen Materials über die großen Rabbiner und Gelehrten, die durch ihre Straßen schritten, ihr Leben innerhalb ihrer Mauern mit dem Thorastudium bei Tag und bei Nacht verbrachten und schließlich in ihrer verehrten Nekropolis begraben wurden, war schon viel über diese bedeutende Stadt bekannt. Aber erst seit den kürzlich durchgeführten, systematischen Grabungen an diesem Ort konnte er endgültig als die Stätte identifiziert werden, an der einst Beth She'arim (Beth Schearim) stand.
Die zufällige Entdeckung eines Grabes im Jahr 1936 brachte den Spaten des Archäologen zu diesem Ort. Die Grabungen zweier Gelehrter von der Hebräischen Universität, Professor Benjamin Mazar und Professor Nahman Avigad, die zusammen insgesamt acht Grabunskampagnen durchführten, brachten einige der aufschlußreichsten archäologischen Entdeckungen in Israel ans Licht. Ihre Arbeit warf neues Licht auf das Leben der historischen Talmudgestalten sowie auf die Sitten und Bräuche des Altertums.
Für den Besucher sind Stadt und Katakomben eine Offenbarung — die wunderschön ausgeführten Marmorarbeiten, die fachmännischen Bauten und Tunnel, die strenge Anmut der unterirdischen Kammern, die erstaunlichen Steintüren, die sich wie geölt in gut erhaltenen Türangeln drehen, die Ornamentik im Basrelief und die Fresken.
Beth She'arim (Beth Schearim) verdankt seinen Ruhm vor allem der Tatsache, daß es im 2. Jh. n. Z. Sitz des "Synedriums", des Hohen Rates der Juden war, als sich der Schwerpunkt des jüdischen nationalen und religiösen Lebens in Palästina von Judäa nach Galiläa verlagerte. In Beth She'arim (Beth Schearim) ließ sich der Patriarch Juda HaNasi nieder, hier studierte und lehrte er, und hier wurde er begraben. Rabbi Juda HaNasi war der geistige Leiter der Juden zur damaligen Zeit, der den Talmudgelehrten der nächsten 1700 Jahre sein Meisterwerk hinterließ: die Kodifizierung der jüdischen mündlichen Überlieferung und ihrer Gesetze, die auf Hebräisch als die Mischna bezeichnet wird. Rabbi Juda HaNasi starb im Jahr 220 n. Z. im Alter von 85 Jahren.

Man nimmt an, daß die Stadt selbst, die auf dem Berggipfel über den Gräbern liegt, im 2. Jh. v. Z. während der hasmonäischen Periode entstand. Der Historiker Josephus, der sie bei ihrem griechischen Namen Besara nennt, bezieht sich auf sie als dem Zentrum des Landbesitzes Berenikes, der Tochter Agrippas I., in "dem großen Tal". Der Name Besara erscheint übrigens auch auf einer griechischen Grabinschrift auf einer Marmortafel, die man am Ort fand.

Die Nekropolis in Beth She'arim (Beth Schearim), in den Berghang gehauen. Blick auf die Eingänge zu den Katakomben. ▶

Aus Talmudquellen und den Funden beider Expeditionen geht klar hervor, daß Beth She'arim (Beth Schearim) während der Blütezeit zu Juda HaNasis Lebzeiten auf dem Zenit stand. Es wurde 352 n. Z. zerstört, als Gallus den jüdischen Aufstand unterdrückte. Es gibt jedoch Nachweise dafür, daß Beth She'arim (Beth Schearim) während der byzantinischen Periode zum Teil — in kleinerem Umfang — wiederaufgebaut und wieder bewohnt wurde.

Aus dem Talmud wissen wir, daß die Nekropolis von Beth She'arim (Beth Schearim) damals der bevorzugte zentrale Friedhof für Juden aus dem In- und Ausland war. Als den Juden nach der Niederlage Bar Kochbas im Jahr 135 n. Z. der Zugang zu dem altehrwürdigen Friedhof auf dem Ölberg in Jerusalem verboten war, wurde der Friedhof in Beth She'arim (Beth Schearim) aufgrund des Grabes von Rabbi Juda HaNasi — das nimmt man wenigstens an — für fromme Juden die neue zentrale Grabstätte. Davon zeugen die Grabinschriften, die bei den archäologischen Grabungen gefunden wurden.

Bei den Ausgrabungen im Stadtgebiet kamen die Überreste einer großen Synagoge, einer Basilika, öffentlicher Gebäude, Wohnhäusern, einer Glasfabrik und einer Ölpresse ans Licht, die alle aus der Zeit zwischen der zweiten Hälfte des 2. Jhs. bis zur Mitte des 4. Jhs. n. Z. stammten. Am wichtigsten ist die große Synagoge. Sie gehört zur palästinischen Zwischenform und ist der alten Synagoge in Kapernaum nicht unähnlich. Marmortafeln mit ornamentalen Reliefs und Inschriften bedeckten die Stuckwände des Gebetssaals. Ein Schatz von 1200 Münzen, die in der Asche in einem der Räume eines angrenzenden Hauses gefunden wurden, sowie andere Funde aus dem Synagogenbereich weisen eindeutig darauf hin, daß dieser Ort kurz nach 350 n. Z. zerstört wurde.

Aus archäologischer Sicht ist allerdings die Nekropolis von Beth She'arim (Beth Schearim) am interessantesten. Ihre Grabkammern, Katakomben und die allgemeine unterirdische Architektur sind einzigartig. Hier wurde ein Friedhof tief in den Fels der Berghänge gemeißelt, als eine palastartige, unterirdische Stadt der Toten konzipiert, die man über Höfe, durch Korridors und Stufen betritt, ergänzt durch gewölbte Säle und Kammern, die Basreliefs und Fresken schmücken. Wer von diesen, vom Menschen geschaffenen Katakomben steht, steht an der Schwelle zweier Welten: der Welt der Legenden und der Welt der Toten.

Vor dem Eingang zu jeder Katakombe liegt ein offener Hof, durch das Abtragen eines Abschnittes des Berghangs geschaffen. Heute erreicht man die Höfe direkt von der neuen Straße, die um den Berg herumführt. In die drei Felswände um jeden Hof sind Öffnungen eingemeißelt, die durch Steintüren verschlossen sind. Diese Türen führen zu den Sälen und Grabkammern der Katakomben. Die Türen, die ausgezeichnet erhalten sind, bestehen aus einer einzigen Steinplatte. Sie wurde so behauen, daß sie wie getäfeltes Holz aussieht. Zwei der Öffnungen haben Doppeltüren.

Jede Katakombe besteht aus einer Serie von Sälen und Seitenkammern. Jede Halle betritt man durch eine der Steintüren im Hof. Von diesen langen Sälen führen zu beiden Seiten mit Bogen versehene Öffnungen zu den Grabkammern. So sind praktisch alle Katakomben in Beth She'arim (Beth Schearim) angelegt — abgesehen von zwei, die keine Seitenkammern besitzen sondern nur große Säle. Bisher wurden fast 300 Grabinschriften auf Hebräisch, Griechisch, Aramäisch und Palmyrisch (ein aramäischer

Löwen auf einen Sarkophag in den Katakomben von Beth She'arim (Beth Schearim).

Kopf eines Bullen und ein Adler auf einem Sarkophag in der Nekropolis in Beth She'arim (Beth Schearim), 2.-4. Jh. n.

Dialekt aus Palmyra, heute in Syrien) gefunden. Einige der Katakomben haben glatte Wände. Auf anderen drängt sich eine Vielfalt von ornamentalen Reliefs und dekorativen Mustern. Die eingeritzten Zeichnungen, Graffiti, Reliefs und Malereien sind primitif. Die häufigsten Motive sind jüdische Sakralsymbole. Sie wurden in unterschiedlichen Techniken, vom kühnen Relief bis zum flüchtigen Pinselstrich und grobem Einritzen ausgeführt. Häufig in allen Katakomben trifft man den siebenarmigen Leuchter, die Bundeslade, das Widderhorn, den Palmenzweig und die Zitrone an. Es gibt aber auch Darstellungen weltlicher Gegenstände wie Schiffe, Tiere, Menschengestalten, geometrische Muster und Pflanzen und Früchte. Hier und da sieht man die bildliche Darstellung einer Bibelgeschichte wie Daniel in der Löwegrube und Noah in seiner Arche. Manche Themen sind zeitgemäß, wie ein römischer Legionär und Gladiatoren, oder der Mythologie entnommen, wie das Relief auf einem Marmorsarkophag, das Leda und den Schwan zeigt.

Bisher hat man noch keinen klaren Hinweis gefunden, der es ermöglichen würde, das Grab von Rabbi Juda HaNasi zu identifizieren. Eine Katakombe, reicher verziert als alle anderen, besitzt eine aufwendige Fassade mit drei großen Bogen, die auf Pfeilern mit geformten Kapitellen und Basen ruhen. Über der mit Bogen versehenen Fassade führen breite, flache Stufen zu einer Wand mit einer gekrümmten Nische, die zwei rechteckige Säulen flankieren. Eindeutig waren sie als dekorative Verzierung für das Grab darunter bestimmt, auf dem man zwei hebräische Inschriften fand, von denen die eine mitteilt: ''Das ist (das Grab von) Rabbi Gamliel'' und die andere einfach: ''Rabbi Simeon''. Die Rabbiner Simeon und Gamliel waren die beiden Söhne von Rabbi Juda HaNasi. Somit dürfte es sich hier um ihre Familiengruft handeln. Allerdings erwiesen weitere Ausgrabungen, daß dieses Grab aus einer etwas späteren Periode stammt. Der Ort, an dem Rabbi Juda begraben wurde, ist demnach immer noch unbekannt.

·nora, der siebenarmige Leuchter, von einer männlichen Gestalt getragen. Dekoration am Eingang einer ıbkammer in Beth She'arim (Beth Schearim).

MEGIDDO

Megiddo, schon zu biblischen Zeiten — und noch davor — ein strategisches Zentrum, ist heute eine ungemein faszinierende, reiche archäologische Stätte. Es liegt ungefähr 35 km südöstlich von Haifa. Die moderne Straße, die es mit dem Mittelmeerhafen verbindet, führt um den Karmel und das Bergland von Samaria herum. Megiddo, in dessen Hintergrund die zerklüfteten Hänge aufragen, beherrscht die fruchtbare Jesreel- oder Esdralonebene unmittelbar im Norden und Osten, in der zur biblischen Zeit blutige Schlachten ausgetragen wurden. Damals war dieses Tal grün und fruchtbar. Dann folgte der Jahrhunderte währende Niedergang. Heute, von Israels Pionieren zu neuem Leben erweckt, ist es erneut ein Teppich von Wein- und Obstgärten und Feldern mit Weizen und Mais, Gerste, Luzerne und Klee. Seine wichtigsten Farben sind wiederum smaragdgrün und goldfarben. Fast 20 km im Norden liegen auf der anderen Talseite die Höhen, die Nazareth umschließen. Weiter östlich ist der Berg Tabor, und dahinter, weit entfernt in nordöstlicher Richtung, winkt der schneebedeckte Gipfel des Berges Hermon aus einer Entfernung von fast 130 km. Dieses Panorama grüßt den Besucher auf dem Berg von Megiddo.

Er liegt am oberen Ende eines Bergpasses, wo er den Weg aus der Küstenebene in den Norden bewacht. Dieser Lage verdankt er in der gesamten Geschichte seinen hohen strategischen Wert. Megiddo beherrschte die wichtige Straße aus Ägypten im Süden nach Mesopotamien und Syrien in den Norden, die berühmte Via Maris. Außerdem bewachte es die von Osten nach Westen durch die Jesreelebene verlaufende Straße. Als Schlüssel zu Nordisrael befestigten es seine Bewohner, rivalisierende Reiche aller Zeitalter — bis zum 1. Weltkrieg in unserem Jahrhundert — griffen es immer wieder an. Die Hauptdarsteller in dem Drama, die sich hier erbitterte Schlachten im Altertum lieferten, waren Ägypter, Kanaanäer, Philister, Israeliten, Assyrer, Perser, Griechen und Römer. 1918 zogen die verbündeten Streitkräfte unter General Allenby durch den Megiddo-Paß in Nordpalästina ein, um die türkischen Streitkräfte zu vertreiben. Der englische Befehlshaber, in den Adelsstand erhoben, nahm den Titel Vicomte Allenby von Megiddo an.

Als erster grub der deutsche Archäologe G. Schumacher praktisch vollkommen allein Megiddo in den Jahren 1903-05 aus. 1925 nahm das Oriental Institute der Universität Chicago unter der Leitung von C. S. Fisher, P. L. O. Guy and G. Loud Grabungen im großen Maßstab auf. Die Expedition wurde von der Familie Rockefeller finanziert. Sie führte ihre sehr erfolgreiche wissenschaftliche Arbeit bis zum Kriegsausbruch im Jahr 1939 fort. Danach wurde der Berg vernachlässigt, seine unvergleichlichen Überreste verschwanden allmählich unter Unkraut und Gestrüpp. 1958 begann die Abteilung für Landschaftspflege und Denkmalschutz der israelischen Regierung mit der Räumung und Restaurierung des Ortes.

Zum ersten Mal wird Megiddo in ägyptischen Dokumenten als Schauplatz der Angriffe des ägyptischen Pharaos Thutmosis III. im Jahr 1468 v. Z. erwähnt. Diese Schlacht von Megiddo, in der Thutmosis den König von Kadesch und seine Verbündeten schlug, ist

Durchbrochene Elfenbeintafel aus Megiddo, 1350-1150 v. Z.

Modell der rekonstruierten israelitischen Stadt von Megiddo

in Hieroglyphen in ägyptischen Tempeln beschrieben. Fast dreißig Jahre später wird der Feldzug beschrieben, den Pharao Amenophis II., Thutmosis' Sohn, unternahm. Dabei zog er durch die Scharonebene, ruhte "in der Umgebung von Megiddo", und hier saß er über die "aufrührerischen Fürsten" zu Gericht.

Außerdem wird Megiddo in einem der Taanach-Briefe erwähnt. (Diese Briefe, in akkadischer Keilschrift geschrieben, wurden zu Beginn dieses Jahrhunderts entdeckt.) Taanach liegt nur wenige Kilometer südöstlich von Megiddo entfernt. Ihr Verfasser ist ein ägyptischer General, der einen offensichtlich widerwilligen König von Taanach zur fälligen Tributzahlung auffordert. "Möge Baal dich schützen", schreibt der General. "Sende mir deine Wagenlenker und Pferde, Geschenke für mich, und sende alle deine Gefangenen. Schicke sie morgen nach Megiddo!"

Megiddo erscheint auf mehreren Tafeln in Keilschrift, den sogenannten El-Amarna-Briefen vom gleichnamigen Tell, die kanaanäische Vasallen an den ägyptischen Hof schickten. Über die Bedingungen in der Stadt Megiddo im 14. Jh. v. Z. erfahren wir viel aus den sechs Briefen, die Biridja, der König von Megiddo, an Pharao Amenophis IV. schickte. Darin bestätigt er wortreich seine Treue, betont seine Sorge um die Interessen des Pharaos und erinnert an die sorgfältige Übersendung seines Tributs in Form von Feldfrüchten. Gleichzeitig verweist er warnend darauf hin, daß diese Beiträge ernstlich durch die Überfälle seiner räuberischen Nachbarn gefährdet sind. Er fleht Amenophis zum Abschluß an, ihm zur Verteidigung 100 Soldaten zu schicken, um "deine Stadt", d. h. die Stadt Megiddo, zu retten.

Die Bibel erwähnt Megiddo häufig, zum ersten Mal im Buch Josua, Kapitel 12: "... die Könige des Landes, die die Kinder Israel schlugen..." (12, 7). Einer von ihnen ist "der König von Megiddo" (12, 21). Im Buch der Richter (5, 19) heißt es in Deboras Siegeslied, das auf die Beschreibung der Niederlage der kanaanäischen Armee unter Sisera durch die Prophetin und Barak folgt: "Könige kamen und stritten; damals stritten die Könige Kanaans zu Taanach am Wasser Megiddos..."

Im 10. Jh. v. Z. baute König Salomo Megiddo wieder auf und befestigte es. Den Bau finanzierte er mit einer Sondersteuer, wie im 1. Buch der Könige (9, 15) beschrieben: "Und so verhielt sich's mit den Fronleuten, die der König Salomo aushob, um zu bauen des Herrn Haus und sein Haus und den Millo und die Mauer Jerusalems und Hazor und Megiddo und Geser". Megiddo wurde eine von Salomos "Städte der Gespanne", komplett mit aufwendigen Ställen.

Im 9. Jh. v. Z. "floh" Ahasja, der König von Juda, "nach Megiddo und starb dort" nach Auskunft des 2. Buches der Könige (9, 27).

Im Jahr 609 v. Z. fiel der edle König von Juda, Josia, in der Schlacht gegen die einfallenden Ägypter bei Megiddo: "Und seine Männer brachten den Toten von Megiddo und führten ihn nach Jerusalem und begruben ihn in seinem Grabe" (2. Kön. 23, 30).

Weil Megiddo so häufig ein Schlachtfeld war, wurde es zum Symbol für Krieg. In der Offenbarung im Neuen Testament erscheint Megiddo als der Ort der letzten großen Schlacht, die am Ende der Zeiten gefochten werden wird. "Diese sind Teufelsgeister, die tun Zeichen und gehen aus zu den Königen der ganzen Welt, sie zu versammeln zum Streit auf jenen großen Tag Gottes, des Allmächtigen... Und er hat sie versammelt an

Megiddo, Luftaufnahme

einen Ort, der da heißt auf hebräisch Harmagedon" (16, 14 und 16). Harmagedon ist eine Verballhornung von Har Megiddo, wie der Berg Megiddo auf Hebräisch heißt.
Bei den Grabungen in Megiddo kamen zwanzig übereinanderliegende Städte ans Licht. Die in der Untersten Schicht aus der Kupferzeit (dem Chalkolithikum) stammt aus dem 4. Jt. v. Z.; die letzte datiert aus dem 4. Jh. v. Z. Danach wurde der Ort anscheinend zugunsten einer Festung näher beim Megiddo-Paß aufgegeben. Jede der begrabenen Städte war durch eine individuelle Ruinenschicht und andere Siedlungsreste vertreten. Einige wurden abgetragen, nachdem sie aufgezeichnet und fotografiert waren, um Platz zu schaffen für die nächste Schicht darunter. Die wichtigsten baulichen Überreste aus früheren Zeitaltern wurden jedoch am Ort belassen, und man kann sie noch heute besichtigen. Hauptsächlich sind es Reste der Stadt aus dem 9. Jh. v. Z. einschließœ lich ihres einmaligen Wasserversorgungsnetzes; sowie der salomonischen Stadt aus dem 10. Jh. v. Z.; des Stadttors, das vom 16. bis zum 12. Jh. v. Z. benutzt wurde; der Hyksos-Städte aus dem 18.-16. Jh. v. Z. und der frühkanaanäischen Städte aus dem 3. Jh. v. Z.
Das Gebäude am Eingang von Megiddo, früher die Zentrale der Rockefeller Expedition, ist heute das Museum von Megiddo. Nur wenige Meter dahinter verläuft neben dem Pfad zum Nordhang des Bergs eine alte Landstraße, die ursprünglich die wichtigste Zufahrt zur Stadt war. Sie wurde während König Davids Herrschaft angelegt. Eine spätere Schotterstraße, zu Salomos Zeit über der ersten gebaut, wurde bei den Grabungen abgetragen. Links befinden sich die Überreste der Fundamente des schweren, von König Salomo gebauten Tors. Seine Türsockel aus Basalt waren ursprünglich mit Eisen verkleidet. Vom Grundriß und Stil her ist dieses Tor jenen in den beiden anderen salomonischen "Städten der Gespanne", Hazor und Gezer (Geser), ähnlich. Alle drei weisen den Stempel des gleichen Architekten auf. Zu jeder Seite des Eingangs steht ein Turm. Das Pförtnerhaus für die Wachen besteht aus sechs Kammern, d. h. drei zu jeder Seite des Eingangs. Das entspricht ganz der ausführlichen Beschreibung der Ostmauer des Tempels in der Vision des Propheten Hesekiels: "Und er ging zum Tor, das an der Ostseite lag, und ging seine Stufen hinauf und maß die Schwelle des Tores. . . Und die Nischen des Tores, das an der Ostseite lag, waren drei auf jeder Seite. . ." (Hes. 40, 6 und 10). Hesekiel kannte noch die Ruinen des Tempels in Jerusalem, und in seiner Vision beschreibt er eindeutig ein Tor, dessen Fundamente er tatsächlich gesehen und vielleicht sogar gemessen hatte. Ganz eindeutig war das Osttor des Tempels nach dem Plan des gleichen salomonischen Architekten entstanden, der auch die Tore von Megiddo, Gezer (Geser) und Hazor gebaut hatte.
Rechts sieht man die Überreste eines früheren Tors auf einer tieferen Ebene, das vom 16. bis 12. Jh. v. Z. benutzt wurde. Weiter rechts befinden sich die Überreste eines noch älteren Tors aus der Hyksos-Periode, das auf das 18. Jh. v. Z. datiert wird. Dieses Tor liegt am Boden eines tiefen archäologischen "Schnitts"; der durch mehrere Ebenen getrieben wurde, von denen die unterste aus dem 18. und die oberste aus dem 16. Jh. stammt. Diese obere Ebene enthält mehrere kleine Lehm- und Steinhäuser, wie sie für die späte Hyksos-Periode typisch sind. In der untersten Schicht gibt es eine gut erhaltene Straße mit Kopfsteinpflaster, die sehr dicke Mauern aus Lehmziegeln säumen.

Bis vor kurzem schrieben die Archäologen die Überreste der Mauer östlich des Tors Salomo zu. Die Ruinen weisen sie als eine feste, gut gebaute Struktur aus, die auf einem massiven, festen Fundament ruht. Vorsprünge und Nischen kennzeichneten ihre Außenfläche, wobei die Vorsprünge als eine Art Bollwerk dienten.
Dem israelischen Archäologen, Professor Yigael Yadin, erschien es nicht logisch, eine derartige Mauer der salomonischen Periode zuzuschreiben. Das von ihm in Hazor ausgegrabene Tor sowie das in Gezer (Geser), das er anhand einer Überprüfung der Pläne einer früheren Untersuchung nachgewiesen hatte, waren mit einer Kasemattenmauer verbunden. Dieser Mauerntypus war nicht fest, sondern enthielt Hohlräume zwischen der Innen- und Außenfläche. Es schien eigenartig, daß Salomo für Megiddo einen anderen Mauerntypus verlangt haben sollte, wenn sie doch als Befestigung gegen die gleiche Art von Sturmbock gedacht war, mit dem seine möglichen Feinde damals seine anderen Städte bedrohen konnten. Darüber hinaus war der Mauerntypus mit "Vorsprüngen und Nischen" ein Merkmal der Periode nach Salomo.
Angetrieben von diesen nagenden Zweifeln, führte Yadin 1960 eine kurze Probegrabung in Megiddo durch. Dabei machte er die bemerkenswerte Entdeckung, daß unter der festen Mauer die Ruinen einer Kasemattenmauer lagen, die mit dem salomonischen Tor verbunden war. Somit wiesen Megiddo, Hazor und Gezer (Geser) die gleichen salomonischen Befestigungen auf.
Etwas nordwestlich von Salomos Tor liegen die Überreste der kanaanäischen Mauer aus dem 16. Jh. v. Z. Ganz in der Nähe lagen die Paläste der kanaanäischen Könige, jeder auf den Fundamenten des vorhergehenden aufgebaut. In einem dieser Paläste, den die Archäologen später abtrugen, um die Schicht darunter freizulegen, stießen sie auf den großen Schatz von geschnitztem Elfenbein, der aus dem 13. und 12. Jh. v. Z. stammte. Er ist unter dem Namen "Elfenbein aus Megiddo" bekannt und gehört zur schönsten Sammlung seiner Art auf der Welt. Im Megiddo-Museum sind Fotografien der schönsten Exemplare ausgestellt.
Ebenso gibt es im Museum eine Nachbildung des "Megiddo-Siegels" aus dem 8. Jh., auf dem ein Löwe und die hebräische Inschrift "Gehört Schema, dem Diener Jerobeams" erscheinen. Man weiß nichts von diesem Schema, nimmt aber an, er habe unter Jerobeam II., König von Israel, der von 786 bis 746 v. Z. herrschte, als Statthalter von Megiddo gedient. Dieses wunderschön erhaltene Siegel Schemas fand Schumacher bei seinen Ausgrabungen.
Der Westrand des Bergs enthält eine der bemerkenswerten Leistungen der fähigen Ingenieure des Altertums: das hervorragende Wasserversorgungssystem. Bis vor kurzem datierten die Gelehrten es auf das 12. Jh. v. Z. Seit Yadins Grabung im Jahr 1960 weiß man jedoch, daß es in der Zeit nach Salomo entstand, wahrscheinlich im 9. Jh. v. Z. Dieses System sicherte den Einwohnern von Megiddo selbst bei einer Belagerung eine regelmäßige Trinkwasserversorgung zu. Und auch nach fast zweitausendachthundert Jahren ist es noch gut erhalten.
Die Ingenieure des Altertums trieben einen fast 37 m tiefen Schacht in den Boden. Vom Boden des Schachtes legten sie einen ca. 66 m lagen Tunnel durch den Fels bis zu einer Quelle vor der Stadt an. Die Quellenöffnung verbarg eine mit Erde getarnte Mauer, die

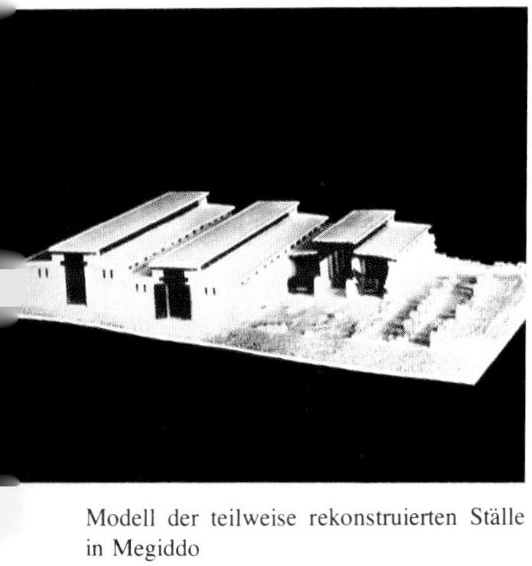
Modell der teilweise rekonstruierten Ställe in Megiddo

Überreste von Wohnhäusern aus der Zeit des israelitischen Königreiches

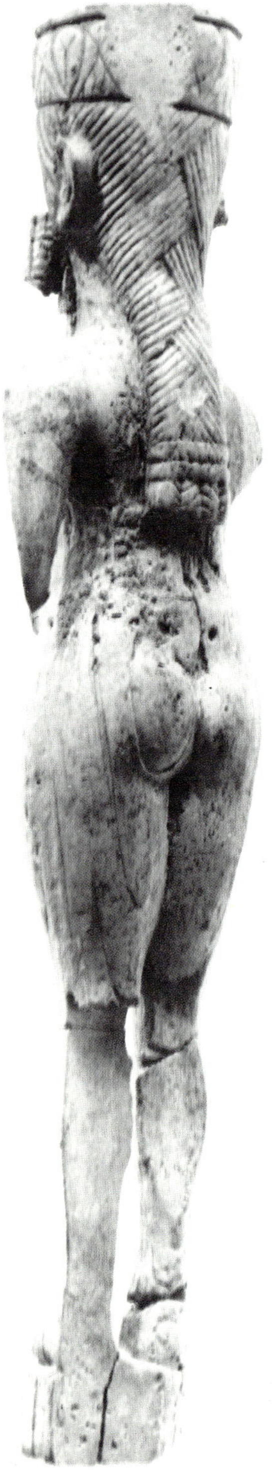

Frauenfigurine aus Elfenbein aus dem Schatz im Palast in Megiddo, 1350-1150 v. Z.

somit den belagernden Streitkräften entging. Alle Anzeichen weisen darauf hin, daß der Tunnel von zwei Mannschaften durch den Fels getrieben wurde, die an entgegengesetzten Enden begannen. Es spricht für ihre Fähigkeit, daß sie nur wenige Zentimeter in der Höhe und seitlich nur 60 cm voneinander abwichen, als sie sich in der Mitte trafen. Bei der kürzlich durchgeführten Restaurierung des Ortes wurde eine Treppe in den Schacht hinunter eingebaut, sowie künstliche Beleuchtung im Tunnel verlegt, so daß man das ganze unterirdische System heute bequem besichtigen kann.

Im Südteil des Bergs liegen die Ruinen von Ställen. Bis 1960 galten sie als Salomos Ställe. Heute schreibt man ihnen jedoch ein etwas späteres Datum zu: ca. 9. Jh. v. Z. Sie gleichen im Grundriß anderen Ställen, die die Archäologen beim Stadttor ausgruben und nach dem Ausgraben abräumten. Sie bestanden aus fünf parallelen Schuppen mit je zweiundzwanzig Boxen, die in parallelen Reihen von jeweils elf nebeneinanderlagen. In jeder Box stand ein Steinpfeiler, an den die Pferde gebunden wurden. Außerdem dienten die Pfeiler als Stützen des Daches. Neben jedem Pfeiler befand sich eine aus dem Kalkstein gehauene Krippe.

Etwas östlich vom Stallgebiet liegen ebenfalls im Südteil des Bergrands die Überreste eines großen, von einer Mauer umgebenen Gebäudes, das wie eine Festung innerhalb einer Festung aussieht. Man nimmt an, daß es dem Statthalter von Megiddo als Residenz diente.

In der Bergmitte liegen die Überreste eines großen Speichers aus dem 8. Jh. Er sieht wie ein umgekehrter Kegel mit einer stumpfen Spitze aus. Zwei gegenüberliegende Paare von Treppen führen in sein Inneres. Südlich des Speichers steht eine Pfeilergruppe, die den Pfosten in den Ställen nicht unähnlich sind. In Wirklichkeit sind es die Baupfosten eines großen Hauses, das vor dem 10. Jh. gebaut wurde. Ganz in der Nähe liegen die Ruinen eines anderen öffentlichen Gebäudes aus der gleichen Periode.

Die übrigen bedeutenden — und ältesten — Reste befinden sich am Ostende des Bergs von Megiddo: drei kanaanäische Tempel aus dem 2. Jt. v. Z. Jeder bestand aus einer großen Kammer mit einem Altar an der Südseite, flankiert von zwei gemeißelten Säulenbasen. Nebenan führt eine Veranda auf die Straße. Der aus archäologischer Sicht interessanteste Altar befindet sich im südöstlichen Tempel. Es ist eine runde "Höhe" aus Stein, zu der Stufen hinaufführen. Diesen Ort kann man als das "Tempelareal" von Megiddo bezeichnen, denn hier standen der Überlieferung nach seine Schreine. Der erste wurde aller Voraussicht nach gegen Ende des 4. Jts. v. Z. hier errichtet. Später entstanden weitere Tempel auf den Ruinen der früheren — und zwar während der gesamten kanaanäischen Periode.

Dank der heutigen Restaurierung kann der moderne Besucher einen Blick auf das Altertum werfen und die Lebensweise im befestigten Megiddo vor seinem Auge lebendig werden lassen — dem Megiddo aus der Bibel.

Kästchen aus geschnitztem Elfenbein aus Megiddo

MONTFORT

So wie sich die Kreuzfahrerburg Montfort auf dem Gipfel einer beherrschenden Anhöhe über einem gewundenen Bach erhebt, ist sie die faszinierendste Ruine in Westgaliläa. Sie liegt in der Luftlinie fast 15 km entfernt von der Mittelmeerküste zwischen Nahariya und Rosch Hanikra in östlicher Richtung zur libanesischen Grenze. Für den Besucher ist der Zugang gewundener und schwieriger, denn die geplante Zufahrtsstraße wurde bisher noch nicht gebaut. Aber die Anstrengung lohnt sich.

Von Elon aus, einem Dorf an der nördlichen Grenzstraße, knapp 11 km von der Küste entfernt, erreicht man Montfort nach einer fast 3 km langen Wanderung über Berge und durch Täler. Man kann sie vom Süden aus auf dem unasphaltierten Weg erreichen, der vom fast 4 km entfernten Me'iliya von der Hauptstraße von Nahariya nach Safad abzweigt. Dem sorglosen Jeepfahrer steht ein dritter Weg offen, und zwar am holprigen Ufer des Kezivflusses entlang, der durch eine bewaldete Bergschlucht unmittelbar bis zum Fuß der Burg führt — von der Verbindungsstraße von Matsuba nach Kabri knapp 8 km entfernt. Auf halbem Wege auf diesem gewundenen Weg erblickt man unvermittelt die schroffe Silhouette der Burgruinen, die in geheimnisvoller Großartigkeit in den Himmel ragen.

Die Hauptgebäude der Burg wurden vom Kreuzfahrerorden der Tempelritter errichtet. Ihr genaues Entstehungsdatum liegt nicht fest, wahrscheinlich ist es auf das Ende des 12. Jhs. n. Z. oder Anfang des 13. anzusetzen. Einige Jahre später — wahrscheinlich gegen 1230 — wurde die Burg vom Deutschritterorden erweitert.

Die religiös-militärischen Orden waren stolze, mächtige Organisationen, die, was paradox klingt, aus einem demütigen, humanen Dienst heraus entstanden waren: der Betreuung der Kranken. Als die Händler von Amalfi das Johanneshospital bei der hl. Grabeskirche in Jerusalem für die christlichen Pilger einrichteten, nahm eine kleine Gruppe von Kreuzrittern die Betreuung dieser Patienten auf sich. Später übernahmen sie zu diesen Diensten auch die Verteidigung des christlichen Glaubens — unter der Parole: Kampf den Ungläubigen — und schufen einen dem Hospital angeschlossenen militärischen Orden. Er wurde als der Hospitaliterorden bekannt, obwohl er offiziell Orden der Johanniterritter von Jerusalem hieß. 1120 wandte er sich dem Waffenberuf zu, und schon bald wurden seine militärischen Aufgaben wichtiger als die frühere Mission der Krankenbetreuung. Trotzdem vernachlässigte er auch seine Pflichten im Hospital nicht. Sie wurden von "dienenden Brüdern" wahrgenommen, während die kriegerischen Ritter in den Krieg zogen.

Kurz danach sorgte eine weitere kleine Gruppe von Rittern, die sich dem Kreuzzug angeschlossen — und von denen einige auch im Johanneshospital gedient — hatten, für die Sicherheit der Pilger auf dem Weg von Jaffa nach Jerusalem. Schon bald erweiterten auch sie ihr Betätigungsfeld, um sich ebenfalls für die "Verteidigung des Glaubens" einzusetzen, wobei sie rein militärische Aktivitäten entfalteten, ohne durch krankenpflegerische Aufgaben eingeschränkt zu sein. Nach 1123 waren sie besonders aktiv. Ihr Hauptquartier schlugen sie auf dem Tempelberg auf, wo der Tempel und Salomos Palast früher einmal standen. Deshalb hieß ihr Verband später "Tempelritterorden".

Später waren diese beiden Orden für die Einrichtung von Garnisonen und Überwachung des gesamten Landes unter der Herrschaft der Kreuzfahrer verantwortlich. Sie bauten eine Kette von Burgen an strategischen Punkten, die zu den eindrucksvollsten Beispielen mittelalterlicher Befestigungen gehören. In der Umgebung dieser Burgen erwarben sie weite Ländereien. Die Ritter wurden Feudalherren, die nicht dem Kreuzfahrerkönig in Jerusalem den Treueschwur leisteten sondern direkt dem Papst. Die europäischen Königreiche unterstützten sie finanziell großzügig. Allerdings paßte ihre Lebensweise kaum zu den von ihnen erklärten christlichen Idealen. Sie waren grausam, zersplittert und streitsüchtig. Trotzdem konnten sie auch tapfer kämpfen, wenn auch nicht immer mit der gebotenen Wachsamkeit — wovon ihre blutige Niederlage bei den Hörnern von Hattin zeugt. Das brachte Gibbon in seinem *Aufstieg und Niedergang des Römischen Reiches* unnachahmlich schön zum Ausdruck: "Aber selbst als sie am zersplittersten waren, bewahrten die Hospitaliter und Tempelritter ihren furchtlosen und fanatischen Charakter bei. Sie versäumten es zu leben, sie waren jedoch bereit, zu sterben im Dienste Christi. . ."

Als Saladin 1187 Jerusalem nahm, wurde ein dritter Orden gegründet, diesmal von den deutschen Kreuzfahrern, der als der Deutschritterorden bekannt wurde. Im Gegensatz zu den beiden älteren Orden, deren Mitglieder aus allen Ländern kamen, obwohl sie von den Franzosen beherrscht wurden, nahm der Deutschritterorden nur Ritter aus deutschsprachigen Ländern auf. Er wurde nach dem dritten Kreuzzug — der nach dem Verlust Jerusalems begann — gegründet und wuchs schnell, als deutsche Händler aus Lübeck und Bremen in Akko (Akka) für ihre Landsmänner ein Spital eröffneten. Wie die Hospitaliter verbanden die Deutschritter Krankenpflege mit Militärdienst. Ihr Hauptquartier, das sich zuerst in Akko (Akka) befand, wurde später nach Montfort verlegt. Dieser Orden wurde nie ganz so bedeutend wie die beiden früheren, da er zu einem Zeitpunkt gegründet worden war, als das Königreich der Kreuzfahrer bereits im Niedergang begriffen war. Er konzentrierte seine Tätigkeit vor allem auf Westgaliläa, wo er mehrere Burgen baute oder bestehende erweiterte. Die größte war Montfort.

Ursprünglich wurde Montfort als Verteidigungsposten zum Schutz der großen Länderei um das Château du Roi — der Königsburg — in Me'iliya gegründet. Deshalb hieß es auch Castellum Novum Regis — des Königs neue Burg. 1229 verkauften die Tempelritter sie den Deutschrittern, die sich nach einem neuen Sitz ihres Hauptquartiers umsahen. Für sie war das Leben in Akko (Akka), in dem sich die rivalisierenden Orden gegenseitig befehdeten, unerträglich geworden. Die Deutschen begannen, mit Hilfe der Mittel, die sie vor allem vom Herzog von Österreich erhielten, ein umfassendes Wiederaufbauprogramm, um die Burg ihren Bedürfnissen anzupassen. Fortan sollte sie den Ordensschatz, sein Archiv und die Residenz des Hochmeisters beherbergen. Die neuen Besitzer übersetzten den Namen wörtlich als Starkenberg.

1266 belagerte der Mameluckensultan Baibars die Burg, sie hielt sich jedoch erfolgreich. Fünf Jahre später griff Baibars erneut an. Diesmal drang er durch den Südabschnitt der Mauer und erreichte den Hof. Bis heute kann man sehen, wie er diese Mauer unterhöhlte. Die Kreuzritter zogen sich auf den Bergfried zurück, kapitulierten jedoch schon bald. Der Sultan ordnete die Zerstörung der Mauer und das Anstecken

aller Holzgebäude an. Allem Anschein nach verschonte er das Leben der feindlichen Überlebenden und erlaubte ihnen das Verlassen der Burg, und zwar einschließlich ihres Archivs, das daraufhin zuerst nach Akko (Akka) und dann nach Deutschland gebracht wurde. Es ist eines der wenigen Kreuzfahrerarchive, die sich vollkommen erhalten haben, und es bringt viele Einzelheiten über Galiläas Geschichte und Geographie zur damaligen Zeit. Die Burg wurde nie wieder aufgebaut.
1926 führte eine Expedition des New Yorker Metropolitan Museum of Art auf Montfort archäologische Grabungen durch. Dabei stellte sie fest, daß der Berg bereits im Altertum bewohnt und befestigt worden war, wahrscheinlich zur Zeit der israelitischen Könige, zweifelsohne jedoch während der römischen Herrschaft. Einige der Riesensteine der Kreuzfahrerbauten stammten denn auch aus römischen Ruinen, andere waren sogar noch früheren Datums. Auf dem Burgareal wurden römische Münzen und Gefäße ausgegraben. Sie sind im Metropolitan Museum zusammen mit Kreuzfahrerwaffen und rüstungen aus dem 13. Jh. zu besichtigen, die die Ausgräber in der Burgschmiede fanden.
Die Burg erhebt sich auf einem von Osten nach Westen verlaufenden Streifen auf einem Berggipfel, der zwei natürliche Vorteile für die Verteidigung besaß: einen steilen Nordhang, der über 180 m zum Kezivfluß abfällt, und einen steilen Südhang, der in einer Schlucht ausläuft. Der Westhang neigt sich nur gemächlich, und aus diesem Grund wurde die Burg terrassenförmig angelegt, um eine Tiefenverteidigung zu ermöglichen. Am schwächsten war die Ostseite, denn hier verband ein schmaler Grat den Gipfel mit dem angrenzenden hohen Gelände dieser Berggegend. Um diesen schwachen Punkt wettzumachen, legten die Kreuzritter auf dieser Seite einen tiefen Burggraben an, der den Grat abtrennte, so daß der Berg vollkommen allein dastand. Auf der Burgseite des Grabens bauten sie eine gewaltige Steinmauer, und dahinter errichteten sie einen furchteinflößenden Turm, den Bergfried, der auch das Haupttor unmittelbar darunter am Südhang schützte. Dieser Bergfried, der manchmal auch als der Große Turm bezeichnet wird, war das stärkste Bollwerk der Burg.
Die Außenmauer der Burg umkreiste den gesamten Berg — sie steht heute nicht mehr. Näher beim Gebäude wurde eine 457 m lange Innenmauer gezogen, die eine Reihe von Türmen mit Fenstern und Schießscharten verstärkten. Sie standen in bestimmten Abständen, und ihre Feuerfelder ergänzten sich, so daß keine Zugangsfläche ungedeckt war. Der Westabschnitt dieser Mauer, der noch steht, folgt der Bergkontur in einer entsprechenden Kurve und bietet seinem Turm einen noch weiteren Feuerbereich. Von Osten nach Westen sah der Grundriß der Burg so aus: Burggraben, Mauer, Bergfried, Hof, Wohnbereich der Ritter, Werkstätte und Küche, Kapelle, Zeremoniensaal, Residenz des Hochmeisters des Ordens und der gekrümmte Teil der Innenmauer. Die Masse dieser Steinbauten bedeckte eine Fläche von 137 mal 25 m, und sie ragte auf dem Gipfel 28 m in die Höhe.

Am Fuß des Nordhangs des Bergs steht außerhalb der eigentlichen Burg ein gut erhaltenes Kreuzfahrerhaus. Es ist zwei Stockwerke hoch und diente den Burgländereien als Bauernhof. Im Erdgeschoß lag der Stall der Zugtiere; außerdem lagerten hier landwirtschaftliche Geräte und Erzeugnisse. Das obere Stockwerk besitzt ein wunderschönes

gewölbtes Dach. Dieses Haus schützte ebenfalls den Zugang zur Wasserquelle, d. h. zum Kezivfluß. Das Wasser wurde mit Maultieren auf den Gipfel getragen und in großen Zisternen gespeichert, die auf dem Burggelände in den Fels gehauen worden waren. Im Flußbett kann man noch Reste kleiner Dämme und Kanäle sehen, mit deren Hilfe das Wasser zu Mühlen am Ufer umgeleitet wurde.

An der Hausseite windet sich ein breiter, ungepflasterter Pfad hinauf zum Berggipfel vorbei an alten Eichen, die in der Südschlucht wachsen. An einem Punkt führt eine kleine Kreuzfahrerbrücke über den Spalt, an der ein anderer breiter Pfad aus der Richtung von Me'iliya ausläuft, dem Zugang aus dem Süden. Wenn man dem Pfad folgt, der sich an den Berg schmiegt, kommt man schon bald an einen Teil der Stützmauer für die Gebäude darüber, an den Burggarten und die Außenseite einer der Türme, die die Innenmauer als Bollwerke schützten. Dieser Turm ist heute noch bis zu einer Höhe von fast 17 m erhalten; seine Fensteröffnungen und Schießscharten sind unversehrt. Unmittelbar östlich von diesem Turm liegen zwei mit einem Spitzdach versehene Kammern. Das waren die Keller der Hochmeisterresidenz. Ein Teil eines großen Steinbogens, der jetzt auf dem Kellerboden liegt, stammt aus dem eingestürzten Dach des Saals darüber.

Ein kurzer steiler Pfad aus dem Keller führt zur Hauptebene der Burg. Die erste Ruine, die man sieht, ist lediglich ein schwaches Echo des früheren Vorzimmers, von dem aus man den an die Hochmeisterresidenz angrenzenden Zeremoniensaal betrat. Seine Wände und ein Teil des Bodens sind größtenteils zerbröckelt und schon längst den Berghang hinuntergerollt. Ebenso ist der Zeremoniensaal größtenteils zerstört. Trotzdem kann man seine frühere Macht und Pracht anhand der Überreste ermessen, die noch stehen. Der Saal war quadratisch mit fast 19 m langen Seiten und fast 2 m dicken Wänden. Aus dem oktagonalen Pfeiler in der Mitte entsprangen die acht Rippen der gewölbten Decke. Von den Wandpfeilern haben sich nur einige Basen erhalten. An diesen Saal grenzte im Westen der Hauptflügel des Palastes des Hochmeisters an. Von den Burgruinen ist er der am besten erhaltene ebenso wie die Kammern, die einst Schatz und Archiv beherbergten. Die Residenz blickte auf den Burggarten, der bis zum gekrümmten Teil der Innenmauer unten reichte.

Am anderen Ende des Zeremoniensaals lag die rechteckige Kapelle. Bei den Aufgrabungen wurden hier Splitter von bemalten Glas gefunden, das aus den früheren dekorativen Fenstern in der Südwand stammte. Im Osten der Kapelle lagen die Küche der Garnison und die beiden großen Schlafsäle der Ritter. In der Küche fanden die Archäologen eine ganze Serie von großen Steingutgefäßen, in denen Vorräte aufbewahrt wurden. In einer Ecke, in der zweifelsohne Medizin gelagert und gebraut wurde, fanden sie Flaschenscherben und Teile eines Stößels und eines Mörsers.

Der kleine Raum neben der Küche war die Burgschmiede. Hier entdeckten die Archäologen Eisenstangen, Geräte, Rüstungsteile und zerbrochene Waffen. Weiterhin fanden sie Schmelztiegel, Hämmer und Meißel sowie Reste eines Kettenpanzers, Visiers, Schuppen einer Panzerjacke und vierzig Rüstungsteile; außerdem Pfeilspitzen, Pfeile, Lanzen und Spitzen — alle lagen sie in einem Holzkohlelager. Ebenfalls bei der Küche gibt es eine Weinpresse mit Tretschacht und Gärungsfaß. Neben der Schmiede führen Stufen zum Dach hinauf.

Blattmotiv auf einem von den Kreuzfahrern bearbeiteten Stein aus Montfort

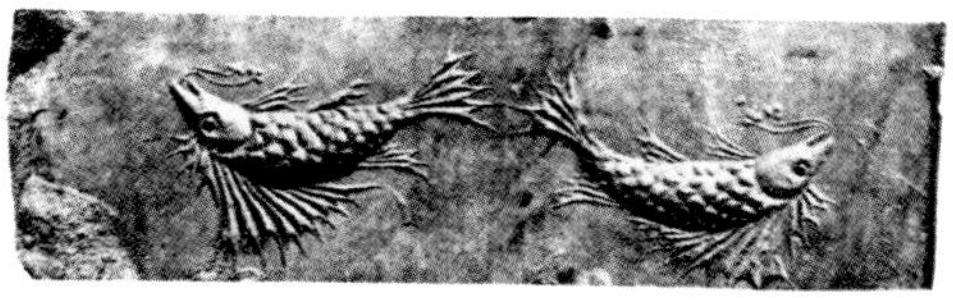

Fischsymbol auf Stein aus Montfort

Östlich des Wohnbereichs liegt der mit Steinen gepflasterte Hof. Hier lag früher der Haupteingang zur Burg, zu dem ein Steinpfad vom Burgtor herführte. Große, in den Fels gehauene Stufen führen vom Hof zum Bergfried.
Dieser Bergfried war ein quadratischer Bau. Er stand auf dem höchsten Punkt des Bergs und beherrschte das gesamte Burggelände. Als Baumaterial dienten wuchtige Steine, einige bis zu 2,50 m lang, die aus den Ruinen älterer Befestigungen stammten. Hier fanden die Ausgräber die römischen Münzen. Unter diesem großen Turm wurde eine riesige Wasserzisterne aus dem Fels gehauen. Östlich davon liegt der Burggraben, heute mit Schutt aus der zerstörten Steinmauer angefüllt, die zwischen Burggraben und Bergfried entlangverlief.
Montfort ist ein interessanter Kreuzfahrersitz. Außerdem ist es einer der schönsten Flekken in Israel.
Fast 10 km im Süden von Montfort liegen die Überreste einer anderen Kreuzfahrerburg, der Burg Judin, die die Tempelritter Ende des 12. Jhs. bauten. Auch diese Burg ging in den Besitz der Deutschherren über, und zwar einundzwanzig Jahre, bevor sie in ihr neues Hauptquartier zogen. Diese Burg wurde 1265 von Baibars zerstört, woraufhin er Montfort zum ersten Mal — ohne Erfolg — belagerte.
Was noch nach dieser Zerstörung stand, wurde fünfhundert Jahre später in die palastartige Festung eingebaut, die der mächtige Scheich Tahar al Amr um 1760 errichtete. Zu den Überresten der Kreuzfahrer gehören die beiden unteren Stockwerke des großen Ostturms der Burg, Teile eines anderen Turms und Säle mit gewölbter Decke. Einige Wandabschnitte weisen noch Schießscharten auf.
Die Ruinen grenzen an den Kibbutz Yehiam an.

Kreuzfahrerburg Judin in Yehiam

AKKO (AKKA)

Akko (Akka) ist eine der ältesten Städte der Welt. In biblischer Zeit war sie unter dem Namen Akkon bekannt. Sie liegt an der Küste Nordisraels an der Spitze einer breiten, halbmondförmigen Bucht, die in südlicher Richtung bis zum ungefähr 15 km entfernten Haifa reicht. Sie erfreut sich, wie ein früher Besucher des Heiligen Landes es ausdrückte, "aller möglichen Vorteile zu Meer und Land. Im Norden und Osten umgibt sie eine weitläufige, fruchtbare Ebene; im Westen plätschert das Mittelmeer; und in ihrem Süden liegt eine große Bucht, die sich von der Stadt bis zum Berg Karmel erstreckt". Wenn man sich heute Akko (Akka) von der flachen Ebene her nähert, scheinen seine blasenförmigen Kuppeln und hohen Minaretts unwirklich über dem indigoblauen Meer zu schweben. Nur die kräftigen Palmen, die Steinbollwerke der Kreuzfahrer und die verfallenen Gebäude aus türkischer Zeit scheinen es am Boden festzuhalten.
Diese Ruinen der Kreuzfahrer und Türken erinnern als einzige an Akkos (Akkas) ereignisreiche, faszinierende Geschichte. Sie verleihen der Stadt auch ihren besonderen, halb mittelalterlichen, halb osmanischen Charakter. Im alten Stadtviertel, in dem sich die Häuser an schmalen Straßen und Gassen entlang drängen, ist die Bevölkerung gemischt wie je: christliche Araber, deren blondes Haar und blaue Augen bis zur Kreuzfahrerzeit zurückverfolgt werden können; dunkelhäutige muslimische Familien, Drusen, Bahais und Tausende von jüdischen Einwanderern aus unzähligen Ländern, die den abgerissenen Faden jüdischer Besiedlung wieder angeknüpft haben, der sich durch das Leben Akkos (Akkas) zu verschiedenen Perioden während der vergangenen dreitausend Jahre zieht.
Akko (Akka) wird in der Bibel als Bestandteil des dem Stamm Asser zugeteilten Erbteils erwähnt. Wie jedoch das Buch der Richter berichtet, wurde es nicht genommen, als der größte Teil Kanaans erobert wurde. Zur Zeit König Salomos war Akko (Akka) wahrscheinlich eine Stadt, über die er seine kilikischen Pferde importierte.
Im Neuen Testament erscheint Akko (Akka) unter dem Namen, den es im 3. Jh. v. Z. erhielt: Ptolemais, das Ptolemais Paulus', das in der Apostelgeschichte (21, 7) vorkommt.
Wegen seines Wertes für den Handel als natürlicher Hafen und seiner strategischen Bedeutung als günstiger Landepunkt in Palästina war Akko (Akka) während seiner gesamten Geschichte ein begehrtes Ziel für potentielle Eroberer. Seinen geschützten Hafen liefen Handelsschiffe aus der ganzen Levante an, die die Stadt in ein blühendes Lagerzentrum verwandelten. Die gleichen günstigen Marineeinrichtungen und der leichte Zugang zum Landesinneren von Akko (Akka) aus zogen Invasoren vom Meer her an, die von hier aus ihren Angriff auf das Land vorbereiteten. Invasoren auf dem Landweg — aus dem Norden und Süden — wurden von Akkos (Akkas) vorteilhafter Küstenlage und seiner beherrschenden Lage rittlings auf dem schmalen Paß der Leiter von Tyrus angezogen. Dank seiner ausgezeichneten Befestigungen konnte Akko (Akka) jedoch die meisten seiner Angreifer abwehren.
Der aufsehenerregendste Angriff in Akkos (Akkas) Geschichte, der erfolgreich war, fand Anfang des 12. Jh. n. Z. von Land und Meer her unter den Kreuzfahrern statt. Der

aufsehenerregendste Angriff, der scheiterte, war der vom Land her durch Napoleon 700 Jahre später.
Ende des 11. Jhs. drangen die Kreuzfahrer durch Byzantium, Antiochia (heute in der Türkei) und Tripoli (heute im Libanon) in Palästina ein und zogen nach Jerusalem, das sie 1099 eroberten.
Anfangs beabsichtigten sie, einige Küstenstädte einschließlich Akko (Akka) unterwegs zu nehmen, gaben die Idee dann jedoch auf. Jerusalem war ihr eigentliches Ziel. Deshalb verschwendeten sie kaum Zeit und Männer auf unwichtige Scharmützel. Nachdem sich Jerusalem jedoch in ihrer Hand befand, beschlossen sie, sich die Meereshäfen zu sichern. In den ersten Jahren des 12. Jhs. begaben sie sich, nachdem sie die versprochene Unterstützung der in Italien stationierten Flotten erhalten hatten, an die systematische Säuberung der Küste. Jaffa war die einzige Küstenstadt im Besitz der Kreuzfahrer. 1104 erzwang das Heer von Balduin I., Kreuzfahrerkönig von Jerusalem, jedoch mit Unterstützung der genuesischen Flotte die Kapitulation Akkos (Akkas). Das war der Anfang der Verbindung zwischen Kreuzfahrern und der Stadt. Unter ihnen erblühte Akko (Akka) erneut als bedeutendes Handelszentrum.
1187 eroberten die Sarazenen unter dem Befehl des Kurden Salah ad-Din, im Westen besser als Saladin bekannt, sofort nach ihrem entscheidenden Sieg über die Kreuzfahrer in der Schlacht von Hattin die Stadt Akko (Akka). Bereits zwei Jahre später wurde sie jedoch ausgerechnet von dem Kreuzfahrerbaron belagert, der seine Streitmacht aufgrund seiner Unerfahrenheit ins Debakel von Hattin geführt hatte: Guy von Lusignan, der die Nachfolge seines Schwagers Balduin IV. als König von Jerusalem angetreten hatte. In einer ritterlichen Geste hatte Saladin ihn kurz zuvor aus der Gefangenschaft befreit. Als die Belagerung noch im vollen Gang war, schlossen sich ihr König Philipp Augustus von Frankreich und der berühmte König von England, Richard Löwenherz, an. Aber erst 1191 fiel Akko (Akka). Einige Geschichtsbücher schreiben den Ruhm dieses Siegs lediglich König Richard zugute. Nachdem die Kreuzfahrer erfolglos versucht hatten, Jerusalem zurückzuerobern, schlossen sie ein Jahr später Frieden mit den Muslimen, basierend auf dem Status quo. Akko (Akka) wurde die Hauptstadt der Kreuzfahrer und blieb ihre bedeutendste Stadt, bis sie hundert Jahre später von dem Mamelucken al-Malik al-Aschraf Chalil erobert wurde. Als Akko (Akka) 1291 fiel, ging auch die Herrschaft der Kreuzfahrer im Land zu Ende. Die meisten Kreuzfahrerreste im heutigen Akko (Akka) stammen aus der Zeit, als es ihre Hauptstadt war.
Nachdem die Kreuzfahrer Akko (Akka) aufgegeben hatten, wurde es systematisch zerstört, um jede zukünftige Rückkehr der Europäer von vorneherein zu verhindern. 1775 wurde Ahmed al-Jazzar Pascha zum türkischen Hochkommissar des Akko-(Akka-) Paschaliks ernannt. Er war ein energischer Gouverneur, entschlossen, Akko (Akka) seine frühere Stellung als Handelszentrum zurückzugeben und es nach dem Vorbild Konstantinopels aufzubauen. Jazzar Pascha baute denn auch die heute noch stehenden Mauern, das Badehaus und die schöne Moschee, die bis heute als die anmutigsten Bauten der Stadt gelten.
1799 versuchte Napoleon, Akko (Akka) zu nehmen. Stattdessen wurde es Schauplatz des schlimmsten Rückschlags, den er auf seinem Feldzug im Orient erlitt. Im Jahr zuvor

Cañon-ähnliche Gasse im alten Akko (A

war er mit seiner Armee im Mai von Toulon aus zu einem geheimgehaltenen Ziel aufgebrochen. Zwei Monate später hatte er sich die Kontrolle über ganz Ägypten gesichert. Dann kam der schwere Schlag, der sich auf seine spätere Belagerung Akkos (Akkas) auswirken sollte. In der Schlacht am Nil wurde seine gesamte Flotte vom englischen Admiral Nelson zerstört. Napoleon blieb bis Mitte Winter in Ägypten — wo er übrigens mehrere wissenschaftliche und archäologische Projekte in Angriff nahm —, dann zog er nach Palästina an der Küste entlang und an El Arisch und Jaffa vorbei und weiter nordwärts, bis er sein Lager vor den Toren Akkos (Akkas) aufschlug. Von Jaffa aus schickte er seine Kanonen in den Norden, die zur gleichen Zeit eintreffen sollten, in der er sein Lager aufschlug. Sie kamen jedoch nie an. Ein britisches Flottengeschwader unter Sir Sydney Smith entdeckte sie. Da keine französische Flotte ie begleitete, wurden sie genommen. Anschließend eilte Smith nach Akko (Akka). Zusammen mit Ahmed al-Jazzar, seinem jüdischen Berater Chaim Farchi und einem hervorragenden französischen, königstreuen, antirevolutionären Ingenieur, Oberst Phelippeaux, baute er die Befestigungen der Stadt auf. Da Napoleon über keine schwere Artillerie verfügte, scheiterte sein erster Angriff. Es blieb ihm nichts übrig, als zu langwierigen, aber heftigen Belagerungstaktiken zu greifen. Gleichzeitig mußte er die zermürbenden Angriffe der neu gebildeten türkischen Streitkräfte aus Damaskus an den Flanken abwehren, die er dann in Tabor zurückschlug. Einige Wochen später trafen drei französische Fregatten mit neuen Belagerungskanonen ein. Napoleon erneuerte seine Angriffe, und Smiths Nachrichten nach England zu jenem Zeitpunkt offenbaren seine Befürchtung, daß Akko (Akka) fallen würde. Aber die Berfestigungen blieben an ihrem Platz. Eine türkische Flotte aus Rhodes, die Anfang Mai eintraf, neutralisierte die französischen Fregatten. Als Napoleon erkennen mußte, daß seine Pläne gescheitert waren, beschloß er Mitte des Monats, seinen Feldzug einzustellen. Am 18. Mai, nach einer fast zweimonatigen Belagerung, gab er den Befehl zum Rückzug. Innerhalb von zwei Tagen gab es kaum noch eine Spur von seinem Lager. Anfang Juni hatte er wiederum die ägyptische Grenze überschritten, zwei Monate später segelte er heimlich nach Europa — zurück blieb sein Traum von einem östlichen Reich.

1832 vertrieb Ibrahim Pascha von Ägypten die Türken aus Akko (Akka) und brachte die Stadt unter seine Kontrolle. Acht Jahre später mußte er sich zurückziehen, als die Flotten der europäischen Verbündeten der Türkei Akko (Akka) bombardierten und die türkische Herrschaft wiederherstellten.

Im Laufe der nächsten Jahrzehnte setzte Akkos (Akkas) Niedergang ein. Allmählich verlor es seine Bedeutung als Hafen an das benachbarte Haifa. Als die Engländer 1918 Palästina eroberten, wurde Haifa die Zentrale des Nordbezirks, Akko (Akka) blieb dagegen weiterhin ein unbedeutendes, wenn auch bezauberndes Fischerdorf. Im Mai 1948 wurde es im israelischen Unabhängigkeitskrieg erneut zum Schlachtfeld. Am 17. Mai, zwei Tage nach der Proklamation des Staates, fiel es an die israelischen Streitkräfte.

Von der Hauptstraße von Haifa aus kommt man in die Stadt Akko (Akka), fährt um das alte Stadtviertel herum bis zur Küste, an der entlang ein breites türkisches Bollwerk verläuft, das die Stadt vor Angriffe vom Meer her schützen sollte. Einige hundert Meter

weiter südlich führen Stufen zu einer Öffnung in dieser Mauer am Meer und geben den Blick frei auf etwas, was wie eine Bastion aussieht, die über das Wasser hinausragt. In Wirklichkeit ist es eine halbrunde Geschützplattform. In ihre Brüstung sind Schießscharten für Kanonenläufe eingelassen, die über einen Feuerbereich von 180^0 gegen angreifende Schiffe verfügten. Die Kanonen stehen hier immer noch, darunter auch einige, die Sydney Smith während Napoleons Belagerung den Franzosen nahm.
Auf der anderen Straßenseite gegenüber der Mauer am Meer verläuft die Mauer entlang, die die Altstadt umgibt. Unmittelbar dahinter liegt die Zitadelle, ein türkischer Bau aus dem 18. Jh., der auf Kreuzfahrerfundamenten aus dem 13. Jh. errichtet wurde. Vor 1948 diente sie der britischen Verwaltung als Zentralgefängnis. Nach dem zweiten Weltkrieg waren hier während des aktiven Widerstands zahlreiche jüdische Untergrundkämpfer gefangengehalten. Im gleichen Gebäude fanden einige den Tod in der Hinrichtungskammer.
Unter der Zitadelle liegt der am besten erhaltene Komplex der Kreuzfahrerstrukturen in Akko (Akka). Im Mittelpunkt liegt die sogenannte St-Johanneskrypta. Jetzt, da der jahrhundertalte Schutt abgetragen ist, erscheint sie als eine prachtvolle, schön proportionierte Gewölbehalle, ihre Decke schmücken Bildhauerarbeiten. Nach weiteren Räumungsarbeiten kamen die angrenzenden Kammern zum Vorschein, die zu, wie es aussah, unterirdischen Gängen führten. Sie entpuppten sich als überdachte Kreuzfahrerstraßen mit Steinpflaster und Gewölbedächern. Diese Straßen lagen fast 6 m unter der heutigen Straßenebene. Man nimmt an, daß sie die Krypta mit anderen Teilen der Kreuzfahrerstadt verbanden, die noch ausgegraben werden müssen.
Etwas südöstlich von der Zitadelle steht die eindrucksvolle Moschee von al-Jazzar. Zur Gebetshalle kommt man durch mit Marmorsäulen bestandenen Arkaden, die einen großen sonnigen quadratischen Hof säumen, der über Kreuzfahrergewölben angelegt wurde. Dieser Hof mit seinem stillen Zauber lädt zur Kontemplation ein. Seine glatten Steinplatten unterbrechen Büsche und Sträucher, eine Sonnenuhr und Brunnen. Den für den Bau benötigten Marmor und Stein schaffte al-Jazzar aus Aschkelon und Caesarea herbei, wo er die römischen Ruinen ausschlachtete. Im Inneren der Moschee mit der hohen Kuppel sind die Wände mit Marmortafeln verkleidet, die Zitate aus dem Koran rahmen. Ganz in der Nähe liegen das Grab von Ahmed al-Jazzar, der die Moschee 1781 baute, und das seines Nachfolgers im Amt als Befehlshaber von Akko (Akka), Suleiman Pascha. Im Westen der Moschee liegt das Badehaus des Paschas. Heute ist dieses malerische Gebäude das Stadtmuseum, das eine schöne Sammlung mittelalterlicher Keramik, archäologischen Funden aus der Umgebung und eine Kunstausstellung muslimischer und drusischer Folklore beherbergt.
Wenn man in südlicher Richtung zum kleinen Hafen hin schlendert, wo sich die Überreste eines Anlegeplatzes der Kreuzfahrer und ein Leuchtturm befinden, stößt man auf drei große türkische Karawansereien oder Chans, wie sie auf Arabisch heißen. Sie weisen die typische quadratische Form orientalischer Gasthäuser mit einem großen Innenhof auf, die als Herbergen für die Karawanenhändler und ihre Tiere gebaut wurden.
Die am reichsten verzierte Karawanserei der drei ist der Chan el Umdan, Arabisch für

Die Al-Jazzar-Moschee in Akko (Akka)

Die gewölbte Decke im Ritterrefektorium, heute die sogenannte St.-Johanneskry

Gasthaus der Säulen, dessen Eingang ein hoher Turm krönt. Diese Karawanserei wurde 1785 gebaut. Ihren weiten Hof säumen Pfeiler, die wahrscheinlich aus den römischen Ruinen in Caesarea stammen. Im Zentrum steht ein Brunnen aus Kalkstein. An diesem Ort stand zuvor ein dominikanisches Kloster.

Auf der anderen Seite des angrenzenden kleinen Platzes, der dem Hafen gegenüberliegt, befindet sich der Chan el Afrandsch, d. h. das Gasthaus der Franken oder Europäer. Auch diese Karawanserei entstand auf den Ruinen eines Kreuzfahrerbaus. Hier stand wahrscheinlich zuvor ein Nonnenkloster, dessen Einwohnerinnen sich beim letzten Angriff der Muslime auf den Kreuzfahrerstützpunkt im Jahre 1291 absichtlich entstellten, um so der Aufmerksamkeit der Soldaten von al-Aschraf Chalil zu entgehen. In einer Ecke dieser Karawanserei liegt das Franziskanerkloster des hl. Franz. Anfang des 13. Jh. hatte der hl. Franz Akko (Akka) besucht, und hier bauten die Franziskaner ihr erstes Kloster im Orient.

Die dritte Karawanserei ist der Chan esch-Schawarda, dessen Eingang ein quadratischer Turm krönt, der sogenannte Burdsch es-Sultan. Es ist ein gut erhaltener Teil der ursprünglichen Kreuzfahrerfundamente. Hinter der Nordseite dieser Karawanserei liegt der alte Basar. An seiner nordwestlichen Seite steht die Sand-Moschee, auf Arabisch Dschami er-Ramel, die auf den Fundamenten einer Kreuzfahrerkirche errichtet wurde. Eine Kreuzfahrerinschrift in der Moschee aus dem 12. oder 13. Jh., vom "Meister Ebuli Fazie, dem Erbauer dieser Kapelle", hier angebracht, fleht auf Lateinisch laut die "Menschen an, die auf dieser Straße entlangschreiten, Mitleid zu haben und um meine Seele zu beten".

Auf dem Rückweg durch die Schawarda-Karawanserei und weiter in östlicher Richtung kommt man zum türkischen Stadttor zur Landseite hin, das heute in die Neustadt führt.

Im Norden des Tors, in der nordöstlichen Ecke der Mauer der Altstadt, erhebt sich ein eindrucksvoller Turm, der sogenannte Verwünschte Turm. Zweifelsohne verdankt er seinen Namen den zahlreichen Angriffen, die dieses sehr strategisch gelegene Ziel während der Kämpfe zur Kreuzfahrerzeit über sich ergehen lassen mußte.

Unmittelbar nördlich des Leuchtturms steht bei der Westmauer am Meer die griechisch-orthodoxe St.-Andreaskirche, die über einer Kreuzfahrerkirche errichtet wurde. In der angrenzenden Straße nördlich davon liegt die griechisch-orthodoxe St.-Georgskirche, die zum Teil mittelalterliche Bauelemente enthält. An der Ecke der zur Mauer am Meer hin am nächsten gelegenen Straße steht ein Bahai-Schrein. In einer Gasse in der Nähe des anderen Straßenendes steht eine alte Synagoge. Sie war in türkischer Zeit das Zentrum des jüdischen Viertels.

KARMEL UND HAIFA

Das Karmelgebirge, ein Ausläufer des zentralen Berglands von Shomron, das am Mittelmeer mit dem Berg Karmel in Haifa zu Ende geht, nimmt in der Bibel einen ungewöhnlichen Platz ein. Im Gegensatz zu anderen berühmten, in der Bibel erwähnten Orten, hängt er nicht mit irgendwelchen bedeutenden militärischen oder politischen Ereignissen zusammen. Aufgrund seiner Lage zwischen Küsten- und Jesreelebene und der Tatsache, daß er fast bis an den Rand des Wassers reicht, stellte er eine Schranke dar, die Handelskarawanen und Armeen feindlicher Reiche umgehen mußten. In der Bibelerzählung erscheint der Karmel als Ort der Mystik, als Heiligtum, als Zufluchtsort und als Symbol der Schönheit, von dem aus man "eine der erhabensten Aussichten auf Erde und Meer und Himmel" hat, wie es George Adam Smith sagte. "Dein Haupt auf dir ist wie der Karmel. . . Wie schön und wie lieblich bist du. . ." schwärmt Salomo im Hohelied (7, 6 und 7), und Jesaja spricht von der "Pracht von Karmel" (35, 2).
Seit frühesten Zeiten standen auf seinen Höhen Altäre fremder Götter — auf den bewaldeten Kämmen und Hängen fand man die Überreste kanaanäischer Schreine —, seine Höhlen boten Einsiedlern Abgeschiedenheit, Flüchtlingen ein sicheres Versteck. "Und wenn sie sich auch versteckten oben auf dem Berge Karmel", drohte der Prophet Amos, "will ich sie doch suchen und von dort herabholen. . ." (9, 3). Somit ist es kein Wunder, daß der Karmel in der Bibel als der Schauplatz des großen Wettbewerbs zwischen Monotheismus und Heidentum war, bei dem der Prophet Elia die Propheten des Baals zur Zeit Ahabs und Isebels herausforderte (1. Kön. 19). Die Überlieferung legte diesen Ort der Konfrontation und Elias wunderbarer Darbietung nach El Muhraka, ungefähr 27 km südwestlich von Haifa in der Nähe der Bergstraße, wo heute das Karmeliterkloster St. Elia steht. Der Ort, an dem die falschen Propheten getötet wurden, soll die kleine Anhöhe im Tal darunter am Ufer des Kischonflusses gewesen sein: "Und Elia führte sie hinab an den Bach Kison und tötete sie daselbst."
(Dieses Ereignis, Symbol für den Sieg des Monotheismus, macht Elia zu einer Gestalt, die auch Christen und Muslime verehren. Am Fuß der Hänge in der Nähe des Haifaer Vorortes Bat Galim an der Küste befindet sich der heilige jüdische Schrein, die "Elia-Höhle", in der der Prophet auf einer seiner häufigen Fluchten vor dem erzürnten König Zuflucht gesucht haben soll. Dieser Ort gilt auch Christen und Muslimen als heilig.)
Archäologische Funde haben erwiesen, daß das Karmelgebirge bereits seit vorgeschichtlichen Zeiten bewohnt war. Bei ihren Ausgrabungen in den Jahren 1928-34 machte die anglo-amerikanische Expedition in vier großen Höhlen in einem Wadi, der die zum Meer blickenden Hänge unmittelbar südlich von Athlit trennt, eine bedeutende Entdeckung (diese Höhle kann man von der Straße von Tel Aviv nach Haifa aus sehen): sie fanden Menschenskelette, die das Glied zwischen Neandertaler und Homo sapiens bildeten. In ihrer Nähe lagen Geräte aus Knochen und Stein und Knochenschmuck. Man nimmt an, daß der primitive Mensch diesem Ort wegen der Höhlen, die natürlichen Schutz boten, des reichlich vorhandenen Wassers, des Wilds und der Obstbäume — vor allem Feigen und Johannisbrot —, die ihm Nahrung boten, wählten.

Die prähistorischen Höhlen am Berg Karmel

Tierförmige Vasen aus der Umgebung von Haifa, jüngere Bronzezeit

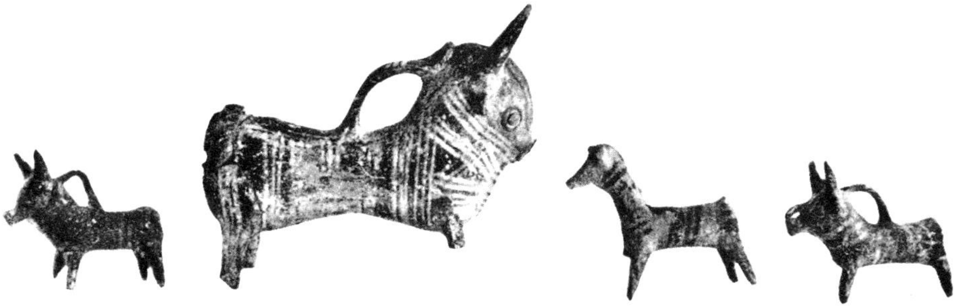

Auf dem Karmel gibt es nur wenige materielle Überreste der gelegentlichen, zerstreuten Besiedlung während der Bibelzeit. Dafür wurden jedoch Reste der jüdischen Besiedlung des Gebietes nach der Zerstörung des Zweiten Tempels gefunden, wie z. B. in Daliyat HaCarmel, heute ein drusisches Dorf, ungefähr 5 km nördlich von Muhraka, und im drusischen Dorf Isifia, fast 4 km weiter nördlich gelegen. Die Synagoge in Isifia, die aus dem 5. Jh. n. Z. stammt, besaß ein teilweise erhaltenes Bodenmosaik. Es zeigte einen siebenarmigen Leuchter, ein Widderhorn, beim jüdischen Gottesdienst verwendete Pflanzen und eine Blumengirlande, die die hebräische Inschrift "Schalom al Jisrael", d. h. "Frieden über Israel", rahmte.
Zur Kreuzfahrerzeit wurden die Karmelhöhen zum ersten Mal zu strstegischen Zwekken genutzt. Das geschah aufgrund ihrer Nähe zu den damals bedeutendsten Häfen im Land: Akko (Akka), Athlit und Caesarea, durch die die Kreuzfahrer ihre Verpflegung und Reserven bezogen. Um ihren Rücken zu schützen, nutzten die Kreuzfahrer den Karmel als Bestandteil ihres Verteidigungsnetzes. Reste ihrer Befestigungen kann man noch an mehreren Orten auf dem Berg besichtigen.
Eines der religiösen Vermächtnisse der Kreuzfahrer ist der Klosterorden der Karmeliter, der hier im 13. Jh. gegründet wurde. Sein Schutzheiliger war Elia. Allerdings stammt keines der Karmelitergebäude aus der damaligen Zeit, weder im Kloster in Muhraka noch im berühmteren in Haifa, das in der Nähe des alten Leuchtturms Stella Maris auf dem französischen Karmel steht. (Bei seiner Belagerung Akkos — Akkas — im Jahr 1799 nutzte Napoleon das Haifaer Kloster als Hospital.) Die einzigen Überreste der alten Karmeliter aus der Kreuzfahrerzeit sind die Ruinen einer Kapelle, die ungefähr zweieinhalb Kilometer in südlicher Richtung von Stella Maris im Tal der Märtyrer aus dem Fels gehauen wurde.
Die Höhe, die das nördliche äußere Ende des Karmelgebirges kennzeichnet, wird als der Berg Karmel bezeichnet. Heute bedecken seine Hänge und seinen Gipfel schöne Wohnbezirke der Stadt Haifa, zu deren Füßen die Kaianlagen des Hafens liegen. Haifa, dessen Einwohnerzahl nur der Tel Avivs nachsteht, ist heute der Haupthafen des Landes und Zentrum der Schwerindustrie. Ungleich des Karmels wird Haifa nirgends in der Bibel erwähnt. Zum ersten Mal erscheint ein Hinweis auf den Ort und seine jüdische Gemeinde in der Talmudliteratur aus dem 3. Jh. n. Z. Allem Anschein nach entwickelte er sich etwas nach der muslimischen Eroberung. Als die Kreuzfahrer 1100 n. Z. zum ersten Mal auftauchten, sollen die jüdischen und arabischen Einwohner gemeinsam gegen den Feind gekämpft haben. Als dann Akko (Akka) unter den Kreuzfahrern zum Haupthafen aufstieg, ging die bescheidene Bedeutung, die Haifa inzwischen errungen hatte, zurück. Auch als die Kreuzfahrer Ende des 13. Jhs. endgültig das Land verließen, gewann es seine Bedeutung nicht mehr zurück.
Das damalige Haifa war kleiner als der kleinste moderne Vorort — wahrscheinlich kaum mehr als ein Fischerdorf —, auf die Gegend am Fuß des Berges, eventuell sogar auf die Spitze der Halbinsel beschränkt, auf der heute der Vorort Bat Galim liegt. Ungefähr eineinhalb Kilometer von diesem Ort liegt das alte Schikmona, damals Haifas Zwillingsdorf. Vor einigen Jahren fand man in seinen Ruinen ein schönes altes Mosaik, dessen Datum nicht mit Bestimmtheit festgelegt werden konnte (wahrscheinlich 5. Jh. n. Z.). Heute befindet es sich im Haifaer Museum für Altertümer.

ATHLIT

Ungefähr 15 km südlich von Haifa krümmt sich die glatte, von Sand eingefaßte Mittelmeerküste zu einer sichelförmigen Bucht, die plötzlich einen eigenartigen Vorsprung bildet. Auf der anderen Seite beschreibt sie eine weitere Kurve und bildet eine zweite Bucht. Beim Fels und den Öffnungen zu beiden Seiten, die kleinen Schiffen einen geschützten Ankerplatz boten, befand sich eine bescheidene Siedlung von Seeleuten, die hier im Altertum von den Phönikern gegründet worden war. Viele Jahrhunderte später wählten die Kreuzfahrer diesen Vorsprung, der jetzt Athlit heißt, um hier eine ihrer größten Burgen im ganzen Land zu bauen. So gewaltig war dieser Stützpunkt, daß sogar noch die wenigen Ruinen, die sich bis heute erhalten haben, Zeugnis ablegen von Geschicklichkeit und Macht der Kreuzfahrer. Heute kann man Athlit von einer 3 km langen Zufahrtsstraße aus erreichen, die von der Küstenstraße von Haifa nach Tel Aviv abzweigt.

Die Burg wurde 1218 vom Kreuzritterorden der Tempelherren gebaut. Schon dreißig Jahre zuvor hatten die Christen Jerusalem verloren. Der Schwerpunkt ihrer Verwaltungsmacht war von der heiligen Stadt nach Akko (Akka) im Norden verlegt worden. Sie begaben sich an die Befestigung der strategischen Punkte auf dem begrenzten Gebiet, das sie noch hielten: West- und Zentralgaliläa und den Nordteil der Küste. Athlit eignete sich ausgezeichnet für einen derartigen Stützpunkt. Es beherrschte den Küstendurchgang, der an dieser Stelle wegen des vorgeschobenen Bergs Karmel, dessen Westhänge nur wenige Kilometer vom Wasserrand entfernt sind, seht schmal wird. Der Vorsprung, eine Halbinsel in Miniaturform, bot den Kreuzfahrern, die Herren des Meeres waren, auf den drei, dem Meer zugewandten Seiten eine natürliche Verteidigung. Und in den Häfen, die schon die Phöniker benutzt hatten, konnten jetzt die Pilger an Land gehen. Ebenso konnten Entsatztruppen schnell auf Schiffen nach Athlit gebracht werden, wenn sich die Ritter dort in allzu großer Bedrängnis befanden. Eine vierte, unvorhergesehene Tugend war die Leichtigkeit, mit der sie diesen Ort verlassen konnten. Als dann das Ende kam, wurde diese Tugend ausgiebig genutzt.

Beim Bau ihrer Burg erhielten die Tempelritter Hilfe von energischen Pilgern. Zu ihren Ehren nannten sie die Burg Castrum Peregrinorum auf Lateinisch und Chastel Pelerin auf Altfranzösisch, d. h. Pilgerburg. Schon bald erhielt der Name Pilgerburg eine andere Dimension, denn bis zum Zusammenbruch des Kreuzfahrerreiches im Jahr 1291 gingen die christlichen Pilger vor allem in Athlit an Land. Das war bequem. Auf dem Fels gab es genug Platz, um durchziehende Gäste zu beherbergen, und die Tempelritter waren nur allzu beglückt, den Händlern aus Akko (Akka), die sie verachteten, das Geschäft zu schmälern.

Im Gegensatz zu den meisten anderen großen Burgen wurde Athlit nie bei einer Belagerung genommen. Während der dreiundsiebzig Jahre ihres Bestehens wurde sie zwar wiederholt angegriffen, wehrte jedoch jeden Angriff ab. Und sie war immer noch unversehrt, als Akko (Akka) 1291 fiel, womit der Höhepunkt nach einer Reihe von Debakeln erreicht wurde, die den Untergang des Kreuzfahrerreiches besiegelten. Da der letzte christliche Stützpunkt in Palästina nunmehr keinen militärischen Zwecken diente,

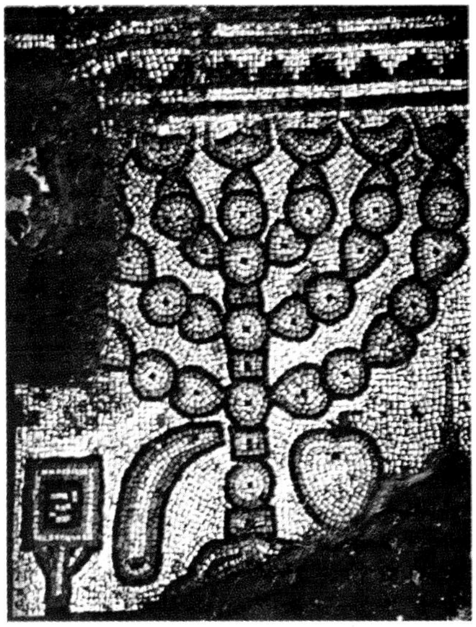

Menora, Lulaw, Ethrog, Schofar und Weihrauchbrenner aus dem Bodenmosaik der Isifia-Synagoge, 6. Jh. n. Z.

Teil einer Kreuzfahrermauer in At

wurde er geräumt. Das geschah im August des gleichen Jahres. Die Ritter schritten die wenigen Stufen von der Burg zu den wartenden Schiffen hinunter, die sie nach Zypern brachten. Nach ihrer Abreise senkte sich der Vorhang über die Kreuzzüge.

Das war zu jenem Zeitpunkt jedoch noch nicht klar. Da die Muslime eine mögliche neue Invasion aus Europa befürchteten, zerstörten sie alle Kreuzfahrerhäfen an der palästinensischen Küste. Kais und Anlegeplätze wurden zerschmettert, die Häfen mit Steinquadern aus den Mauern verschlossen. Berichte späterer Reisender zeigen, daß der größte Teil der Befestigungen Athlits damals zwar schon zerstört war, viele der anderen, weiter innen stehenden Häuser jedoch praktisch unversehrt waren. Allem Anschein nach widerstanden sie über fünfhundert Jahre lang dem Ansturm von Wasser und Wind. Das Erdbeben von 1837 brachte sie zum Einsturz. Zehn Jahre später transportierte Ibrahim Pascha ganze Schiffsladungen voller Steine aus Athlit zum Aufbau von Akko (Akka). Viele andere taten es ihm im Laufe der Jahre gleich. Trotz der Verheerung durch Natur und Mensch sind auch noch die heutigen Reste der Pilgerburg eindrucksvoll.

Der Grundriß dieses Stützpunktes folgte der Form und Lage des Vorsprungs, auf dem er stand. Es ist ein rauher, zerklüfteter rechteckiger Fels, durchschnittlich 260 m lang und fast 150 m breit. Auf einer Luftaufnahme gleicht er dem Profil eines kauernden Löwen, dessen Schultern, Mähne und Vordertatzen ins Wasser ragen. Die Nord-, West- und Südseite dieses Felsens schützte somit das Meer. Nur die zum Land hin gerichtete Seite mußte befestigt werden. Demzufolge bauten die Tempelritter zum Meer hin nur eine einzige, wenn auch wuchtige Mauer, verstärkt durch mehrere Türme. Sonst wies sie keine Verteidigungselemente auf. Ein Abschnitt der Nordseite der Mauer steht noch heute, zusammen mit den Ruinen zweier Türme. Die von der Mauer umschlossene Fläche beherbergte das Durchgangslager für die Pilger. (Während der letzten Jahre des britischen Mandats, kurz vor der Gründung des Staates Israel, diente die Anlage einer anderen Art von "Pilgern": "illegalen" jüdischen Einwanderern, Überlebenden aus den KZs, die bei dem Versuch gefangen wurden, trotz des englischen Verbots an Land zu gehen.)

Für die Hauptbefestigungen an der östlichen, d. h. dem Land zugewandten Seite zogen die Tempelritter von Norden nach Süden einen fast 25 m breiten und ungefähr 6 m tiefen Graben durch den Hals des Vorsprungs. Im Notzeiten konnten sie diesen Graben von beiden Seiten her mit Meerwasser füllen, so daß der Vorsprung eine Insel wurde. Das war das erste Hindernis, das eine angreifende Streitmacht überwinden mußte. Unmittelbar im Westen davon stand eine Außenmauer, fast 15 m hoch und 6 m dick, die den Graben und seine Zugänge deckte. Drei rechteckige Türme, die in eine Höhe von fast 30 m aufstrebten, verstärkten diese Mauer. Die Türme betrat und verließ man durch Ausfallspforten, die jeweils mit einem Fallgitter versehen waren. Hinter dieser Mauer errichteten die Kreuzfahrer ihre gewaltige Innenmauer mit zwei ungeheuren rechteckigen Türmen. Die Mauer einer dieser Türme hat sich noch bis zu einer Höhe von fast 33 m erhalten, und sie beherrscht die Burgruinen. Viele ihrer Steine, bearbeitet und schön bossiert — einige sind ca. 1 m lang und 60 cm tief —, stammen aus alten Häusern, die die Kreuzfahrer am Ort fanden.

Gegen Angriffe auf die Burg konnten die Kreuzfahrer eine beachtliche Verteidigung

Die "Pilgerburg" der Kreuzfahrer in Athlit

aufbieten, indem sie beide Mauern und die insgesamt fünf Bastionen mit Soldaten bemannten. Die erste Mauer und ihre Türme waren niedriger als die Befestigungen dahinter, um nicht ihren Feuerbereich zu verstellen. Die beiden rückwärtigen Türme lagen auf der gleichen Linie und in passenden Abständen zwischen den drei vorderen Türmen, wodurch ein zusätzlicher Feuerwinkel abgesichert und kein Abschnitt des Zuganggebietes ungeschützt war.
Hinter dieser dreifachen Verteidigungslinie — Graben, Außen- und Innenmauer — bauten die Tempelritter ihre Burg. Die meisten Gebäude sind inzwischen verschwunden, aber Ausgrabungen und oberflächliche Räumungsarbeiten, die 1930 von der Abteilung für Altertümer der Mandatsregierung durchgeführt wurden, zeigen, daß es sich um schöne Bauten gehandelt haben muß. Die Lagerkammern in der Nähe der großen Türme und an einen Teil der Südmauer entlang sind noch verhältnismäßig gut erhalten. Und der große Saal mit dem gewölbten Dach beim Westrand des Felsens ist ein ausgezeichnetes Beispiel für die Kreuzfahrerarchitektur. Die wichtigste Ruine am Ort ist ein Teil einer hexagonalen Kapelle in der Nähe der Mitte des Vorsprungs, nahe bei der Südmauer und einem der ursprünglichen Anlegestegs des Hafens. Von dem englischen Reisenden aus dem 18. Jh., Bischof Pococke, wissen wir, daß diese Kapelle eine von drei Nebenkapellen einer großen, runden Kirche war. Diese war dem runden Schrein im Felsendom nachempfunden, den die Muslime auf dem Areal von Salomos Tempel gebaut und den die Tempelritter zu ihrem Hauptquartier in Jerusalem gemacht hatten. Der Orden der Tempelherren baute ähnliche Kirchen, exakte Kopien ihrer Kapitelkirche, in mehreren europäischen Städten. Als der englische Bischof Athlit besuchte, standen Kirche und Kapellen, zwar schon zerstört, immer noch. Somit konnte er den Hauptbau als eine "schöne, himmelanstrebende zehnseitige Kirche in leicht gotischem Stil" beschreiben. Dank solcher Reiseberichte und der Ruinen am Ort können wir uns die Gebäude aus dem 13. Jh. vorstellen, die der Stolz der Kreuzfahrer in der Pilgerburg waren.

Marmorstatue einer Fruchtbarkeitsgöttin, bei den Ausgrabungen des römischen Theaters in Caesarea gefunden.

mische Figur aus weißem Marmor aus dem 3. Jh. n. Z., später zum Schmuck einer Straße Caesareas im 6. Jh. verwendet.

CAESAREA

Caesarea, auf halbem Weg an der Mittelmeerküste zwischen Tel Aviv und Haifa gelegen, ist der Traum jedes Archäologen und das Paradies jedes Sportlers. Man kann sich im Sand unter dem Bogen eines frührömischen Aquädukts rekeln; von einem Anlegeplatz, der auf vom Wasser abgerundeten Steinen aus der Zeit der Römer und Kreuzfahrer ruht, in das funkelnde Wasser springen; einen Ball von einem Golfplatz aus dem 20. Jh. neunzehnhundert Jahre zurück zu einem Hippodrom aus dem 1. Jh. werfen, und im Frühherbst in dem alten römischen Theater unter dem freien Himmel des Orients den besten Musikern der Welt lauschen. In Caesarea verschmelzen Geschichte und Schönheit zu einer gelungenen Mischung. Kürzlich durchgeführte Ausgrabungen haben die Überreste von Häusern aus der römischen und byzantinischen Zeit und aus der Zeit der Kreuzfahrer ans Licht gebracht.

Der Ort, an dem Caesarea später entstand, betrat die Bühne der Geschichte Mitte des 3. Jhs. v. Z. als ein kleiner Ankerplatz, den die Phöniker bauten, als sie nach der Eroberung des Scharons an der palästinensischen Küste entlang eine Reihe kleiner Marinestützpunkte und Kolonien errichteten. Sie nannten den Ort Straton-Turm. Hundert Jahre später erwähnte ihn der Händler Zenon als einen Ort, an dem er im Namen Apollonius', des Schatzmeisters von Ägypten, Lebensmittel verteilte. Ende des 2. Jhs. v. Z. wurde er von Alexander Jannai dem Hasmonäischen Königreich einverleibt. Als der römische General Pompeius im Jahr 63 v. Z. Jerusalem eroberte, zogen auch im Straton-Turm neue Herren ein. Juda wurde seiner Küstenstädte beraubt, die fortan der Herrschaft des römischen Statthalters von Syrien unterstanden. Auch zu diesem Zeitpunkt war der Ort von zweitrangiger Bedeutung.

Erst unter Herodes stieg er zu seiner Größe auf. Als Cäsar Augustus ihn als König von Judäa bestätigte und seinen Herrschaftsbereich auf das Küstengebiet ausdehnte, erwies ihm Herodes seine Dankbarkeit, indem er seinem königlichen Schutzherrn in Rom ein dauerhaftes Monument errichtete. Im Jahr 22 v. Z. begann er mit dem Bau einer Stadt und eines Hafens beim Straton-Turm. Zwölf Jahre später konnte er eine der auffallendsten Hafenstädte der damaligen Zeit einweihen, die er nach dem römischen Kaiser benannte. Der Historiker des Altertums, Josephus Flavius, erklärte die Gründe für seine Wahl: "Als er hörte, daß es eine Stadt am Meer gab, die stark zerfallen war, der Ort wegen seiner glücklichen Lage jedoch stark verbessert werden konnte, baute er sie vollkommen neu mit weißen Stein auf und schmückte sie mit mehreren prachtvollen Palästen . . . denn es war so, daß die gesamte Meeresküste zwischen Dora und Joppa, in deren Mitte diese Stadt liegt, keinen einzigen guten Hafen aufwies, weshalb jeder, der von Phönikien nach Ägypten segelte, im stürmischen Meer Anker werfen mußte . . . Aber der König überwand die Natur und baute einen Hafen, der größer war als Peiraeion (bei Athen) . . . (mit einem) Kai, der um den ganzen Hafen herumführte."

Der Tiefwasserhafen, "limen Sebasti" — Augustus' Hafen —, war mit seinem Kai und dem Wellenbrecher ein kühnes Bauunternehmen. Damit wurde Caesarea Sebastos, Caesarea Palaestina oder Caesarea Maritima, wie es verschiedentlich hieß, eine führende Hafenstadt des östlichen Mittelmeers.

Die Stadt selbst war, mit dem Maß der Antike gemessen, von majestätischer Größe und Pracht. Das geht aus den Altertümern und dem Augenzeugenbericht von Josephus hervor, der die Stadt besuchte, als sie erst fünfzig Jahre alt war. Sie beeindruckte ihn zutiefst: "... an den Hafen grenzten Häuser, ebenfalls aus weißen Stein, und bei ihm liefen die Straßen der Stadt zusammen, in gleichen Abständen angelegt. Auf der Erhebung gegenüber dem Hafeneingang stand Cäsars Tempel, bemerkenswert wegen seiner Schönheit und der großartigen Proportionen ... Er baute auch andere Gebäude: das Amphitheater, Theater und Marktplatz, alle in einem Stil, der dem der Stadt würdig war. Er führte auch Spiele ein, die alle fünf Jahre stattfanden, und nannte sie ebenfalls des Cäsars Spiele." Außerhalb der Stadtmauern baute Herodes den Hippodrom.

Dermaßen beeindruckte die Pracht der Stadt, daß sie im Jahre 6 n. Z., zehn Jahre nach Herodes' Tod, Sitz des römischen Statthalters von Judäa wurde. Fortan unterstand Caesarea, außer einer kurzen Zeitspanne von nur drei Jahren, als es erneut Bestandteil des Königreiches von Judäa unter Herodes Agrippa I. war, der direkten römischen Herrschaft.

Die Juden von Caesarea lösten im Jahr 66 n. Z. dann den großen Aufstand gegen Rom aus, dessen General Vespasian in der Stadt sein Hauptquartier aufgeschlagen hatte. Zwischen den Juden und der großen syrischen Gemeinde von Caesarea brachen Kämpfe aus, bei denen die Römer sich auf die Seite der Syrer stellten. Die Juden kämpften gegen beide. Dabei verloren sie 20 000 Menschen, die abgeschlachtet wurden. Das war das Signal zum großen jüdischen Krieg, der fünf Jahre später zu Ende ging, als Jerusalem fiel und der Zweite Tempel zerstört wurde. Nachdem Titus Jerusalem geplündert hatte, kam er nach Caesarea. Um seinen Sieg zu feiern, führte er die Tempelschätze und Tausende von Gefangenen mit sich. Die Siegesfeier fand am 4. Oktober im Jahr 70 n. Z. mit einem berauschenden Spektakel von "Spielen" im Amphitheater statt, bei denen 2500 jüdische Gefangene umkamen.

Auch im 2. und 3. Jh. blühte Caesarea. Die Juden kehrten zurück, bauten Synagogen und Schulen, in denen hervorragende Gelehrte Moses Gesetz lehrten. Auch im frühen Christentum spielte Caesarea eine Rolle. Hier taufte Petrus den Hauptmann Cornelius; hier wurde Paulus gefangengehalten, und hier führte er seine Gespräche mit Agrippa, die in Kapitel 26 der Apostelgeschichte aufgezeichnet sind, und von hier aus segelte er nach Rom. Im 3. Jh. gründete der berühmte Gelehrte Origenes die ebenso berühmte Schule von Caesarea, ein Zentrum des christlichen Gelehrtentums, bekannt für die Genauigkeit seiner Abschrift der Septuaginta. Sein Schüler Eusebius setzte die Tradition fort; er war der Verfasser des "Onomastikon" sowie Bischof der Stadt Anfang des 4. Jhs. Als der frisch bekehrte Konstantin die Hauptstadt Konstantinopel gründete, verteilte er in ihren Kirchen 50 Bibelabschriften, die in Caesarea auf Pergament übertragen worden waren. Gelehrte nehmen an, daß der berühmte Codex sinaiticus, der sich heute im British Museum befindet, eine dieser Abschriften war.

Auch nach der arabischen Eroberung im Jahr 639 n. Z. blieb Caesarea noch eine Zeitlang wohlhabend: Reisende beschrieben es als "Himmel auf Erden". Aber Herodes' pachtvoller Hafen verfiel, die Bedeutung der Stadt ging zurück. 1101 wurde sie bei einem gemeinsamen Angriff König Balduins I. und der genuesischen Flotte von den

Synagogenkapitell mit Menora aus dem jüdischen Viertel Caesareas im 5. Jh.

Kreuzfahrern erobert. Als Benjamin von Tudela sie 1170 besuchte, lebten "ungefähr 200 Juden" in der Stadt. 1187 eroberten sie die Sarazenen unter Saladin nach ihrem entscheidenden Sieg bei den Hörnern von Hattin zurück. Im Laufe der nächsten 40 Jahre ging sie als Schauplatz wechselnden Kriegsglücks fünf Mal von einem Besitzer an den anderen über, bis sie 1228 erneut christlicher Herrschaft unterstand. Aber 1251, als sich das Abentuer der Kreuzfahrer im Heiligen Land seinem Ende zuneigte, baute Ludwig IX. von Frankreich die "uneinnehmbaren" Befestigungen von Caesarea, deren Überreste man noch heute besichtigen kann. Die letzte Schlacht fand im Jahr 1265 statt, als der Sultan Baibars durch die Einnahme der Stadt bewies, daß die Befestigungen der Kreuzfahrer doch "einnehmbar" waren. Von jenem Zeitpunkt an verschwand sie von der Landkarte, ihre Einwohner verließen sie, ihre Häuser wurden von Sanddünen begraben.

Archäologische Grabungen wurden von der Missione Archaeologica Italiana a Caesarea Instituto Lombardo aus Mailand unter der Leitung von Professor Antonio Frova durchgeführt, die 1961 das römische Theater freilegte; dann von dem amerikanischen Industriellen und ingenieur Edwin Link, der mit einem eigens von ihm gebauten Schiff Unterwasserforschung betrieb und dabei 1960 Herodes' versunkenen Hafen eingehend untersuchte; weiterhin von Professor Michael Avi-Yonah von der Hebräischen Universität, der das Gebiet nördlich des Hafens im Jahr 1956 und dann nochmals 1962 ausgrub; und Dr. Avraham Negev, ebenfalls von der Hebräischen Universität, der die Kreuzfahrerstadt ausgrub und die Restaurierungsarbeiten des Gebietes beaufsichtigte.

Nach Caesarea führte eine Straße, die knapp 5 km nördlich von Hadera von der Schnellstraße von Tel Aviv nach Haifa abzweigt. Als erstes erblickt man durch ein Steintor, das ein Kreuz ziert, unmittelbar hinter dem Eingang zum Golfplatz, den römischen Hippodrom. Er wurde noch nicht ausgegraben und ist stark überwachsen. Eine kurze Betrachtung lohnt sich jedoch, um eine Vorstellung von den Dimensionen der herodianischen Architektur zu erhalten. Diese Rennbahn konnte 20 000 Zuschauer fassen. In ihrer Mitte steht ein Obelisk, daneben drei Granitsäulen. Das sind die sogenannten alten "Pferdeängstiger" der Römer: sie sind glatt poliert und der Sonne zugewandt. Sie warfen einen blendenden Strahl ins Auge des Pferdes, der, so hofften die Veranstalter, ihm Angst einflößen und damit zu größerer Schnelligkeit beflügeln würde.

Fast genau gegenüber dem Hippodrom verläuft eine neue Seitenstraße in nördlicher Richtung, die sich vor einer niedrigen Anhöhe gabelt. Auf der Spitze dieser Anhöhe befindet sich ein schönes Mosaik aus dem 5.-6. Jh., das Originalpaviment einer byzantinischen Kirche. Die Vogel- und Tierdarstellungen sind wunderschön ausgeführt. Dieser Boden wurde 1957 entdeckt.

Die linke Abzweigung läuft weiter bis zum frührömischen Aquädukt an der Meeresküste. Noch bis vor kurzem war nur eine einzige Reihe zu sehen. Alle anderen waren im Sand vergraben. Als der Sand fortgeräumt wurde, kam ein großer Teil des ursprünglichen Aquäductes zum Vorschein. Seine Bogen und Wasserleitung hatten sich bestens erhalten. Diese solide Struktur leitete Trinkwasser von den Bergquellen im Norden nach Caesarea.

Ganz in der Nähe liegen die Überreste von Synagogen aus dem 4.-7. Jh., die die

Graben der Kreuzfahrer um Caesarea, Mitte des 13. Jhs. n. Z. von Ludwig IX. angelegt.

Römische Granitsäulen, von den Kreuzfahrern zur Stützung ihres Hafenturms in Caesarea verwendet. ▶

Gegenstände aus dem Goldschatz, 11.-12. Jh. n. Z., bei den Ausgrabungen der römischen Warenhäuser im Hafen von Caesarea gefunden.

Expedition der Hebräischen Universität 1956 unter der Leitung von Professor Avi-Yonah entdeckte. Unter den Ruinen kamen Mosaikfragmente und Marmorkapitelle zum Vorschein, die eine Menora, einen siebenarmigen Leuchter, zierte. Als Avi-Yonah 1962 seine Grabungen an diesem vielversprechenden Ort wiederaufnahm, legte er andere wichtige Altertümer frei, einschließlich einer Synagoge aus dem 4. Jh. Auf ihrem Gelände fand er einen prachtvollen Schatz von 3700 Kupfermünzen. Die letzten waren von Gallus Cäsar geprägt worden, der seine Herrschaft im Jahr 351 n. Z. antrat. In der Schicht darüber lagen die Überreste einer Synagoge aus dem 5. Jh. Ganz in der Nähe lagen die Ruinen eines großen byzantinischen Wohnhauses. Ganz dicht beim Haus, nördlich der Mole, brachte Avraham Negev Reste ans Licht, die den Ort als den Standort des Straton-Turms auswiesen.
Wenn man zur Straße nach Caesarea zurückkehrt, sieht man direkt hinter dem Hippodrom byzantinische Ruinen aus dem 5.-6. Jh. Ihre stolzesten Merkmale sind jedoch zwei frühere Gegenstände: die eindrucksvollen Statuen am Fuß der breiten Treppe. Beide sind römisch. Die aus weißem Marmor stammt aus dem 2. Jh., die andere, aus rotem Porphyr, aus dem 3. Die Statuen wurden hierhergebracht, um den Bau zu verschönern, den, wie die griechische Inschrift im Mosaikpaviment mitteilt, "der Bürgermeister Flavius Stategius mit öffentlichen Geldern baute zu einer günstigen Stunde".
Knapp mehrere hundert Meter dahinter kommt die Straße an das Osttor der Kreuzfahrerstadt, deren Haupttor es war. Von hier aus hat man den besten Gesamtüberblick über die Altertümer, die bei umfassenden neuen archäologischen Ausgrabungen freigelegt wurden. Die kürzlich ausgebesserte Mole des Kreuzfahrerhafens, die vom Meer umspült wird, befindet sich an der gleichen Stelle wie der byzantinische und davor der römische Hafen. Landeinwärts liegt die eigentliche Kreuzfahrerstadt, die an den drei Seiten zum Festland hin von einer Mauer umschlossen war. Sie nahm eine Fläche von ca. 1420 ha ein (die römische Stadt war fast sechsmal größer). Die Mauer schützte ein fast 10 m breiter Graben, der geräumt wurde und jetzt vollständig zu sehen ist. Der geneigte Erddamm, eine zusätzliche Mauerbefestigung, befindet sich ebenfalls in gutem Zustand. Er ragt vom Boden des Grabens in eine Höhe von fast 10 bis 14 m auf.
In jeder Siedlungsperiode wurden die Überreste früherer Bauten als Baumaterial verwendet. Die Byzantiner verwendeten die Statuen aus römischen Tempeln. Anfangs legten die Araber die Böden ihrer Häuser mit Marmorverkeidungen aus, die sie aus den römischen Mauern gerissen hatten. Mit den Stürzen, Friesen und Säulen, die vor Hunderten von Jahren zuvor eigens aus Italien und Griechenland eingeführt worden waren, verstärkten die Kreuzfahrer ihre Befestigungen. Wuchtige Porphyrpfeiler wurden in Platten gesägt und als Mahlsteine verwendet. Vor allem dank Herodes war Caesarea eine scheinbar unerschöpfliche Quelle von Baumaterialien, und zwar nicht nur für spätere Siedlungen am gleichen Ort sondern auch — im Laufe der vergangenen zweihundert Jahre — für Akko (Akka), Jaffa und sogar das weit entfernte Venedig.
Das Haupttor erreichte man über eine von vier Spitzbogen getragenen Brücke. Da sich die vier ursprünglichen Brückenpfeiler und die Bogenanfangssteine erhalten hatten, konnte die Brücke rekonstruiert werden. Ganz in der Nähe stehen die ca. 10 m hohen Überreste des Turms, der ursprünglich die Brücke schützte.

Das kürzlich ausgegrabene römische Aquädukt von Caesarea

Im gleichen Gebiet entdeckten die Ausgräber die Überreste eines früheren Kreuzfahrertors, diesmal mit einem direkten Zugang, das gebaut wurde, bevor der Graben hinzukam, als die Stadt nur eine Mauer schützte. Ludwig IX. legte den Graben an, verstärkte die Mauer durch einen Erddamm und baute an das alte Tor einen länglichen Durchgang im rechten Winkel an, der am Nordende eine Öffnung besaß, wodurch es in ein Tor mit indirekten Zugang verwandelt wurde. Dieses Tor war gut erhalten, als man es fand; nur Dach und Oberstock fehlten. Der größte Teil der Bogen und Pilaster einschließlich den aufwendigen Kapitellen wurden an ihrem Platz gefunden, und was fehlte, wurde im Schutt entdeckt. Somit konnte das Tor in allen Einzelheiten treu aufgebaut werden. Ebenso fand man die Einbuchtungen für das Fallgitter und die Sockel für die Angeln der Eisentore an ihrem Platz.

Im Stadtinneren gibt es ganz in der Nähe dieses Haupttors eine Kreuzfahrerstraße, die mit großen Marmorblöcken gepflastert war, die aus römischen Häusern stammten. Sie verläuft in westlicher Richtung und verbindet das Tor mit dem Hafen. Unmittelbar südlich von dieser Straße lagen die ersten, hastig erbauten Kreuzfahrerbefestigungen, mit dem erstbesten Material errichtet, das ihnen unter die Finger kam: große korinthische Kapitelle, attische Basen und Fragmente von Friesen und Säulen.

In nördlicher Richtung steigt der Boden unvermittelt an. Probegrabungen ergaben, daß es sich um eine künstliche Erhebung handelt, die die Fundamente eines Riesengebäudes auf der einen Seite und große Gewölbebauten auf der anderen verdeckte, alle herodianischen Ursprungs. Dieses Gebäude war eventuell der Tempel, den Herodes "auf der Erhebung gegenüber der Hafenöffnung" baute, wie Josephus schrieb. Die Gewölbebauten, von denen einer unversehrt war und zahlreiche byzantinische Vorratskrüge enthielt, bauten die Römer wahrscheinlich als Warenhäuser für den Hafen, und als solche wurden sie von den Byzantinern ebenfalls genutzt.

Auf dem Gipfel dieser Erhebung stehen heute die Überreste zweier Kreuzfahrerbauten. Der eine ist eine nie vollendete Kathedrale. Die drei Apsen an ihrem Ostende zeugen von der großen Geschicklichkeit der Handwerker. Unter dem Schiff liegt das Gewölbe des römischen Lagerhauses, das unversehrt ist und der Kirche als Stütze diente. Das nördliche Schiff ruht auf einer der eingestürzten Gewölbehallen. Der zweite Kreuzfahrerbau, von dem sich nur die Fundamente und Teil des Oberbaus erhalten haben, war um einen großen Hof angelegt worden. Im Schutt fand man acht korinthische Kapitelle mit einem eingemeißelten Kreuz.

Als die Ausgräber einen Pfad außerhalb der mittelalterlichen Stadt unmittelbar im Süden des Grabens einebneten, entdeckten sie einen ganzen Komplex mit byzantinischen Häusern, von denen viele mit einem Mosaikpaviment versehen waren.

Das schöne römische Theater, das von der italienischen Expedition ausgegraben wurde, liegt ca. 275 m südlich des Hafens. Bei der Grabung machten die Archäologen eine historische Entdeckung: sie fanden einen Stein, auf dem der Name Pontius Pilatus stand, römischer Statthalter von Judäa zur Zeit der Kreuzigung. Das war ein einmaliger Fund. Bis zu jenem Zeitpunkt war der Name Pontius Pilatus nur aus dem Evangelium und den Werken Josephus' bekannt.

Das Gelände des Theaters, mit unzähligen zerbrochenen Marmorsäulen und schön

Einmalige Inschrift mit dem Namen Pontius Pilatus, vor kurzem in Caesarea entdeckt.

ausgeführten Kapitellen übersät, dessen halbrundes Auditorium mit den vielen Zuschauerreihen direkt aus dem Fels oberhalb des blauen Wassers gehauen worden war, wurde schon bald nach seiner Entdeckung geräumt und restauriert. Kurz danach fanden hier im Rahmen des israelischen internationalen Musik- und Theaterfestivals alljährlich Konzerte, Tanz- und Theateraufführungen unter freiem Himmel statt. Es ist ein wunderschöner Ort. Die Herrscher des Altertums waren weder die humansten noch die kultiviertesten Menschen der Welt — aber sie konnten bauen. Und sie wußten auch, wo. Das Theater ist ein Monument ihrer Geschicklichkeit und ihres Geschmacks.

TEL AVIV-JAFFA

In einem Land voller Altertümer rühmt sich Tel Aviv seiner Neuheit — und durchaus zu Recht. Es wurde erst 1909 von einer Gruppe vorausblickender jüdischer Einwohner aus Jaffa auf den Sanddünen unmittelbar im Norden dieses alten Mittelmeerhafens gegründet. Von einer Häusergruppe in den Dünen ist Tel Aviv zur größten Stadt Israels angewachsen. Heute ist die Stadt das geschäftige Zentrum für Handel, Bankwesen, Leichtindustrie, Verlagswesen, Musik, Theater und die Künste — Jaffa ist jetzt ihr Anhängsel. Die Dünen sind unter dem grünen Rasen, den breiten Alleen, modernen Hotels und Mehrfamilienhäusern einer Stadt des zwanzigsten Jahrhunderts verschwunden. Nur der Streifen von Sandstrand erinnert noch an ihre ursprünglichen Fundamente.
Aber nirgends in Israel kann eine Siedlung entstehen und sich entwickeln, ohne daß man auf die Überreste einer älteren Besiedlung stößt. Und bei der schnellen Expansion Tel Avivs in östlicher und nördlicher Richtung mußte die Hacke des Bauarbeiters früher oder später Altertümer freilegen. Die Gründungsväter hätten es sich wohl kaum träumen lassen, daß unweit des Ortes, an dem sie die ihrer Ansicht nach erste jüdische Stadt bauten, die Archäologen die Reste jüdischer Siedlungen finden würden, die unter David und Salomo sowie unter den Königen Israels, die auf sie folgten, blühten, die von den aus Babylonien heimkehrenden Juden zu neuem Leben erweckt wurden und die mit Unterbrechungen zur Zeit der Hasmonäer, Herodes' und der Römer bewohnt waren.
Als erster Gelehrter führte der inzwischen verstorbene E. L. Sukenik, Professor für Archäologie an der Hebräischen Universität, Grabungen durch, um der Geschichte von Tel Avivs Umgebung auf den Grund zu gehen. 1927 begann er mit einer Serie von Ausgrabungen am Tell el Jerischa (Tell Gerisa), einer künstlichen Anhöhe am Südufer des Yarkonflusses, ca. 2 km im Osten des heutigen Tel Aviver Hafens. Er fand Siedlungsschichten, die aus den Anfängen der Hyksos-Periode im 18. Jh. v. Z. datieren. Bis zu jenem Zeitpunkt hatte man die Anhöhe nur mit dem 18. Jh. n. Z. in Verbindung gesetzt, denn Napoleon, der 1799 das nahegelegene Jaffa eroberte, ließ hier am Flußufer ein Lager für seine Soldaten aufschlagen. (Im Gegensatz zur weit verbreiteten

Meinung diente die Anhöhe nicht als Geschützstellung, als Napoleon Jaffa angriff. Seine Geschütze hatte er weiter im Süden näher bei ihrem Ziel aufgestellt.)
Die befestigte Hyksos-Siedlung umgab eine 3 m dicke Mauer aus sonnengetrockneten Ziegeln. Ihren unteren Teil verstärkte ein kunstvoller Damm, bestehend aus Schichten von Ziegeln, zermalmtem Sandstein und gestampfter Erde. In den Ruinen der Gebäude im Stadtgebiet fand man wunderschön ausgeführte Gefäße, Kindergräber in Tonkrügen und einen Keramikbrennofen. (1950 legte Dr. Yaacov Kaplan einen für die Periode typischen Friedhof mit 18 zerstreuten Grabhöhlen frei. In den Nischen an ihren Wänden ruhten die Toten. Die Öffnung der Nische wurde mit Steinen und Ton verschlossen. Ebenfalls begraben fand er Tongefäße — Schalen, Teller, Krüge und Parfümflaschen — sowie persönliche Gebrauchsgegenstände: Schlachtaxt und Schwert für die Männer, Schmuck für die Frauen.) Auf der Anhöhe legte Dr. Sukenik mit dem Spaten auch Überreste späterer Siedlungen aus der kanaanäischen und philistäischen Periode und aus König Davids Zeit frei.
Zehn Jahre nach dem Beginn der Grabungen am Tell el Jerischa (Tell Gerisa) setzte Sukenik sie zusammen mit dem Archäologen S. Yeivin am Tell Kudadi (Tell Qudadi) fort, der an der Yarkonmündung knapp einige hundert Meter nördlich der neuen Hotels Sheraton und Hilton liegt. Ihre bemerkenswerten Funde waren der zur Zeit König Salomos gebaute Bergfried und Ruinen aus der römischen Periode.
Diese erste Untersuchung des Gebiets wurde 1948 nach der Gründung des Staates Israel mit neuem Schwung fortgesetzt. Seither wurden in dem dicht besiedelten Gebiet von Jaffa bis einige hundert Meter nördlich des Yarkonflusses an die zwanzig archäologische Stätten ausgegraben. Reste einer alten Siedlung findet man heute mitten im Stadtzentrum, in unmittelbarer Nähe von Hauptstraßen, neuen Wohnvororten und modernen Bürobauten. Die Grabungen wurden von Professor Benjamin Mazar und dem Archäologen durchgeführt, der diese Stadt einer besonderen Untersuchung unterzogen hat: Dr. Yaacov Kaplan. Kaplan hat Ausgrabungen an siebzehn Stätten geleitet. Die Untersuchungen haben wesentlich unsere Kenntnisse über dieses Gebiet und die Geschichte des Landes erweitert.
Wir wissen jetzt, daß es eineinhalb Kilometer östlich der Strandhotels an einem Ort mit dem Namen Givat Rehov Habaschan eine jungsteinzeitliche (neolithische) Siedlung aus dem 5. Jt. v. Z. gab. Auf dieser Anhöhe und auf einer anderen ganz in der Nähe wurden Überreste aus dem Chalkolithikum, dem Übergang zwischen Stein- und Bronzezeit, gefunden. Zu den interessantesten Funden gehörten das typische, wunderschön ausgeführte Butterfaß aus Ton mit zwei Henkeln, von der gleichen Art wie die einige Jahre später in Beerscheba gefundene, sowie für die Zweitbestattung verwendete Ossarien, ein für die Kultur der Periode typisches Merkmal. Diese Ossarien wiesen die Form von Wohnhäusern in Miniatur auf. Damit konnten die Menschen die Knochen ihrer Toten außerhalb ihrer Siedlung begraben und gleichzeitig — zumindest symbolisch — den früheren Brauch einer Bestattung im Haus selbst beibehalten. Schöne Beispiele ähnlicher Ossarien aus der gleichen Periode wurden auch in Azur nur wenige Kilometer südöstlich von Tel Aviv an der Straße nach Jerusalem gefunden. Zwischen der Stätte auf Rehov Habaschan und der Küste entdeckte Kaplan an einem Ort namens Givat Hamit-

bachayim eine unterirdische chalkolithische (kupfersteinzeitliche) Siedlung, die der in Beerscheba ähnlich ist, die der französische Archäologe Jean Perrot fand.

Die umfassendsten Ausgrabungen, die nach 1948 an einer einzigen Stätte in Tel Aviv durchgeführt wurden, waren die unter der Leitung von Professor Mazar auf dem Tell Kasile (Tell Qasila). Er liegt am Nordufer des Yarkons, in der Nähe der Hauptbrücke, über die die Küstenstraße aus der Stadt nach Haifa führt. Die erste Siedlung am Ort erwies sich als eine Gründung der einfallenden "Seevölker", darunter die Philister, im 12. Jh. v. Z. Mazar legte die Überreste von Ziegelbauten frei, einer enthielt zwei Schmelzöfen, übersät mit Kupferschlacke. Eine spätere philistäische Schicht enthielt Häuserruinen, einige besaßen steingepflasterte Höfe, sowie Werkstätten und Vorratskammern mit zahlreichen großen Gefäßen zur Aufbewahrung von Wein und Öl. Ganz eindeutig war diese Stadt ein Handelszentrum, die Handelsbeziehungen zu den phönikischen Häfen an der Mittelmeerküste und den Inseln unterhielt. Öl, Wein, Getreide und Gegenstände aus Kupfer waren ihre Exportartikel.

Die Grabungen zeigten, daß diese Siedlung im 10. Jh. v. Z. zerstört wurde, wahrscheinlich von König David, und auf ihren Ruinen eine israelitische Stadt mit den für Davids Zeit typischen Häusern mit vier Zimmern entstand. Unter Salomo änderte sich die Architektur: nunmehr trugen auf Steinfundamenten ruhende Ziegelpfeiler das Dach. Die Öl- und Weinpressen, Speicher, Öfen und Mahlsteine kann man bis heute besichtigen. Zwei weitere wichtige Funde waren zwei Ostraka — beschriebene Tonscherben — aus dem 8. Jh. v. Z. in frühhebräischer Schrift. Eines kann als Lieferschein definiert werden, auf dem die Ausfuhr einer bestimmten Menge Olivenöl aus den königlichen Lagerhäusern in dieser israelitischen Stadt nach einem Mittelmeerhafen verzeichnet wurde. Der ansässige Ausfuhrinspektor hatte es unterzeichnet. Das andere Ostrakon verzeichnete die Einfuhr von 30 Schekeln Feingold. Diese Siedlung bestand bis zum Jahr 732, als sie bei der Eroberung des Landes durch Tiglatpileser III. zerstört wurde.

Aus den Altertümern und beschrifteten Tonscherben geht hervor, daß diese Stadt unter allen israelitischen Königen als Zentrum für den Handel mit Phönikien gedient hatte. Aus diesem Grund schlug Mazar vor, daß die Zedern aus dem Libanon hier und nicht in Jaffa eintrafen und von hier auf dem Landweg nach Jerusalem zum Bau von Salomos Tempel im 10. Jh. v. Z. befördert wurden. Und da die Ausgrabungen auch beweisen, daß die aus dem babylonischen Exil heimkehrenden Juden die Stadt in der persischen Periode wiederaufgebaut hatten, die sich zu einem Verwaltungszentrum der Yarkonfluß-Region entwickelte, schlugen seiner Ansicht nach die Serubabel geschickten Zedern zum Bau des Zweiten Tempels im 6. Jh. v. Z. den gleichen Weg ein. Beide Bibelzitate, die von diesen Ereignissen berichten — 2. Chron. 2, 15 und Esra 3, 7 — sagen im hebräischen Originaltext, daß die Zedern aus dem Libanon zum "Meer von Joppa" geschickt wurden (in beiden Fällen spricht die deutsche Übersetzung hier von "über Meer nach Japho", bzw. "zur See nach Japho"; ihre Genauigkeit wird jedoch angezweifelt). Mazar stellte die Theorie auf, daß Jaffa zur Zeit Davids und Salomos direkt vor der Grenze lag und fremder Herrschaft unterstand. Deshalb hätten sie diesen Hafen überhaupt nicht benutzen können. Stattdessen nutzten sie einen anderen ganz in der Nähe, der zwar mehrere Kilometer entfernt lag, aber doch nahe genug war, um als

Der Hafen von Jaffa, im Hintergrund Tel Aviv ▶

am "Meer von Japho" liegend bezeichnet werden zu können. Dieser andere Hafen war Mazars Ansicht nach Tell Kasile (Tell Qasila), das günstig am Ufer des Yarkonflusses dicht bei seiner Mündung lag. Damals war die Flußmündung noch nicht versandet, und Tell Kasile (Tell Qasila) muß einen ruhigen, geschützten Anlegeplatz am Fluß und Schutz vor Stürmen und Piraten geboten haben, in den die Schiffe aus dem offenen Meer hineinsegelten, ihre Ladung löschten und neue luden und wieder davonsegelten.
Die eindrucksvollsten hellenistischen, römischen und byzantinischen Überreste auf Tell Kasila (Tell Qasila) sind die Gebäude, die aus dem herodianischen Teil der römischen Periode stammen. Darüber befinden sich die Ruinen der armseligen, primitiven Häuser aus der früharabischen Periode. Ebenfalls gefunden wurden die für die Mamelukken typischen glasierten Tonscherben aus dem 13.-15. Jh. n. Z.
Dr. Kaplan führte später die Grabung am Friedhof von Tell Kasile (Tell Qasila) durch. Ganz in der Nähe dieser Ausgrabungen steht das neue Haaretz-Museum, das eine der schönsten Sammlungen alten Glases der Welt beherbergt, die der verstorbene Dr. Walter Moses der Stadt Tel Aviv vermachte, Sie umfaßt eine fast vollständige Sammlung von im Land gefundenen Glasgefäßen und Gegenständen aus der Bronzezeit bis zur byzantinischen Periode.
Die alten Namen der archäologischen Stätten im eigentlichen Tel Aviv sind unbekannt. Namen wie Tell Jerischa (Tell Gerisa) und Tell Kasile (Tell Qasila) sind verhältnismäßig jung. Im Gegensatz dazu ist Jaffa, der Südteil der heutigen Stadt, ein schon seit dem Altertum in einer seiner Varianten bekannter Name: Yafo, Yofi, Yafa, Jopha und Jaffa, was schön bedeutet. Es besitzt die Schönheit, die allen Bergstädten, die aufs Meer blicken, zu eigen ist — denn früher lag Jaffa auf dem Berg oberhalb des Hafens. Aber keine Stadt des Altertums lebt ohne ihre Sagen. Deshalb wurde sie einigen zufolge nach Noahs Sohn Japhet benannt, der sie nach der Sintflut gründete. Auch in der griechischen Mythologie kommt Jaffa vor, und zwar im Rahmen der Andromeda-Sage. Auf einem aus dem Meer ragenden Felsen unmittelbar unterhalb des Bergs soll die schöne Prinzessin Andromeda als Opfer angekettet worden sein, um das Meeresungeheuer zu besänftigen. Aber herbei eilte Perseus auf seinen geflügelten Sandalen, erschlug das Ungeheuer und befreite die schöne Jungfrau. Noch zur römischen Zeit sollen die Einwohner von Jaffa glänzende Geschäfte mit Bruchstücken von Knochen des Ungeheuers und Andromedas Ketten gemacht haben, die sie leichtgläubigen Besuchern zeigten. Bis heute wird einer der spitzen Felsen beim Eingang zum Hafen von Jaffa als Andromedas Fels bezeichnet.
Ebenfalls ungleich den in Tel Aviv ausgegrabenen Stätten kann Jaffa auf eine *aufgeschriebene* Geschichte von dreitausendfünfhundert Jahren verweisen. Als verhältnismäßig fest etablierte Siedlung war sie würdig, in den Berichten des ägyptischen Pharaones Thutmosis III. erwähnt zu werden. Ebenso taucht sie in den El-Amarna-Briefen aus dem 14. Jh. v. Z. auf. In der Bibel wird diese Stadt zum ersten Mal im Buch Josua (19, 46) erwähnt, wo sie als einer der Orte in dem dem Stamm Dan als Erbteil zugeteilten Gebiet erscheint. Im zweiten Buch der Chronik (2, 12) kommt Jaffa in dem Abschnitt vor, in dem der König von Tyrus dem König von Israel den geplanten Transport der Zedern für den Tempelbau beschreibt: "So wollen wir das Holz hauen auf dem Liba-

Ostrakon — beschriftete Tonscherbe — in frühhebräischer Schrift aus dem königlichen Lagerhaus der israelitischen Stadt auf Tell Kasile (Tell Qasila), 8. Jh. v. Z.

Die Ausgrabungen von Tell Kasile (Tell Qasila)

non, soviel du bedarfst, und wollen es auf Flößen übers Meer nach Japho bringen. Von da mußt du es hinauf nach Jeruaslem schaffen." Das Buch Esra (3, 7) berichtet, daß die Zedern, die für den Bau des Zweiten Tempels geschickt wurden, den gleichen Weg einschlugen: "Und sie gaben Geld . . . und Speise und Trank und Öl den Leuten von Sidon und Tyrus, damit sie Zedernholz von Libanon zur See nach Japho brächten. . ."*
Am vertrautesten ist uns Jaffa aus der Bibel jedoch mit der Geschichte vom widerwilligen Propheten Jona. Hier schiffte er sich aus, um seiner göttlichen Mission zu entfliehen und endete schließlich im Bauch eines Wals: "Es geschah das Wort des Herrn zu Jona, dem Sohn Amittais: Mache dich auf und geh in die große Stadt Ninive und predige wider sie; denn ihre Bosheit ist vor mich gekommen. Aber Jona machte sich auf und wollte vor dem Herrn nach Tarsis fliehen und kam hinab nach Japho. Und. . .er ein Schiff fand, das nach Tarsis fahren wollte . . ." (Jona 1, 1-3).
Jaffa gehört zu den von Sanherib im Jahr 701 v. Z. eroberten Städten, als die assyrischen Streitkräfte vom Norden her in den Süden vordrangen und alles vor sich niedermachten. In den vierhundert Jahren danach kannte Jaffa kaum Frieden, wenn sich auch die Lebensweise seiner Einwohner nicht wesentlich änderte, bis es von Alexander dem Großen 332 v. Z. erobert wurde, der es in eine griechische Stadt verwandelte. Beim das ganze Land umfassenden jüdischen Aufstand unter den Hasmonäern gegen die Autorität Antiochos' im 2. Jh. v. Z. verfuhr die hellenisierte Bevölkerung Jaffas mit ihrer jüdischen Gemeinde grausam: sie trieb sie auf Schiffe und versenkte sie im Meer. Sie hatte mit einer Niederlage der Hasmonäer gerechnet. Aber der Aufstand verlief erfolgreich. Und Jonathan, ein Bruder Judas Makkabis, eroberte 148 v. Z. Jaffa. Ein anderer Bruder, Simon, konsolidierte diese Eroberung. Er befestigte Jaffa und entwickelte es zu einer jüdischen Hafenstadt. Dabei unterdrückte er alle Formen griechischen Heidentums. Selbst unter römischer Herrschaft behielt Jaffa seinen vorwiegend jüdischen Charakter bei. Seine Gemeinde befolgte streng das mosaische Gesetz und unterhielt zu den Patrioten von Jerusalem enge Beziehungen. Beim Ausbruch der großen jüdischen Rebellion zählten die Juden von Jaffa zu den hartnäckigsten Kämpfern. Trotzdem fiel die Stadt im Jahr 68 n. Z. der römischen Legion in die Hände. Mehrere Jahrzehnte später kehrten die Juden langsam nach Jaffa zurück. Von jenem Zeitpunkt an errang es Berühmtheit als Zentrum des jüdischen Gelehrtentums, in dem Talmudweise wohnten und lehrten. Diesen Ruf behielt es bis zum 4. Jh. n. Z. bei.
636 wurde Jaffa von den Muslimen erobert. Fast fünfhundert Jahre war es Schauplatz erbitterter Kämpfe mit den Kreuzfahrern. Die Christen hielten die Stadt während des größten Teils ihres Aufenthalts im Land, die sie als den Jerusalem am nächsten liegenden Hafen und bequemsten Anlaufhafen für ihre Reserven aus dem Ausland schätzten. Sie verloren sie 1187 an Saladins Bruder, Richard Löwenherz eroberte sie jedoch einige Jahre später zurück. 1196 verloren die Kreuzfahrer die Stadt erneut und erhielten sie 1204 dank eines Vertrags zurück. Daraufhin bauten sie starke Befestigungen: sie umga-

* Eine andere Interpretierung dieser Verse und Hinweise darauf, daß die Zedern nicht nach Jaffa sondern zum Hafen des nahegelegenen Tell Kasile (Tell Qasila) am "Meer" von Jaffa gebracht wurden, steht weiter oben.

ben die Stadt mit einer Mauer, die vierundzwanzig Türme und eine Zitadelle auf dem Gipfel der Anhöhe verstärkten. Als Sultan Baibars jedoch 1268 zum letzten Angriff ansetzte, boten ihre Befestigungen keinen Schutz. Der siegreiche Baibars ordnete ihre Zerstörung an.

Im 14. Jh. erwachte Jaffa jedoch zu neuem Leben und wurde erneut eine Hafenstadt. Jaffa erfreute sich eines bescheidenen Wohlstands, als Napoleon es 1799 auf seinem Weg in den Norden nach Akko (Akka) eroberte. Als er einige Monate später die Belagerung Akkos (Akkas) aufgab, verließ er auch Jaffa. Zu jenem Zeitpunkt gab es in der Stadt eine bedeutende Gemeinde jüdischer Einwanderer, die zuvor im gleichen Jahrhundert eingetroffen waren. Sie erhielten weitere Verstärkung durch die ersten zionistischen Pioniere des 19. Jhs., die im Gelobten Land im Hafen von Jaffa eintrafen und die Stadt als ihren Stützpunkt nutzten, von dem aus sie ihr neues Leben organisierten. Nur wenige Kilometer südlich des Hafens gründeten sie die ersten zionistischen Siedlungen. Und, wie schon weiter oben berichtet, zog eine Gruppe von Juden aus Jaffa im Jahr 1909 aus, um auf den Dünen in ihrem Norden die neue Stadt Tel Aviv zu gründen. Bei den erbitterten Straßenkämpfen im jüdisch-arabischen Krieg von 1948 wurden die Grenzgebiete zwischen den beiden angrenzenden Städten verwüstet, von denen weite Trümmerfelder zurückblieben. Nach der Gründung Israels wurden die beiden Städte offiziell unter dem Namen Tel Aviv-Jaffa zusammengeschlossen.

Bis 1948, als die erste archäologische Grabung oberhalb des Hafens von dem inzwischen verstorbenen P. L. O. Guy durchgeführt wurde, war nichts von Jaffas aufgezeichneter Geschichte greifbar in Form von Ruinen und Altertümern. Aber weder bei dieser Grabung noch bei der, die 1952 auf sie folgte, wurden die frühesten Siedlungsperioden freilegt. Erst Kaplans Ausgrabungen von 1955-1961 brachten die alte Geschichte dieser Stadt ans Licht.

In vorbiblischen Dokumenten wird Jaffa zum ersten Mal im 15. Jh. v. Z. erwähnt. Kaplan entdeckte jedoch Überreste, die bereits aus dem 18. Jh. v. Z. datierten und die denen ähnlich waren, die Professor Sukenik auf dem Tell Jerischa (Tell Gerisa) fand. Gefunden wurden Teile einer gut 6 m dicken Mauer um eine Hyksos-Zitadelle, wiederum gestützt durch einen Erdwall aus Ziegeln, zermalmtem Sandstein und gestampfter Erde.

Ein bemerkenswerter Fund in einer späteren Schicht erlaubte es, die Mauer genau und absolut zu datieren, was sich jeder Archäologe erhofft, wenn er mit einer Ausgrabung beginnt. Es war das Stadttor, auf dessen Steinpfosten der Name von Pharao Ramses II. stand. Dieses Tor wurde in einer Siedlungsebene gefunden, als Jaffa ägyptischer Vorherrschaft unterstand. Da bekannt ist, wann dieser Pharao herrschte — von 1290 bis 1224 v. Z. —, ermöglichte die Inschrift eine genaue Datierung der Ebene, in der das Tor gefunden wurde, sowie der Schichten, die unmittelbar darunter und darüber lagen. Übrigens vertreten einige Gelehrte die Ansicht, der Auszug der Kinder Israel aus Ägypten habe während der Herrschaft dieses Pharaos stattgefunden.

Ebenfalls am Ort gefunden wurden die Ruinen der letzten kanaanäischen Stadt, deren Tore Brandmale aus der Zeit um das 12. Jh. v. Z. aufweisen; weiterhin Überreste der Stadt, die die Juden zur Zeit Esras und Nehemias bauten; Abschnitte einer dicken Mauer

Relief einer kanaanäischen Fruchtbarkeitsgöttin, wahrscheinlich Astarte aus den Ausgrabungen in Jaffa, 13. Jh. v

aus dem 3. Jh. v. Z.; eine Aphrodite-Figur und drei beschriftete Tonscherben auf Griechisch aus dem 2. Jh. v. Z.; Ruinen einer Mauer, die zur Zeit der hasmonäischen Herrschaft gebaut worden war, und ein Schatz von Bronzemünzen, die Judas Makkabis Großneffe Alexander Jannai (103-76 v. Z.) prägen ließ; sowie Überreste aus der römischen Periode. Die meisten Ruinen sind heute am Ausgrabungsort zu besichtigen.

Ende des vergangenen Jahrhunderts entdeckte der französische Archäologe Clermont-Ganneau den alten Friedhof der Juden von Jaffa, die sich nach dem Bar-Kochba-Aufstand in dieser Stadt niederließen. Er liegt ungefähr eineinhalb Kilometer östlich der Ausgrabungen, ein Teil auf dem Areal, auf dem heute russische Kirche und Kloster in der Nähe von Abu Kebir stehen. 1871 fand Clermont-Ganneau einige Grabsteine aus Marmor mit Inschriften auf Hebräisch, Aramäisch und Griechisch und einem Datum aus der Zeit von 2.-4. Jh. n. Z. Viele dieser Steine kann man heute in europäischen Museen besichtigen.

Aus den Jahrhunderten danach gibt es nur wenig Überreste in Jaffa, außer Stätten und Sagen und dem Zauber der alten Welt in seinen schmalen Gassen und Passagen mit Kopfsteinpflaster, die sich geheimnisvoll zwischen den türkischen Häusern und Mauern hindurchwinden. Auf der anderen Straßenseite gegenüber den Ausgrabungen erhebt sich auf dem Hügel, der auf den Hafen blickt, das St.-Petrus-Kloster der Franziskaner. Es wurde zwar erst im vergangenen Jahrhundert gebaut, steht jedoch auf den Fundamenten einer mittelalterlichen Burg. Das war die Kreuzfahrerzitadelle im 13. Jh. Vom Klosterhof führen Stufen hinunter zu zwei guterhaltenen Kammern dieser Zitadelle, eine ist rund und besitzt eine Decke mit einer niedrigen Kuppel. In ihre Wände sind Schießscharten eingelassen. Das Kloster entstand zur Erinnerung an den Besuch des Apostels Petrus in Jaffa, wohin er gerufen worden war, um "eine Jüngerin mit Namen Tabea" vom Tode zu erwecken, und "lange Zeit. . . bei einem Simon, der ein Gerber war" sich aufhielt (Apg. 9, 36, 43). Der Ort, an dem der Überlieferung nach das Haus stand, in dem er sich aufhielt, liegt in einer gewundenen Gasse weiter unten am Hang. An seiner Stelle erhebt sich heute eine Moschee aus dem Jahr 1730: "Und nun sende Männer nach Joppe und laß holen Simon, mit dem Zunamen Petrus, welcher ist zur Herberge bei einem Gerber Simon, dessen Haus am Meer liegt." Diese alte Moschee steht tatsächlich nahe am Meer unmittelbar neben dem Leuchtturm. Das sagenumwobene Grab der Tabea, an der Petrus sein Wunder vollbrachte, soll eine Grabhöhle im Hof des russischen Klosters von Abu Kebir sein, das auf dem Gelände des alten jüdischen Friedhof gebaut wurde.

Die Anhöhe mit den Grabungen erreicht man auf einer Seitenstraße, die vom Hauptplatz von Altjaffa abzweigt, in dessen Mitte der türkische Uhrenturm steht. Einige Meter vom Platz entfernt an dieser Straße erhebt sich eine Moschee. Sie wurde zwar erst 1810 gebaut, ist aber trotzdem von gewissen archäologischen Interessse, weil bei ihrem Bau Abschnitte römischer Säulen aus Caesarea als Pfeiler verwendet wurden.

Auf der anderen Straßenseite, etwas weiter oben am Hang, befindet sich ein ausgezeichnetes archäologisches Museum, das der Geschichte und Altertümern aus Tel Aviv und Jaffa gewidmet ist.

6000 Jahre altes Tonossarium in Form eines Hauses in Miniaturform aus A

RAMLA

Als eine der wenigen Städte in Israel besitzt Ramla mehrere gut erhaltene Andenken an Muslime und Kreuzfahrer, obwohl es auf keine lange Geschichte zurückblicken kann. Nach israelitischem Maß ist es eine "neue" Stadt, knapp eintausendzweihundertfünfzig Jahre alt. Ramla wurde von den Muslimen gegründet — die einzige Stadt, die sie je in Palästina bauten. Ihr Gründer im Jahr 716 n. Z. war Kalif Suleiman, ein Sohn des berühmten Omajjadenkalifen Abdal-Malik, der den muslimischen Schrein in Jerusalem, den Felsendom, gebaut hatte.

Auf den ersten Blick nimmt sich die Gründung Ramlas etwas eigenartig aus. Damals entstand eine neue Stadt im allgemeinen auf den Ruinen einer früheren Siedlung, die ihrerseits wegen eines stichhaltigen Grundes an einem bestimmten Ort gegründet worden war. Dagegen wurde Ramla auf einem zuvor unbewohnten Sandstreifen gebaut. Sogar seinen Namen verdankt es dieser Tatsache: das arabische Ramla bedeutet "das Sandige". Welchen "stichhaltigen Grund" gab es für diese Stadtgründung? Und wenn der Grund einleuchtete, warum hatte kein anderer an diesem Ort eine Stadt gebaut?

Ramla verdankt seine Gründung hauptsächlich seiner Lage: es beherrschte den Schnittpunkt zweier großer Karawanenstraßen — die Straße von Süden nach Norden, d. h. von Ägypten nach Syrien und Mesopotamien, und die Straße von Westen nach Osten, d. h. von der Mittelmeerküste ins Landesinnere. Auch heute ist Ramla noch die wichtigste "Durchfahrtsstadt" Israels. Sie liegt an der Schnellstraße von Tel Aviv nach Jerusalem — man erreicht sie nach einer halbstündigen Fahrt aus dem Süden von der Küste in östlicher Richtung — und ungefähr auf halbem Weg auf der Straße von Beerscheba nach Haifa. Warum lag im 8. Jh. noch keine Siedlung an diesem strategischen Punkt? Tatsache ist, daß es bereits eine Siedlung gab, die diese strategische Aufgabe erfüllte und nur wenig von Ramla entfernt lag, nähmlich die sehr alte Stadt Lod (Lydda). Sie liegt in der Nähe des modernen internationalen Flughafen, seinerseits ca. 5 km nordöstlich von Ramla entfernt. Gegen das Jahr 700 wurde Lod von einer muslimischen Armee geplündert, aller Voraussicht nach vom gleichen Suleiman, der später Kalif wurde und damals als General Truppen seines Vaters befehligte. Als er 715 den Thron bestieg, erkannte er die strategische Notwendigkeit einer Stadt in dieser Gegend. Da er als einziger Kalif beschloß, in Palästina zu wohnen, ging er einen Schritt weiter und beschloß ebenfalls, an einem neuen Ort eine neue Hauptstadt für sich zu gründen. Als Standort wählte er Ramla, das in der Nähe der Straßenkreuzung und des alten Lods lag. Dort baute er einen Palast für sich sowie eine große Moschee.

Von seinem Palast ist heute keine Spur mehr zu sehen. Zweifelsohne wurde er während der erbitterten Schlachten zwischen Sarazenen und Kreuzfahrern zerstört. Aber Bruchstücke seiner Moschee, die Saladin Ende des 12. Jhs. neu aufbaute, kann man bis heute im Freien wenige hundert Meter hinter der Polizeiwache auf der Hauptstraße am Fuß des "Weißen Turms" sehen, der Ramlas auffallendstes Merkmal ist. Zu den Resten gehören ein kleiner Teil des Ostabschnitts des Schreins, die Überreste eines Brunnens und ein Grab. Drei Treppen auf dem jetzt im Freien liegenden Moscheengelände führen zu drei großen unterirdischen Sälen, wahrscheinlich ebenfalls aus dem 8. Jh. Mög-

licherweise waren sie früher Bestandteil der Nebengebäude der früheren Moschee. Zwei der Säle wurden bereits geräumt, im dritten werden die Ausgrabungen fortgesetzt. Alle drei haben sich gut erhalten. Ebenso besitzen alle drei hohe gewölbte Decken, die auf kräftigen Steinpfeilern ruhen. Sie gruppieren sich um eine quadratische Zisterne mit gebogenen Öffnungen.

Die Ruinen am Süd- und Ostende des Moscheengeländes, die auf ebener Erde liegen, stammen aus einer späteren Periode. Sie gehören zu einem mittelalterlichen Gasthaus, in dem die Karwanen auf den wichtigsten Handelswegen sowie Pilger auf dem Weg nach Jerusalem einkehrten.

Der himmelanstrebende, quadratische, sechsstöckige Turm, der etwas mehr als 27 m über die Moscheeruinen hinausragt, wurde in der zweiten Hälfte des 13. Jhs. als Minarett an Suleimans muslimischen Schrein aus dem 8. Jh. angebaut. Außer "Weißer Turm" heißt er auch "Turm der vierzig Märtyrer", ein Name, dessen Ursprung unbekannt ist. Lange Zeit nahm man an, er sei im 14. Jh. gebaut worden, weil auf seinem Sturz das Datum 1318 erscheint. Die meisten Gelehrten sind sich heute jedoch einig, daß der Turm ursprünglich vom Sultan Baibars gebaut wurde, nachdem er Ramla 1268 den Kreuzfahrern genommen hatte. Sehr wahrscheinlich wurde er zu dem späteren Datum ausgebessert.

Der Turm ist anmutig und kompakt zugleich. Seine vier Seiten zieren Fensterbogen, seine Eckenstützen elegante Säulen. Von der Turmspitze, die man über eine Wendeltreppe erreicht, blickt man in westlicher Richtung auf die Küstenebene und in südöstlicher bis zum Tal Ajjalon, in dem Josua dem Mond stillzustehen befahl. Von hier aus soll Napoleon 1799 den Fortschritt des erfolgreichen Angriffs seiner Armee auf Jaffa überwacht haben, als er sich in den Norden vorkämpfte. Damals wäre es ihm wohl nicht einmal im Traum eingefallen, daß seine Bemühungen um Jaffa überflüssig waren (nur einige Monate später würde er das Debakel in Akko — Akka — erleben).

Die sogenannte Große Moschee liegt nur wenige hundert Meter östlich des "Weißen Turms" hinter dem heutigen Marktplatz von Ramla. Ursprünglich war dieses rechteckige Gebäude als Kreuzfahrerkirche gebaut worden, und zwar im 12. Jh. Sie ist das größte und eines der am besten erhaltenen Kreuzfahrergebäude im Land. Ihr Inneres ist bedeutend eindrucksvoller, als man aufgrund des Äußeren annehmen würde. Zwei Reihen gewaltiger Säulen, deren Kapitelle den dekorativen Bogen auch als Keilsteine dienen, teilen die mächtige Kuppel von ihren gewölbten Seitenschiffen. Das ganze ist ein Ausdruck der Macht, des Einfallsreichtums und der Anmut der Kreuzfahrerarchitektur.

Unmittelbar westlich der Großen Moschee liegt das Franziskanerkloster, das jahrhundertelang den Pilgern Herberge bot, die häufig in Ramla auf die — oft nach einiger Verzögerung eintreffende — Genehmigung zum Betreten Jerusalems warten mußten. Das Kloster heißt Herberge des hl. Josephs von Arimathea aufgrund der nicht wohl begründeten aber nachdrücklich geförderten christlichen Tradition aus dem Mittelalter, daß Ramla das Arimathea des Mannes war, der Pilatus bat, den Leichnam Jesu bestatten zu dürfen. In diesem Kloster hatte Napoleon für kurze Zeit sein Hauptquartier aufgeschlagen.

Auf der anderen Seite der Hauptstraße liegt unmittelbar nördlich des Klosters eine wunderschön gebaute Zisterne, die wahrscheinlich aus dem 8. Jh. stammt. Die christlichen Pilger im Mittelalter, die sich inmitten des sandigen Ramlas an dieser Zisterne erfrischten, gaben ihr den Namen Teich der hl. Helena — nach Konstantins Mutter. Jetzt wurde der Schutt der Jahrhunderte aus der Zisterne geräumt, die erneut teilweise mit Wasser gefüllt ist. Eine alte Steintreppe führt zu ihrem Boden, von dem Riesensäulen indie Höhe streben, wo sie vierundzwanzig Fächer mit je einer Öffnung in der Kuppel zu bilden, die heute Glasfenster verschließen. Am Fuß der Stufen wartet ein kleines Boot auf den Besucher, der zwischen den Säulen herumpaddeln und die interessante Steinmetzarbeit um die Fächer herum begutachten kann. Man nimmt an, daß diese Zisterne im 8. Jh. durch eine Passage mit der anderen unter Suleimans Moschee verbunden war, die nur wenige hundert Meter weiter südwestlich liegt.
Dokumente aus dem 11. Jh. erwähnen die jüdische Gemeinde von Ramla. Es ist bekannt, daß im Mittelalter in dieser Stadt Juden verhältnismäßig lange neben einer bedeutenden Karäer- und Samaritergemeinde lebten.

LOD (LYDDA)

Unterirdische Gewölbe und Zisterne, wahrscheinlich 8. Jh. n. Z.

In der Zeit zwischen den aufeinanderfolgenden Zerstörungen erfreute sich Lod fast zweitausend Jahre lang einer bescheidenen strategischen und wirtschaftlichen Bedeutung. Dann wurde es von den Muslimen zu Beginn des 8. Jhs. dem Erdboden gleichgemacht. An seine Stelle trat die neue Stadt Ramla. Lod war eine sehr alte Stadt, die bereits zur Zeit Josuas existierte — als eine von Mauern umgebene Stadt gemäß der talmudischen Tradition. Damals hieß sie Lod. Unter diesem Namen erscheint sie auch im Bericht des Alten Testaments. demzufolge sie von Benjamins Nachkommen gegründet wurde (1. Chron. 8, 12). Über tausend Jahre später war sie als Lydda bekannt. Dieser Name erscheint im neutestamentlichen Bericht über die vom hl. Petrus vollbrachte Wunderheilung des kranken Äneas (Apg. 9, 32). Bei der Gründung des Staates Israel im Jahr 1948 wurde der ältere biblische Name der Stadt neu belebt.
Als die Babylonier im 6. Jh. v. Z. Lod zusammen mit den anderen Städten Judas, eroberten, erlitten seine Einwohner das gleiche Schicksal: sie wurden ins Exil verschleppt. Bei der Heimkehr der Juden, wurde es schon bald wieder besiedelt. Diese Tatsache ist in den Büchern Esra (2, 33) und Nehemia (7, 38) verzeichnet. Ungefähr 350 Jahre später nahm der große Aufstand der Makkabäer in einem Dorf im Vorgebirge nur wenige Kilometer östlich von Lod seinen Ausgang, im Dorf Modi'in. Im Jahr 143 v. Z. wurde der Bezirk Lod dem Gebiet unter hasmonäischer Herrschaft einverleibt.
Beim Krieg der Juden gegen Rom in den Jahren 66-70 n. Z. wurde Lod von den Streitkräften eingeäschert, die auf ihrem Weg zum Angriff auf Jerusalem und seiner Zerstörung waren. Im Jahrhundert danach wurde es jedoch allmählich neu besiedelt und entwickelte sich zu einem berühmten jüdischen Zentrum des Gelehrtentums, dessen

Akademie hervorragende Gelehrte wie Rabbi Eleasar ben Hyrkanus und Rabbi Tarfon anzog. Auch der bekannte Rabbi Akiva, ein leidenschaftlicher Förderer Bar Kochbas, lebte eine Zeitlang in Lod. Als der römische Kaiser Septimius Severus im Jahr 200 n. Z. das Land besuchte, wurden Lod Sonderrechte eingeräumt. Ihr Name wurde in Diospolis abgeändert. So hieß sie auch während der byzantinischen Zeit, obwohl die alteingesessenen Einwohner sie weiterhin als Lod bezeichneten. Nach einer Reihe von jüdischen Revolten gegen die Tyrannenherrschaft ergriff die Armee Kaiser Konstantins II. im Jahr 351 harte Maßnahmen gegen die Gemeinde, einschließlich der mutwilligen Zerstörung ihrer wichtigsten Zentren des Gelehrtentums: Tiberias, Sephoris und Lod.
Die archäologischen Funde aus dem alten Lod umfassen ein jüdisches Grab mit Ossarien und eine Inschrift auf Griechisch-Samaritanisch. Ebenso gibt es Überreste von Steinbauten aus der Zeit der Byzantiner und Kreuzfahrer. Und es gibt eine eigenartige Sage. Unmittelbar an der heutigen Hauptstraße liegt eine griechisch-orthodoxe Kirche, die an eine Moschee grenzt. Beide stehen auf den Ruinen einer Kreuzfahrerbasilika aus dem 12. Jh., die ihrerseits auf den Ruinen einer byzantinischen Kirche aus dem 6. Jh. errichtet wurde. Die Kirche ist eine Restaurierung eines Teils der Kreuzfahrerstruktur aus dem Jahr 1870. Sie umfaßt die ursprünglichen Pfeiler, Bogen und Apsis. Ihr Name, St.-Georgskirche, kommt von dem Schutzheiligen Englands, der stets als mittelalterlicher Ritter dargestellt wird, wie er den Drachen tötet. Die Sage sagt, er sei in Lod geboren, habe als römischer Legionär gedient, sich zum Christentum bekehrt, sei Anfang des 4. Jhs. wegen seines Glaubens getötet und später in seiner Heimatstadt begraben worden. Wie aus dieser Sagengestalt der sagenhafte Drachentöter wurde, ist ein Rätsel. Wie er sich in einen mittelalterlichen Richter verwandelte und Bestandteil der englischen Sagenwelt wurde, ist weniger rätselhaft. Zweifelsohne verbreiteten die heimkehrenden Kreuzfahrer seine Sage in England.
Nördlich von Lod kreuzt die Hauptstraße zum internationalen Flughafen eine Steinbrücke. Das ist eine restaurierte Brücke aus dem ausgehenden 13. Jh., die von den Mamelucken gebaut wurde. Diese Information — und das Datum — erteilt die arabische Inschrift auf der Steintafel zwischen den beiden reliefierten Löwen, die über dem Bogen eingesetzt ist.

Mameluckenbrücke bei Lod, 13. Jh. n. Z.

GEZER (GESER)

Erregung ergriff die Welt der Bibelgelehrten im Jahr 1871, als der bekannte französische Archäologe Charles Clermont-Ganneau einen archäologischen Berg — oder Tell — als den Standort des alten Gezer (Geser) identifizierte. Er liegt ungefähr auf halbem Weg zwischen Jerusalem und Jaffa, ca. 10 km südwestlich von Lod. Clermont-Ganneau bestätigte seine Entdeckung zwei Jahre später, selbst, als er den ersten mehrerer Grenzsteine fand: "die Grenze von Gezer (Geser)", teilte eine hebräische Inschrift auf einem Felsausläufer in der Nachbarschaft des Bergs mit.

Im Altertum beherrschte Gezer (Geser) die strategische Straßenkreuzung der Via Maris — die Meeresstraße an der Küste entlang — und ihre Abzweigung, die von hier aus weiter durch das Ajjalontal und hinauf ins judäische Bergland bis nach Jerusalem und darüber hinausverlief. Außerdem war es mit Quellen und einem fruchtbaren Hinterland gesegnet.

Bereits Mitte des 2. Jts. v. Z. war es eindeutig eine Stadt von einer gewissen Bedeutung, wie aus zeitgenössischen ägyptischen Dokumenten hervorgeht. Gefesselte Gefangene aus Gezer (Geser) sind auf einer Szene an den Wänden des Amon-Tempels aus dem 15. Jh. v. Z. in Karnak in Oberägypten dargestellt, die die Siege von Pharao Thutmosis III. auf seinem ersten Feldzug in Asien verewigt. In dem El-Amarna-Archiv aus dem 14. Jh. v. Z. — Tontafeln in babylonischer Keilschrift aus den Archiven der ägyptischen Pharaonen Amenophis III. und IV. — befinden sich zehn Briefe, die von drei verschiedenen Königen von Gezer (Geser) geschrieben wurden. Und auf der "Israel-Stele" Merenptahs aus dem 13. Jh. v. Z. ist Gezer (Geser) als eine der Städte aufgeführt, die dieser Pharao erobert haben will.

Sehr viel später, d. h. im 8. Jh. v. Z. erscheint Gezer (Geser) auch in mesopotamischen Berichten. Ein Relief an den Wänden des Palastes des assyrischen Monarchen Tiglatpileser III. in Nimrod stellt Belagerung und Einnahme einer Stadt mit dem Namen Ga'azru dar, womit nach einstimmigem Urteil der Gelehrten Gezer (Geser) gemeint ist.

In der Bibel erscheint Gezer (Geser) zum ersten Mal im Buch Josua, wo von seiner Eroberung berichtet wird: "Zu dieser Zeit zog Horam, der König von Geser, hinauf, um Lachisch zu helfen; aber Josua schlug ihn und sein Kriegsvolk" (Jos. 10, 33). Allem Anschein nach wurde die Stadt jedoch weder zu jenem Zeitpunkt noch zur Zeit der Richter noch während der Herrschaft Sauls und Davids erobert. Erst Salomo baute Gezer (Geser) wieder auf und befestigte es zusammen mit "Hazor und Megiddo" (1. Kön. 9, 15), nachdem der ägyptische Pharao "Geser" genommen "und mit dem Feuer verbrannt. . . und . . . seiner Tochter, Salomos Frau, den Ort" nach ihrer Heirat mit Salomo "zum Geschenk gegeben" hatte (1. Kön. 9, 16).

Gezer (Geser) erscheint erneut in den Makkabäerberichten aus dem 2. Jh. v. Z. Das erste Buch der Makkabäer berichtet, daß der Seleukidengeneral Bakchides zur Zeit Jonathans, Bruder und Nachfolger Judas Makkabis, "Geser. . . befestigen ließ" (1. Makk. 9, 52). Sein Bruder Simon, der Jonathans Nachfolge antrat, "belagerte . . . Geser und . . . eroberte. . ." es. Simons Sohn, Johannes Hyrkanus, machte es zu

seinem Hauptquartier, als sein Vater ihn "zum Hauptmann über das ganze Kriegsvolk einsetzte" (1. Makk. 13, 43 und 53).
Der englische Gelehrte R. A. S. Macalister führte unter der Schirmherrschaft des Palestine Exploration Fund in den Jahren 1902-05 und 1907-09 die ersten archäologischen Grabungen in Gezer (Geser) durch. Seine wichtigsten Entdeckungen stammten aus dem 3. Jt. v. Z. bis zum 2. Jh. v. Z. Zu den bedeutendsten Bauten, die er fand, gehörten vier Stadtmauernsysteme; ein Schacht, mit einem Tunnel verbunden, der aus dem festen Fels gehauen worden war und zu einer unterirdischen Quelle führte — ähnlich den aufsehenerregenden Wasserversorgungssystemen in Megiddo und Hazor; sowie die Ruinen eines kanaanäischen Baus — eine der biblischen "Höhen" mit zehn Monolithen, einige fast 3 m hoch, die eine niedrige Steinmauer umgab.
Ebenfalls am Ort gefunden wurden wichtige Inschriften. Die früheste war eine mit piktographischen Zeichen beschriebene Scherbe aus dem 17.-16. Jh. v. Z., heute als die sogenannte "Tonscherbe von Gezer (Geser)" bekannt. Das Fragment einer Tafel in Keilschrift, die Macalister auf das 7. Jh. v. Z. zur assyrischen Periode datiert hatte, wurde von W. F. Albright der viel früheren El-Amarna-Periode, d. h. dem 14. Jh. v. Z., zugeordnet. Es ist ein Befehl, der den König von Gezer (Geser) zu einem ägyptischen Befehlshaber zitierte. Wahrscheinlich beruhte Macalisters falsche Datierung auf der Tatsache, daß zwei weitere Tafeln in Keilschrift, die er fand, tatsächlich aus dem 7. Jh. stammten. Es waren Rechtsverträge, und sie enthielten mehrere hebräische und assyrische Namen. Der bekannteste Inschriftenfund war jedoch der Gezer-(Geser-) Kalender aus salomonischer Zeit. Auf dieser Tafel aus dem 10. Jh. v. Z. steht eine der frühesten bekannten Inschriften auf Hebräisch. Sie teilt das Jahr in landwirtschaftliche Jahreszeiten ein und führt die Feldarbeiten an, die zu jeder durchgeführt werden müssen. Krughenkel mit einem Königsstempel gehören wahrscheinlich einem der Könige von Juda aus dem 8. oder 7. Jh. v. Z. Eine griechische Inschrift, die den "Palast des Simon" erwähnt, bezieht sich eventuell auf Simon den Makkabäer. Die Grenzinschrift auf Hebräisch, die in der Nachbarschaft des Bergs gefunden wurde, stammt aus der römischen Zeit.
Macalisters materielle Funde waren eindrucksvoll. Allerdings trugen sie nur wenig zu einer wissenschaftlichen Rekonstruktion der sukzessiven Geschichte Gezers (Gesers) bei wegen der damaligen primitiven Ausgrabunsmethoden und weil Macalister ohne ausgebildete Archäologen arbeitete. Er mußte allein arbeiten, abgesehen selbstverständlich von den ansässigen arabischen Tagelöhnern, die für ihn gruben. Somit konnte er das reiche ausgegrabene Material weder assimilieren noch klassifizieren. Ebensowenig konnte er die Schichten — die chronologische Perioden darstellen — korrelieren, als er von einem Graben zum anderen fortschritt.
1924 führte der englische Archäologe A. Rowe eine weitere Grabung durch. Da er jedoch auf einem wenig versprechenden Gebiet begann, gab er bereits nach sechs Wochen auf.
1964 begann der amerikanische Gelehrte G. E. Wright eine systematische, umfassende Grabung (und Wiederausgrabung), die insgesamt zehn Jahre lang dauerte. Sie ermöglichte es, die Geschichte von Gezer (Geser) seit seiner frühesten Besiedlung im

ausgehenden 4. Jt. v. Z. durch alle sechsundzwanzig Besiedlungsebenen zu verfolgen. Dieses gewaltige archäologische Projekt wurde vom Hebrew Union College und der Archaeological School (heute die Nelson Glueck School of Biblical Archaeology) in Jerusalem getragen und durch Zuwendungen der Smithsonian Institution aus Washington finanziert, an denen sich auch das Harvard Semitic Museum beteiligte. Wright leitete die Grabung von 1964-65 (anschließend war er als Berater tätig); von 1966-71 war W. G. Dever ihr Leiter und J. D. Seger in den Jahren 1972 und 1973. (Von 1964 bis zu seinem Tod im Jahr 1971 war Nelson Glueck ebenfalls als Berater tätig.)

Anhand ihrer Entdeckungen auf den Ebenen der frühen Besiedlung etablierten die Gelehrten, daß sich Gezer (Geser) gegen die erste Hälfte des 2. Jts. v. Z. beträchtlich entwickelt hatte. Um 1800 v. Z. war die Stadt zwar noch nicht befestigt, verfügte jedoch bereits über aufwendige öffentliche Einrichtungen, gut geplante Häuser und Höfe sowie aus dem Fels gehauene Zisternen. Wände und Boden eines Getreidespeichers, auf stattlichen Fundamenten gebaut, besaßen eine fast 13 cm dicke Gipsschicht, die ihn vor Feuchtigkeit und Nagetiere schützen sollte.

Macalister hatte einen Teil der von ihm sogenannten "inneren Mauer" verfolgt, die den Berg umkreiste, sowie den Standort mehrerer ihrer Türme ausgemacht. Er datierte sie auf das 3. Jt. v. Z. Inzwischen hat sich herausgestellt, daß sie Mitte des 17. Jhs. v. Z. gebaut wurde. Sie war über dreieinhalb Meter breit und noch bis zu einer Höhe von über 4 m erhalten. Eine Turmplattform, die das Tor aus dieser Periode flankierte, besitzt eine monumentale Breite von 15 m. Aus dieser Zeit stammen auch die Monolithen der "Höhe", die Macalister entdeckte.

Die Schicht aus dieser Periode wurde zerstört, deshalb wird sie fast überall von einer fast 1 m dicken Schicht von verbrannten Ziegeln bedeckt. In einem Abschnitt — hier lagen offensichtlich die Lagerräume — wurden unter einer Anhäufung verbrannter Balken, Asche und eingestürzter Wände mit Getreide gefüllte zerbrochene Krüge entdeckt. Viele Vorratskrüge wiesen Stempel verschiedener Buchstaben des proto-kanaanäischen Alphabets auf. Das war eine ungemein wichtige Entdeckung, wurden doch zum ersten Mal Beispiele des, man könnte fast sagen, Großvaters aller Alphabete im Rahmen datierbarer Schichten gefunden. Somit konnten die Gelehrten diese Schrift mit Bestimmtheit auf das 16. Jh. v. Z. datieren.

Im 14. Jh. gab es eine erneute Entwicklung, im Jahrhundert danach folgte der Niedergang, und im 12. und 11. Jh. wechselten sich Aufstieg und Niedergang in Gezer (Geser) ab. Dann folgt im 10. Jh. Salomos Herrschaft. Auf dieser chronologischen Ebene machten die Gelehrten eine der faszinierendsten Entdeckungen. Hier hatte Macalister teilweise einen Bau ausgegraben, dessen Entstehung er auf das 2. Jh. v. Z. ansetzte. Deshalb nannte er ihn die Makkabäerburg. 1957 führte Yigael Yadin Grabungen in Hazor durch und hatte kurz zuvor das salomonische Tor entdeckt, das genau den gleichen Grundriß aufwies wie Salomos Tor in Megiddo. Da Salomo "Hazor und Megiddo und Geser" wiederaufgebaut hatte, mußte es nach Ansicht Yadins auch in Gezer (Geser) ein ähnliches Tor gegeben haben, von dem Macalister jedoch kein Wort erwähnte. Yadin beschloß deshalb, nicht den Ort Gezer (Geser) auszugraben — er war mit seiner eigenen Grabung in Hazor beschäftigt — sondern den dreibändigen Bericht, den Macalister 1912 veröffentlicht hatte, und Beschreibung und Pläne von Macalisters Funden bei seinen Grabungen einer erneuten Untersuchung zu unterwerfen, die erfolgt war, als die Archäologie noch in den Kinderschuhen steckte und vergleichendes Material, das den Ausgräbern hilft, verhältnismäßig selten war.

Als Yadin (auf Seite 271 des ersten Bands von Macalister) die Anlage des sogenannten "Grundrisses der Makkabäerburg in Gezer (Geser)" studierte, fielen ihm zu seinem Erstaunen und nicht geringer Erregung eine Kasemattenmauer, ein äußeres Torhaus und etwas auf, was wie die Hälfte eines Stadttores aussah, wie er sie bereits in Hazor und Megiddo gefunden hatte! Macalister hatte sich bei der Datierung um achthundert Jahre geirrt, zum größten Teil, weil er in dem Gebiet auch hellenistische Töpferei und eine griechische Inschrift gefunden hatte. Wie Yadin erklärt, verkannte Macalister die wahre Beschaffenheit und volle Bedeutung dieses befestigten Komplexes, weil er nur einen Teil des Tors entdeckt hatte und — um fair zu sein — die Tore von Megiddo und Hazor damals noch unbekannt waren.

1958 veröffentlichte Yadin die Schlußfolgerungen seiner archäologischen Detektivarbeit in einem Artikel im Israel Exploration Journal unter dem Titel "Solomo's City Wall and Gate at Gezer", d. h. "Salomos Stadtmauer und -tor in Gezer (Geser)". Darin schlägt er vor, daß die Makkabäerburg in Wirklichkeit die Überreste der salomonischen Bauten waren, und er wies auf die auffallenden Ähnlichkeiten mit Hazor und Megiddo nicht nur im Grundriß der Befestigungen sondern auch in ihren Dimensionen hin. Es schien ganz so, schrieb er, "als seien sie von Salomos Architekten alle nach dem gleichen Entwurf gebaut worden, abgesehen von geringfügigen Änderungen, die das Gelände jeweils erforderlich machte."

Als die Archäologen von Hebrew Union College mehrere Jahre später ihre systematische Grabung am Ort durchführten — und zwar mit den modernen wissenschaftlichen Methoden —, hatten sie sich u. a. das Ziel gesetzt, Yadins Theorie zu überprüfen. Sie wurde während der Zeit bestätigt, als Dever sie leitete. Er und sein qualifizierter Mitarbeiterstab entdeckten die andere Torhälfte. Sie war mit dem in Hazor und Megiddo fast identisch. Mit Hilfe von Stratigraphie und Tonscheiben bestätigten sie auch das Datum. Außerdem konnten sie Grundriß und Bau um viele Einzelheiten bereichern. Darüber hinaus untersuchten sie die Kasemattenmauer, die mit dem Tor zusammenhing, und auch sie erwies sich als salomonischen Ursprungs. Devers Erregung zeichnet sich deutlich in seinem Bericht ab: "Die versiegelte Töpferei . . . war typisches rotglänzendes Gut aus dem ausgehenden zehnten Jahrhundert v. Z. Salomo baute Gezer (Geser) tatsächlich wieder auf!"

Einige weitere Entdeckungen der Gelehrten vom Hebrew Union College, die sie in den nachfolgenden chronologischen Schichten machten, klären den geschichtlichen Hintergrund weiterer hervorragender Ereignisse, die die Bibel beschreibt. Dazu gehören die Anzeichen von Zerstörung gegen Ende des 10. Jhs., die gut zum Datum 924 v. Z. passen, als Pharao Schischak ins Land einfiel. Und die Asche gegen Ende der Schicht aus dem 8. Jh., die große Mengen zerschlagener Töpferei einhüllt, scheint den Beweis einer Zerstörung durch den Assyrer Tiglatpileser III. zu verstärken.

Für den Laien weitere interessante Überreste sind die Ruinen, die auf der Ebene aus dem

Das salomonische Tor in Gezer (Geser)

2. Jh. freigelegt wurden. Aus dieser hasmonäischen Periode stammt das neu aufgebaute Stadttor, wahrscheinlich vom Seleukidengeneral Bakchides; sowie Münzen zweier Seleukidenherrscher, Bleigewichte und Eisengeräte. Obwohl Macalisters Makkabäerburg in Wirklichkeit ein salomonischer Bau war, wie weiter oben berichtet, wurde es in makkabäischer Zeit erneut benutzt.
Mit der Zerstörung dieser Ebene gegen Ende des 2. Jhs. v. Z. geht die lange Geschichte von Gezer (Geser) praktisch zu Ende. Sein Name hat sich jedoch im heutigen, ganz in der Nähe gelegenen Kibbuz Gezer (Geser) erhalten. Darüber hinaus kann der Besucher die Überreste seiner Vergangenheit heute an einer der eindrucksvollsten archäologischen Stätten des Landes besichtigen.

ABU GHOSCH

Die ersten 50 km der Straße von Tel Aviv an der Küste nach Jerusalem im judäischen Bergland führen durch Flachland. Dann steigt sie beim "Tor zum Tal", auf Hebräisch Schaar Hagai und Bab el Wad auf Arabisch, steil an. Auf den nächsten achteinhalb Kilometern windet sie sich zwischen steilen, kiefernbestandenen Hängen durch einen gewaltigen Bergspalt. Wenn sie die Schlucht verläßt, führt sie um ein Dorf herum, das aus dem Berghang herauszuwachsen scheint. Das ist Abu Ghosch. Von hier aus kann der Reisende einen ersten Blick auf Jerusalem werfen, das ca. 12 km in östlicher Richtung liegt. An diesem Ort zerrissen fromme jüdische Pilger als Zeichen der Trauer über die Zerstörung ihres Tempels ihre Gewänder.
Der Name des Ortes, Abu Ghosch, ist verhältnismäßig neu. Der Ort, an dem das Dorf liegt, ist dagegen alt. Seine erste Siedlung stammt aus der Kupferzeit (Chalkolithikum) im 4. Jt. v. Z. In biblischer Zeit lag hier Kirjath-Jearim, wo die Bundeslade nach ihrer Rückgewinnung von den Philistern jahrelang aufbewahrt wurde, bevor David sie nach Jerusalem brachte. Kirjath-Jearim ist Hebräisch für "Stadt der Wälder". Das war sie, bevor Vernachlässigung des Menschen und Gefräßigkeit der Ziegen das Land seiner Wälder beraubten. Inzwischen wurden wieder Bäume angepflanzt, so daß die Hänge des judäischen Berglands erneut bewaldet sind.
Bis zur Zerstörung des 'esten Tempels und des jüdischen Exils in Babylonien im 6. Jh. v. Z. war Kirjath-Jearim in israelitischer Zeit eine blühende Siedlung. Bei der Heimkehr der Juden wurde es erneut besiedelt und bestand danach ungefähr sechshundert Jahre. Dann ereilte es das gleiche Schicksal wie Jerusalem: es wurde zur gleichen Zeit zerstört wie der Zweite Tempel, als der große jüdische Aufstand niedergeschlagen wurde. Danach war eine Zeitlang eine Einheit der zehnten römischen Legion am Ort stationiert. Die Byzantiner, die auf sie folgten, drücken dem Dorf ihren Stempel auf, als sie auf dem Berggipfel an der Nordseite der Hauptstraße eine Kirche bauten (wo heute die Kirche der Vierge Marie Arche d'Alliance mit ihrer beherrschenden Figur von Madonna und Kind steht). Später bauten die Kreuzfahrer über der Quelle am Dorfein-

Das Dorf Abu Ghosch

gang an der Südseite der Schnellstraße eine eindrucksvollere Basilika. Heute ist es die am besten erhaltene Kreuzfahrerkirche in Israel.
Im 18. Jh. ließ sich am Ort die Familiensippe Abu Ghosch nieder, die wahrscheinlich von einem Beduinenstamm in Arabien abstammt. Sie wurde so mächtig und ihr Einfluß in der Gegend so stark, daß die früheren Namen des Ortes vergessen wurden und das Dorf unter dem Namen der Sippe bekannt wurde. Reisende, die im 19. Jh. ins Heilige Land kamen, wußten grausige Geschichten zu berichten, die christlichen Pilgern auf dem Weg nach Jerusalem widerfuhren, wenn sie das Nadelöhr von Abu Ghosch passieren mußten. Diejenigen, die das Glück hatten, nicht ausgeraubt zu werden, mußten vor der Weiterreise eine hohe Gebühr entrichten, sonst drohte ihnen eine schwere Körperstrafe. Heute ist Abu Ghosch ein friedliches, blühendes arabisches Dorf. Als einziges in der Gegend beteiligte es sich in Israels Unabhängigkeitskrieg nicht an den Angriffen gegen Juden. Zur Mandatszeit schlossen sich sogar eine Reihe von Dorfbewohnern einer jüdischen Untergrundbewegung an.
Die eindrucksvollsten archäologischen Überreste in Abu Ghosch sind die der Kreuzfahrerkirche. In der zweiten Hälfte des vergangenen Jahrhunderts ging sie in den Besitz der französischen Regierung über, die sie den Benediktinern anvertraute. Sie restaurierten die Ruinen und bauten 1899 ein kleines Kloster an. Die Kirche gehörte zu einer Kreuzfahrerburg, die der Orden der Hospitaliter gebaut hatte, bei denen es die sogenannte "Burg der Quelle" und "Burg von Emmaus" war, denn für sie war es der im Neuen Testament erwähnte "Ort, der lag von Jerusalem bei zwei Stunden Wegs: des Name heißt Emmaus", den Jesus laut Lukas drei Tage nach seiner Kreuzigung aufgesucht haben soll (24, 13).
Diese Kirche ist kleiner und strenger als die in Ramla. Ihre Architektur wird jedoch durch edle Proportionen bestimmt, und ihre Steinmetzarbeit und die wuchtigen Säulen im Inneren vermitteln den gleichen Eindruck einer baulichen Stärke. Statt Säulen an den Wänden tragen Steinvorsprünge die Bogen. Ihr einziger Schmuck sind Fresken an den Wänden. An die Kirche grenzen ein Kreuzfahrersaal und ein Refektorium an. Mächtige Bogen stützen die gewaltige Krypta unterhalb der Kirche, die die Quelle überdacht. Wegen dieser Quelle wählten die Kreuzfahrer diesen Ort für ihre Kirche.
Auf einer in die Kirchenwand eingesetzten Steintafel erscheint die Originalinschrift "Sonderkommando der zehnten Legion" auf Lateinisch. Die Tafel stammt aus einem Gebäude, das die römische Garnison, die hier vor über eintausend Jahren stationiert war, gebaut hatte.
Die Kirche auf dem Berggipfel wurde 1924 von den französischen Schwestern des hl. Josephs an dem ihrer Ansicht nach genauen Standort der Bundeslade im biblischen Kirjath-Jearim gebaut. Sie steht auf den Fundamenten einer größeren byzantinischen Kirche aus dem 5. Jh. n. Z. Einige ihrer ursprünglichen Säulen und Steinmetzarbeiten wurden beim Bau der modernen Kirche verwendet. Im Boden der Kirche und im Hof sind Teile byzantinischer Mosaikpavimente zu sehen. Nach Ansicht einiger stand hier früher, wo sich jetzt eine kleine Kapelle beim Altar befindet, im 2. Jh. v. Z. ein hasmonäischer Bau. Ihr Boden liegt tiefer als die byzantinische Ebene, und er ist mit einem gut erhaltenen frühen Mosaik verziert, dessen Muster und Steine sich von den christ-

Hellenistische und römische Überreste in Aschkelon, in einem ausgegrabenen herodianischen Gebäude dem 1. Jh. v. Z. ausgestellt.

lichen Mosaiken unterscheiden. Zerstreut auf dem Gelände liegen reich verzierte Kapitelle, Basen und Säulenfragmente aus byzantinischer und römischer Zeit und noch davor herum. In einer Entfernung von knapp 50 m vom Gipfel kann man die Überreste einer kanaanäischen Siedlung sehen.

ASCHKELON

Wie Jaffa und Akko (Akka) ist Aschkelon, am südlichen Ende der Küstenebene am Mittelmeer gelegen, eine der ältesten Städte der Welt. Im Altertum lag sie auf dem künstlichen Berg oberhalb der Küste in unmittelbarer Nähe südlich des neuen Afridar-Aschkelon, der schön geplanten Gartenstadt mit den rotgiebligen Landhäusern und grünen Rasen, der hinunter bis zum Sandstrand reicht. Es ist nach einer nur einstündigen Fahrt von Tel Aviv und Jerusalem aus zu erreichen. Im Berginneren sind die Überreste von sechs Ebenen einer frühen Besiedlung begraben. Jede Stadt entstand auf den Ruinen ihrer Vorgängerin: ihre Erbauer waren Kanaanäer, Philister, Griechen und Römer, Byzantiner, Muslime und Kreuzfahrer.

Im Altertum besaß Aschkelon als Hafenstadt eine gewisse Bedeutung. Sein Hafen lag an der Mündung eines Flusses, der sich seinen Weg durch die niedrigen Klippen bahnte, die die Küste säumen. Da der Hafen jahrhundertelang verlassen war, ist er jetzt versandet, die Küstenlinie weist praktisch keine Einbuchtung mehr auf. Zuvor war Aschkelon größtenteils eine Handelsstadt, deren Einwohner jedoch auch Landwirtschaft betrieben. Heute ist es ein bescheidenes Zentrum für Landwirtschaft und Leichtindustrie und ein einnehmender Erholungsort. Somit war und ist die Landwirtschaft ein vertrautes Merkmal der Umgebung des alten und des neuen Aschkelon. Es ist mit Sonnenschein und Süßwasserquellen gesegnet; der Boden der Region, der Früchte und Gemüse im Überfluß hervorbringt, ist sehr fruchtbar. Schon zur römischen Zeit, d. h. vor zweitausend Jahren, waren die Weingärten und Gärten von Aschkelon für ihre Fülle berühmt. Wein aus Aschkelon wurde nach Frankreich und Italien exportiert. Die Römer führten auch den allgemeinen Anbau der Zwiebel von Aschkelon — der "Caepa ascalonia" — ein, der die heutige Schalotte ihren Namen verdankt.

Diese Fruchtbarkeit, im Verein mit der Topographie und der strategischen Lage des Ortes, waren verantwortlich für Aschkelons frühe Bedeutung. Wegen der topographischen Bedingungen konnte die Stradt unmittelbar an der Küste gebaut werden — im Gegensatz zu den Nachbarstädten Gaza und Aschdod, die in einiger Entfernung vom Hafen entstanden. Darüber hinaus erfreute es sich eines reichen landwirtschaftlichen und deshalb dicht besiedelten Hinterlands. Es lag in der Nähe der geschäftigen internationalen Karawanenstraßen aus Ägypten im Süden nach Mesopotamien im Norden — der Via Maris —, und es beherrschte eine leicht zugängliche Straße ins Landesinnere. Demnach ist es kein Wunder, daß feindliche Reiche so viele Kriege um seinen Besitz führten.

Archäologische Ausgrabungen, die vor nunmehr vierzig Jahren durchgeführt wurden, zeigten, daß Aschkelon zum ersten Mal gegen Ende des 3. Jts. v. Z. gegründet wurde und daß es Anfang des 2. Jts. bereits eine Stadt von gewisser Bedeutung war. Es ist als

eine der kanaanäischen Städte in den Ächtungstexten aus dem 19. Jh. v. Z. angeführt, als Ägypten auf dem Höhepunkt seiner frühkaiserlichen Macht stand. Mit diesen Texten betrieben die Pharaonen politische Zauberei — eine frühe Form der psychologischen Kriegsführung — gegen tatsächliche oder zukünftige Feinde Ägyptens. In der Textgruppe aus dem 19. Jh. wurden die Namen solcher Feinde und Verwünschungen gegen sie auf Schalen geschrieben. In den späteren Texten — aus dem 18. Jh. — standen sie auf Tonfigurinen, die gefesselte Gefangene darstellten. Wenn Schale oder Figurine zerschmettert wurden. verwirklichte sich die Verwünschung. Vielleicht genügte es auch, daß der potentielle Feind wußte, es liegt in der Macht des Pharaos, ihm durch heftige Verwünschungen zu schaden, um damit sein Wohlverhalten Ägypten gegenüber zu sichern. Wie dem auch sei, offenbaren diese Texte, die die Namen von Vasallenherrschern und Städten für eine mögliche Ächtung anführen, den Umfang von Ägyptens Einflußbereich zur damaligen Zeit. Unter den frühen Ächtungstexten finden wir: "den Herrscher von Asqaluni (Aschkelon), Chalukim und alle Gefolgsmänner, die bei ihm sind. . ."

Als die Hyksos im 18. Jh. v. Z. ins Land einfielen, ging die Stadt Aschkelon in den Besitz der neuen Herren über, die sie ungefähr zweihundert Jahre lang besetzten. Die Ausgrabungen erwiesen, daß die Hyksos-Eroberer die Stadt mit einem Erdwall gestampfter Erde befestigten.

Vom 15.-13. Jh. v. Z. unterstand das Land erneut der ägyptischen Herrschaft. Die kanaanäischen Fürsten waren dem am Ort residierenden ägyptischen Statthalter gegenüber verantwortlich. Allerdings konnten sie sich auch direkt an den Pharao wenden. Dank dieser Mitteilungen, die man in dem archäologischen Schatz, den El-Amarna-Briefen der Pharaonen Amenophis III. und IV. fand, wissen wir etwas über ihre Tätigkeiten und erfahren etwas über Aschkelon und seine Beziehungen zu seinen Herrschern und Nachbarn Anfang des 14. Jhs. v. Z.

Als Vasallenstadtstaat zahlte Aschkelon Tribut an Ägypten. Hier folgt ein Auszug aus einem typischen Brief, den ein Fürst von Aschkelon an den Pharao schickte: "An den König, meinen Pantheon, meinen Sonnengott, den Sonnengott des Himmels. So schreibt Widja, der Fürst von Aschkelon, dein Sklave, Schmutz unter deinen Füssen, dein Pferdebursche. Zu Füßen meines Herrn falle ich bereitwillig, einmal ausgestreckt und einmal gebeugt. Jetzt wache ich über den Ort des Königs, der bei mir ist, und was immer der König, mein Herr, mir geschickt hat, ich habe ihm sehr aufmerksam gelauscht. Welcher Hund hört nicht auf die Worte des Königs. . . Wahrlich, ich habe alles mögliche vorbereitet, das der König, mein Herr, mir aufgetragen hat. Und wahrlich, ich bereite den Tribut der Sonne vor, so wie es mir der König, mein Herr, die Sonne im Himmel, geboten hat."

Allerdings dürfte dem Pharao kaum das Grinsen hinter dem unechten Pathos entgangen sein. Denn auf die Fersen dieses übertriebenen Sendschreibens folgt eine Nachricht des ägyptischen Statthalters in Jerusalem — ebenfalls im El-Amarna-Archiv gefunden —, der berichtet, daß die Einwohner von Aschkelon den Feinden Ägyptens heimlich Nahrung lieferten.

Bronzefigurine aus einem Schatz aus Aschkelon, wahrscheinlich 4. Jh. v. Z.

So verhielten sich Vasallenstaaten häufig — und zwar im Altertum wie in der Neuzeit. Gelegentlich entlud sich die Unzufriedenheit in einem offenen Aufstand. Wie andere

Eine weitere Figurine aus den Funden aus Aschkelon, wahrscheinlich 4. Jh. v. Z.

Städte unter ägyptischer Herrschaft erhob sich Aschkelon wiederholt gegen die Kolonialmacht. Eine solche Rebellion Anfang des 13. Jhs. v. Z. ist in einem zeitgenössischen Relief verewigt, das in den Ruinen in Karnak in Oberägypten gefunden wurde, und zwar auf einer Wand im Palast Ramses' II. aus ca. 1280 v. Z. Das Relief zeigt ägyptische Soldaten, die durch die Befestigungen Aschkelons dringen, weiterhin einige Einwohner von Aschkelon, die Arme in einer Geste des Flehen oder der Kapitulation erhoben, andere, die soeben getötet werden. Unter dem Relief steht die Inschrift: "Die armselige Stadt, die Seine Majestät nahm, als sie hinterhältig war: Aschkelon."

Die Eroberung Aschkelons durch einen anderen ägyptischen Herrscher, Pharao Merenptah, um 1225 v. Z. ist auf einer Stele festgehalten, die für Archäologen eine beträchtliche Bedeutung besitzt. Denn die Inschrift auf dieser aufrecht stehenden Steintafel enthält den frühesten Hinweis auf Israel in einem zeitgenössischen Bericht. Sie führt die Städte und Völker an, die Merenptah eroberte: ". . . davongeführt wurde Aschkelon; in Besitz genommen wurde Gezer (Geser) . . . Israel ist verwüstet, sein Samen ist nicht . . ."

In der zweiten Hälfte des 12. Jhs. v. Z. erhielt die Kaisermacht Ägypten, schon seit Ende des vorhergehenden Jahrhunderts im Niedergang begriffen, ihren Todesstoß, als die "Seevölker", darunter die Philister, angriffen. Als sie in die ägyptischen Kolonien Kanaan einfielen, fehlte dem Pharao die Macht, sie zu vertreiben. Die Philister ließen sich an der Küste entlang nieder und gründeten fünf wichtige Städte, zu denen auch Aschkelon zählte (die anderen waren Gath, Gaza, Aschdod und Ekron). Archäologische Grabungen beweisen, daß sie das kanaanäische Aschkelon völlig zerstörten und eine neue Stadt bauten, die eine vollkommen andere, fortschrittlichere materielle Kultur widerspiegelte.

Ein oder zwei Generationen zuvor waren die Israeliten aus dem Osten von Transjordanien her ins Land eingedrungen und hatten sich im Landesinneren niedergelassen. Ein Zusammenstoß mit den Neuankömmlingen, die jetzt den Küstenstreifen besetzten, war unvermeidlich. Die Philister, die über Eisenwaffen verfügten und in einer straffen gesellschaftlichen und militärischen Ordnung zusammengefaßt waren, belästigten die Israeliten unaufhörlich. Während der gesamten Zeit der Richter führten beide Völker ununterbrochen Krieg gegeneinander, wobei die Philister versuchten, ihr Herrschaftsgebiet zu erweitern und die Israeliten zu unterwerfen.

Ein Israelit, der während dieser Zeit am engsten mit der Gegend von Aschkelon in Verbindung gesetzt wird, ist Simson. Als Gefangener tötete er in einer letzten Handlung dreitausend seiner Feinde auf einmal, indem er die Säulen des Tempels zum Einsturz brachte. Dabei rief er aus: "Ich will sterben mit den Philistern!" Das ereignete sich im nahegelegenen Gaza. Die Bibel berichtet, daß, als er ein junger Mann war, "der Geist des Herrn geriet über ihn, und er ging hinab nach Askalon und erschlug dreißig Mann unter ihnen und nahm ihre Gewänder. . ." (Richt. 14, 19).

Unter David erzielte Israel seine größten Erfolge gegen die Philister. Allerdings hatte sein Vorgänger, Saul, der erste König Israels, diesem Feind bereits die ersten entscheidenden Schläge versetzt, wenn er auch durch sie auf dem Schlachtfeld den Tod fand. Dem Bericht dieses Ereignisses verdankt Aschkelon seine denkwürdigste Erwähnung in der Heiligen Schrift, als David den Tod Sauls und Jonathans betrauert:

Teil der Kreuzfahrermauer in Aschke

"Sagt's nicht an in Gath, verkündet's nicht auf den Gassen in Askalon, daß sich nicht freuen die Töchter der Philister, daß nicht frohlocken die Töchter der Unbeschnittenen" (2. Sam. 1, 20).

Ungefähr zweihundert Jahre später verkündet der Prophet Amos drohend: "Und ich will . . . den, der das Zepter hält, aus Askalon ausrotten, . . . und es soll umkommen, was von den Philistern noch übrig ist" (Amos 1, 8). Ungefähr einhundertundfünfzig Jahre nach Amos prophezeit Zephanja, daß die Feinde erobert und ihre Städte von den Israeliten besetzt sein werden: "Und das Land am Meer soll den Übriggebliebenen vom Hause Juda zuteil werden, . . . und am Abend sollen sie sich in den Häusern von Askalon lagern. . ." (Zeph. 2, 7; es erstaunt somit keineswegs, daß Aschkelons Hauptstraße heute der Zephaniah Boulevard ist).

Es gibt Berichte über Tributzahlungen, die Aschkelon an die Reiche leistete, die das Land an sich rissen. Dazu gehören die Assyrer, die Babylonier und die Perser.

Zur hellenistischen Periode, die jetzt folgte, blühte Aschkelon als Handelszentrum auf. Unter den Ruinen, die man heute am Ort sieht, befinden sich Statuen, die aus den griechischen Tempeln jener Zeit gerettet wurden. Auch unter den Römern blühte der Ort weiter. Besonders Herodes schmückte die Stadt mit schönen Bauten. Josephus schrieb, Herodes habe in Aschkelon "Wasserversorgungsanlagen, Bäder und wunderschöne Plätze und Wandelgänge" anlegen lassen. Unter byzantinischer Herrschaft wurde Aschkelon eine christliche Stadt. Als einzige Minderheit durften die Juden in der Stadt ihre Religion ausüben und eine Synagoge unterhalten. Auch nach der muslimischen Eroberung war die Stadt bewohnt, und zwar bis zum Ende der Kreuzzüge. Die Kreuzfahrer hatten es nicht leicht, Aschkelon zu erobern. Schließlich gelang es Balduin III. jedoch im Jahr 1153. Über das Leben in dieser Zeit wissen wir etwas aus der Chronik des jüdischen Reisenden Benjamin aus Tudela, der 1171 Aschkelon aufsuchte. Er beschrieb es als "eine sehr große und schöne Stadt, und Händler aus allen Teilen des Landes treffen hier zusammen, wegen ihrer günstigen Lage an der ägyptischen Grenze. Es gibt ungefähr zweihundert Juden. . ."

Im Laufe der kommenden hundert Jahre wechselte Aschkelon mehrere Male den Besitzer. 1270 wurde es endgültig von Sultan Baibars zerstört, der es dem Erdboden gleichmachte. Die Stadt wurde aufgegeben. Nach der türkischen Eroberung des Landes im Jahr 1517 wurden keinerlei Versuche eines Wiederaufbaus unternommen; erst im 19. Jh. ordnete Ibrahim Pascha den Bau einer Festung am Meeresufer an. Beim Bau dieser türkischen Festung wurden Steinmetzarbeiten der Kreuzfahrer sowie Teile von Marmorsäulen, Bodenplatten und Statuen aus den griechischen und römischen Ruinen verwendet. Erst nach der Gründung des Staates Israel im Jahr 1948, d. h. fast siebenhundert Jahre nach Baibars' Zerstörung, wurde Aschkelon wiederaufgebaut und neu besiedelt.

Heute sind die Altertümer in Aschkelon ohne weiteres zugänglich, nachdem die Abteilung für Landschaftsgestaltung und Denkmalschutz 1960 ein geschmackvolles Landschaftsgestaltungsprogramm vollendet hat, bei dem wildwachsendes Gestrüpp geräumt, Rasenflächen und Fußwege angelegt sowie einige Ruinen teilweise restauriert und im Rahmen eines bescheidenen staatlichen Parks besichtigt werden können.

Die meisten Ruinen und Altertümer im Park sind hellenistischen, römischen und byzan-

tinischen Ursprungs. Sie wurden bei den Ausgrabungen von 1920-21 durch die englischen Archäologen J. Garstang und P. Adams für den Palestine Exploration Fund entdeckt. Hier befand sich das Hauptgebiet ihrer Grabung. Dann stellten sie fest, daß das biblische Aschkelon auf dem künstlichen Berg lag, der sich unmittelbar hinter dem südlichen Ende des Parks erhebt und eine Fläche von ca. 600 ha bedeckt. Das stellten sie bei einer Probegrabung auf dem Tell fest, die es ihnen erlaubte, die Gegenstände zu untersuchen und Aufschluß über die Baumethoden in jeder Schicht zu erhalten, sowie zu bestimmen, daß die Siedlungen an diesem Ort aus der Zeit der Patriarchen bis zur Philisterzeit reichten. Die Überreste des Erdwalls aus gestampfter Erde beim Tell sind Teile der Hyksos-Befestigungen.

Der Westhang des Bergs reicht bis zum Strand hinunter. Er wird durch die Ruinen einer alten Mauer am Meer entlang begrenzt, aus der Säulen wie die Rohre von Küstenkanonen herausragen. Es sind römische Säulen. Die Mauer selbst entstand zu einer späteren Zeit, wahrscheinlich zur byzantinischen Periode. Zweifelsohne dienten die Säulen zur Verstärkung der Mauer, weiterhin sollten sie wohl das Hafengebiet vor der Meeresbrandung schützen. Eine umfassende Grabung dieses Tells bring wahrscheinlich reiche Funde aus früheren Siedlungsperioden in Aschkelon ans Licht.

Im Park selbst konzentriert sich das archäologische Interesse auf die Sammlung hellenistischer und römischer Statuen, der Säulen, Kapitelle und die beschrifteten und verzierten Marmortafeln, die um einen etwas tieferliegenden Hof am Ende des Rasens im Osten wenige hundert Meter vom Eingang gruppiert sind. Der "Hof" selbst gehört zu einem herodianischen Gebäude, einige der Säulen und Kapitelle stammen aus den mit Kolonnaden versehenen Bauten, die ebenfalls von Herodes errichtet wurden, wie von Josephus berichtet.

Die interessanteste Figur ist die geflügelte Siegesgöttin — Nike —, die auf einer Weltkugel steht, die ihrerseits auf den Schultern von Atlas ruht; weiterhin sind eine Göttin mit einem Palmenzweig sowie eine Göttin und ein Kind — Isis und Harpokrates (d. h. der ägyptische Gott Horus) — besonders bemerkenswert. Zu den Altertümern gehören auch Tafeln aus alten Synagogen mit Inschriften auf Hebräisch.

Auf dem erhöhten Gelände oberhalb dieses östlichen Parkrands ragen riesige Abschnitte der festen Steinmauer in den Himmel, die die Kreuzfahrer errichteten.

Ungefähr eineinhalb Kilometer nördlich des Parks liegt in der Nähe des Hauptstrands des modernen Aschkelons ein Grab aus dem 3. Jh. n. Z., das zufällig vor einigen Jahren entdeckt wurde. Allem Anschein nach war es die Grabkammer einer wohlhabenden heidnischen römischen Familie. Es ist mit farbigen Fresken an den schönen Stuckwänden und der gewölbten Decke verziert. Architektur und Malerei sind ein schönes Beispiel für die Kunststile gegen Ende des römischen Reiches. Zwei Nymphen am Ufer eines Flusses zieren die Wand gegenüber dem Eingang. Die Freske an der Decke zeigt ein kompliziertes Muster von Weinblättern und -ästen und Weintrauben. Sie sind um Sagengestalten gewoben, um böse Geister zu vertreiben. Daneben gibt es idyllische Vignetten, die das Leben nach dem Tode symbolisieren. Dazu gehören ein Jüngling bei der Weintraubenernte, eine ihr Junges säugende Gazelle, ein Jagdhund bei der Verfolgung einer Hirschkuh und der Gott der Schafhirten, Pan, der auf einer Flöte spielt.

LACHISCH

Ungefähr 32 km von Aschkelon entfernt im Landesinneren liegt die aus der Bibel bekannte Stadt Lachisch, Gegenstand der bemerkenswerten Schlachtszenen im Steinrelief aus dem 8. Jh. v. Z., die Sanheribs Palast in Ninive schmückten (und die man heute im British Museum besichtigen kann), sowie der Ort, an dem der Spaten der Ausgräber die wichtigen "Lachisch-Briefe" aus dem 6. Jh. v. Z. freilegte. Es liegt 8 km südöstlich eines anderen Tells aus dem Altertum, von dem man annimmt, daß er in seinem Inneren die Überreste der philistäischen Schwesterstadt Aschkelons, Gath, beherbergt, seinerseits nahe der neuen Stadt, die ihren Namen trägt: Kiriat Gath (Kirjath Gat).

Die Ausgrabungen in Lachisch (Tell ed-Duweir) wurden von der Wellcome-Marston Expedition durchgeführt, die der Archäologe J. L. Starkey von 1932 bis zu seiner Ermordung durch arabische Banditen im Jahr 1938 leitete. Er legte neun Siedlungsschichten frei, deren früheste aus der Mitte des 3. Jts. v. Z. stammte. In den Schichten vom 18.-16. Jh. v. Z. ist der Einfluß der Hyksos-Eroberer zu erkennen. Sie hatten die Stadt befestigt und um sie herum ihren typischen steilen Erdwall mit einem Graben an seinem Boden gezogen. Sie waren sich ihrer strategischen Bedeuting — genau wie die Armeen späterer Reiche — wohl bewußt, da sie die Zugänge zum judäischen Bergland und nach Jerusalem aus dem Süden und die Straße aus dem Norden nach Ägypten bewachte.

Auf der spätkanaanäischen Ebene — Ende des 13. Jhs. v. Z. — fanden die Archäologen Überreste einer Stadt nebst Tempels, die gewaltsam zerstört worden war — öffensichtlich von den Israeliten. "Danach zogen Josua und ganz Israel mit ihm von Libna nach Lachisch, und er belagerte die Stadt und kämpfte gegen sie. Und der Herr gab auch Lachisch in die Hände Israels, daß sie es am nächsten Tag eroberten und es schlugen mit der Schärfe des Schwertes. . ." (Jos. 10, 31-32).

Zu Beginn des 10. Jhs. v. Z. machte David es zum Verwaltungszentrum einer Provinz. Gegen das Jahr 920 v. Z. verstärkte sein Enkel Rehabeam die Befestigungen von Lachisch — die Überreste von Doppelmauern mit Türmen um die Stadt herum, die di Ausgräber fanden, entstammen wahrscheinlich dieser Periode — und versorgte es mit Nahrungsmitteln und Waffen, damit es eine lange Belagerung überstehen konnte. "Rehabeam. . . baute Städte in Juda zu Festungen aus, nämlich: Bethlehem,. . . Gath, Marescha,. . . Lachisch. . . Und er machte die Festungen stark und setzte Hauptleute über sie und legte Vorrat von Speise, Öl und Wein, sowie Schilde und Spieße in alle Städte; so machte er sie sehr stark. . . ." (2. Chron. 5-12).

701 v. Z. fand die berühmteste Schlacht um Lachich statt, als der assyrische Herrscher Sanherib, nachdem er mehrere Städte in Juda — aber nicht Jerusalem — erobert hatte, feststellen mußte, daß ihm der Weg nach Ägypten versperrt war. Nach einer Belagerung stürmten seine Männer die Bollwerke und überwältigten die jüdischen Verteidiger nach heftigen Kämpfen. Bei seiner Heimkehr befahl Sanherib seinen Kriegskünstlern, die Wände seines Palastes in Ninive (Kujundschuk) mit Basreliefs zu schmücken, die die Höhepunkte seines Feldzuges darstellten. Darunter befinden sich auch Szenen aus der

Einer der "Lachisch-Briefe", im Jahr 589 v. Z. in frühhebräischer Schrift auf eine Tonscherbe geschrieben

Schlacht um Lachisch. Der englische Archäologe Layard fand sie 1874. Diese Reliefs geben ein anschauliches Bild von der Art der verwendeten Waffen, der Beschaffenheit der Befestigungen sowie der Kriegskunst bei Verteidigung und Angriff zu jenen Zeiten.
Knapp hundert Jahre später wurde das neu besiedelte Lachisch bei Nebukadnezars, König von Babylonien, erster Invasion Judas in den Jahren 598-597 v. Z. teilweise und bei seiner zweiten Invasion 587 v. Z. völlig zerstört. In der Ebene aus der Zeit zwischen diesen beiden Zerstörungen machte Starkey unter dem verbrannten Schutt in einer Kammer des Stadttors einen faszinierenden Fund: 18 Ostraka — beschriebene Tonscherben — in frühhebräischer Schrift. Später wurden an einer anderen Stelle drei weitere gefunden. Der Text in klassischem Hebräisch war mit schwarzer Tusche auf zerbrochene Tongefäße geschrieben worden. Es waren hauptsächlich Berichte, die der Verbindungsoffizier zwischen Lachisch und Jerusalem im Jahr 589 oder 588 v. Z. an den Befehlshaber der Lachisch-Festung geschrieben hatte, die als eine der letzten Städte von den Babyloniern erobert wurde, bevor sie auch Jerusalem nahmen. Sie spiegeln Jeremias Pessimismus wider, als Zedekia, der letzte König von Juda, ihn aus dem Gefängnis holen ließ und "ihn heimlich" fragte "in seinem Haus und sprach: Ist wohl ein Wort vom Herrn vorhanden? Jeremia sprach: Ja! Du wirst dem König von Babel in die Hände gegeben werden" (Jer. 37, 17).
Als die Juden aus dem babylonischen Exil heimkehrten, wurde Lachisch neu besiedelt. Außerden wurden neue Befestigungen gebaut sowie ein neuer Palast mit Zitadelle auf den Ruinen des alten. Die Überreste dieses Baus aus dem 5. Jh. v. Z. wurden am Ort gefunden. Als das Verwaltungszentrum nach dem nahegelegenen Marescha verlegt wurde, ging die Bedeutung von Lachisch nach dem 4. Jh. zurück. Als die Römer Jerusalem zerstörten und der große Auszug der Juden aus dem Land begann, verfiel Lachisch.
In den fünfunddreißig Jahren nach Starkeys Expedition wurden in Lachisch keine archäologischen Untersuchungen mehr durchgeführt, abgesehen von den sehr begrenzten Probegrabungen, die Professor Yohanan Aharoni 1966 und 1968 vornahm. 1973 begann ein Team unter der Leitung von Dr. David Ussishkin im Auftrag des Instituts für Archäologie der Tel Aviver Universität und der Israel Exploration Society eine lange, systematische Ausgrabung am Ort.
In den bisherigen drei Ausgrabungskampagnen hat Ussishkin sorgfältig die Ergebnisse früherer Grabungen untersucht und die Funde Starkeys einer erneuten Überprüfung unterzogen. Darüber hinaus erweiterte er das Grabungsgebiet, wobei er Gebäudeteile und eine Vielfalt von Töpferei auf historischen Ebenen fand, die für den Archäologen von größter Bedeutung sind. Er konnte viele Aussagen Starkeys im Hinblick auf die Perioden seiner Funde bestätigen — denn eine exakte Datierung ist die wesentliche Voraussetzung für eine Rekonstruktion der Geschichte einer Stätte —, andere versah er dagegen mit einem Fragezeichen. Ein Punkt insbesondere ist von allgemeinem Interesse.
Wie schon oben beschrieben, fand Starkey die Überreste zweier großer Zerstörungen in Lachisch. Die erste schrieb er Sanherib im Jahr 701 v. Z. und die zweite Nebukadnezar bei seiner ersten und seiner letzten Invasion im Jahr 587 v. Z. zu. Nach einstimmiger Ansicht der Gelehrten war das Jahr 587 das Datum, aus dem die obere Schicht der

Inneres der Höhlen von Beth Govrin, wahrscheinlich das Ergebnis von Steinbrucharbeiten im Altertum

Zerstörung stammt (und es gibt keine Meinungsverschiedenheiten über das Datum der "Lachisch-Briefe", sie wurden ein oder zwei Jahre vorher geschrieben). Aber das jüngste archäologische Team hat auf die Möglichkeit verwiesen, daß die Überreste in der unteren Ebene eventuell zu der Stadt gehören, die nicht von Sanherib 114 Jahre früher, sondern von Nebukadnezars Armee bei ihrer teilweisen Verwüstung während der ersten Invasion knapp ein Jahrzehnt zuvor zerstört wurde.

Die gegenwärtige Expedition hat es sich zum Ziel gesetzt, dieses Problem bei ihren kommenden Grabungskampagnen zu lösen. Das Ergebnis ist besonders wichtig, da es die Datierung mehrerer anderer archäologischer Stätten in der Gegend beeinflussen kann. An diesen Orten wurde gewissen Schichten mit einer unklaren Chronologie ein bestimmtes Datum zugeschrieben, wenn ihre Töpferei der Töpferei glich, die in der Schicht in Lachisch gefunden wurde, denn bisher galt sie als sicher identifiziert und datiert. Lachisch war — und ist es immer noch, wenn sich die Annahmen der früheren Archäologen als richtig herausstellen — der Schlüssel zum eingehenden Verständnis der Archäologie Judäas.

Der Tell von Lachisch, das Lachisch aus dem Altertum, ist heute ein Trümmerfeld. Das Gebiet in seiner Umgebung wurde jedoch von den Pionieren des modernen Israels zu neuem Leben erweckt, und es trägt seinen Namen: Chevel Lachisch.

Das biblische Marescha, eine der Städte, die zusammn mit Lachisch als von Rehabeam befestigt erwähnt wird, ist heute ein auffallender Tell ca. 5 km nordöstlich von Lachisch. Bei archäologischen Grabungen zwischen 1898 und 1900 wurde der Ort absolut identifiziert. (Übrigens wurden damals mehrere Krughenkel mit einem Stempel in frühhebräischer Schrift gefunden.) Zur hellenistischen Zeit war er unter dem Namen Marisa bekannt. Während der hasmonäischen Herrschaft wurden die Idumäer, die um diese Zeit in die Gegend eingedrungen waren und Marescha zu ihrer Hauptstadt gemacht hatten, von den Streitkräften Judas Makkabis angegriffen. Judas Enkel Johannes Hyrkanus unterwarf sie endgültig, als er Marescha gegen Ende des 2. Jhs. v. Z. zurückeroberte. Kurz nach der römischen Besetzung baute Pompeius es neu auf. Beim Krieg der Parther gegen Herodes wurde es jedoch schon kurze Zeit danach erneut zerstört.

Zur Kreuzfahrerzeit war Marescha ein vorgeschobener Posten mit Kloster. Im 12. oder 13. Jh. n. Z. bauten die Kreuzfahrer hier eine Basilika, deren Ruinen man wenige hundert Meter östlich des Tells sehen kann. Das war die St.-Annenkirche, von der auch der Name "Sandanna" abgeleitet wurde, wie Marescha bei den Einwohnern der Umgebung noch bis vor kurzem hieß.

Die wichtigsten Überreste, die bei den Grabungen ans Licht kamen, sind die Fundamente der Stadt aus dem 2. Jh. v. Z., die Ruinen ihrer Mauern, Türme, Straßen, ihres Marktes und ihrer Häuser. Für die Archäologen waren sie so aufschlußreich, daß sie einen detaillierten Stadtplan des damaligen Marescha anfertigen konnten. Darüber hinaus fanden sie auch mehrere Wasserzisternen, die aus dem Berg gehauen worden waren; sowie ein schönes Kolumbarium mit Reihen von Grabnischen und zwei große Grabhöhlen, von denen eine griechische Inschriften und dekorative Wandzeichnungen aufwies.

Eineinhalb Kilometer nördlich von Tell Marescha liegt ganz in der Nähe der Straße von

Aschkelon nach Hartuv das alte Beth Govrin. (Der neue Kibbuz des gleichen Namens liegt in unmittelbarer Nähe.) Zur römischen Zeit erlangte Beth Govrin eine gewisse Bedeutung. Zuvor war es kaum mehr als ein Dorf gewesen und hatte in der Gegend keine bedeutende militärische Rolle bei der Verteidigung gespielt. Diese Aufgabe oblag, wie weiter oben beschrieben, zunächst Lachisch und anschließend Marescha. Zu Beginn des 3. Jhs. n. Z. gab es in der Gegend jedoch keine Festung mehr, die die wichtige Straßenkreuzung beherrschte. Bei seinem Besuch der östlichen Herrschaftsgebiete um jene Zeit beschloß Kaiser Septimius Severus, unverzüglich eine bauen zu lassen.
Statt jedoch auf den Ruinen des benachbarten Lachisch oder Marescha zu bauen, befahl er die Umwandlung Beth Govrins in eine befestigte Stadt, erklärte sie zum Verwaltungszentrum und erweiterte ihren Landbesitz beträchtlich. Damals hatte es eine vorwiegend nichtjüdische Bevölkerung, allerdings gab es auch eine kleine jüdische Gemeinde am Ort. Die Ausgrabungen brachten die Ruinen einer Synagoge ans Licht. Auf dem Kapitell einer ihrer Säulen war ein siebenarmiger Leuchter eingemeißelt. Auf einer anderen Säule stand eine hebräische Inschrift. (Die meisten Altertümer dieser Synagoge aus dem 3. Jh. befinden sich heute im Rockefeller Museum in Jerusalem.)
Aus der römischen Periode gibt es ein wunderschönes Mosaik, das Hirten- und Jagdszenen darstellt. Auch dieses Mosaik ist in Jerusalem ausgestellt. Zwei Schichten darüber gab es jedoch zwei weitere Mosaikpavimente mit Vogel- und Tiermotiven, die man noch am Ort selbst besichtigen kann. Sie sind byzantinischen Ursprungs und entstanden im 5. bzw. 6. Jh. Sie befinden sich auf dem Berggipfel und sind heute zum Schutz überdacht (der Schlüssel zur Hütte wird im Kibbuz aufbewahrt).
Anfang des 12. Jhs. wurde Beth Govrin von den Kreuzfahrern erobert, die seine Befestigungen wiederaufbauten und auch eine Zitadelle errichteten. Dieser Bau wurde größtenteils von Saladin zerstört. Die Überreste eines Kreuzfahrerbaus haben sich jedoch bis auf den heutigen Tag erhalten: nämlich die Ruinen, die man bei der Straße sieht.

BEERSCHEBA

Zu Beginn dieses Jahrhunderts war Beerscheba, das die Erinnerung an das gemächliche, idyllische Leben vergangener Zeiten wachruft, kaum mehr als ein Name aus der Bibel. Als Ort, an dem Menschen lebten, hatte es schon viele hundert Jahre zuvor nach seiner Aufgabe aufgehört zu existieren. Dann bauten die türkischen Behörden an dem Ort, an dem einst die Stadt im Altertum stand, ein kleines Verwaltungs- und Marktzentrum für die in der Gegend ansässigen Beduinen. Als General Allenbys australische Kavallerie den Ort 1917 eroberte, war er ein kleines Dorf mitten in der Sandwüste mit knapp zweitausend Einwohnern. Einunddreißig Jahre später, als die israelische Armee den Ort im arabisch-jüdischen Krieg nahm, war seine Bevölkerung um kaum mehr als eintausend Menschen gewachsen. Heute ist Beerscheba die Hauptstadt des Negevs mit mehreren tausend geschäftigen Einwohnern, die eigenhändig Straßen und Parks anlegten und ihre Häuser und das gut ausgerüstete moderne Krankenhaus und die schönen Bauten der Negev-Universität Ben Gurion bauten. In der Stadt gibt es wichtige Industrien, die die Rohstoffe aus dem Negev verarbeiten. Sie bedient die landwirtschaftlichen Siedlungen im Negev. Darüber hinaus ist sie Israels südlichster Bahnhof und Zentrum des Binnenlandverkehrs. Aber diese moderne Stadt, die mitten in die Wüste gesetzt wurde, nimmt jeden Donnerstagmorgen ein romantisches Aussehen wie zu biblischen Zeiten an, wenn am Markttag die Beduinen aus der Umgebung auf Kamelen und Eseln ihre exotischen Wüstenprodukte bringen und sie mit im Orient altherkömmlichem Feilschen und Handeln verkaufen.

Besonders an solchen Tagen erinnert man sich an Beerscheba als einen der bekanntesten alttestamentlichen Orte, der eng mit dem Leben der Patriarchen zusammenhängt. Zu ihrer Zeit war Beerscheba weder eine Stadt noch eine Festung noch ein wichtiges Tor, sondern einfach eine Gruppe von Brunnen mitten in der Wüste. Für ihre Herden waren sie ein Segen, und deshalb machten die Patriarchen den Ort zu einem Heiligtum. Abraham pflanzte hier eine Tamariske "und rief dort den Namen des Herrn, des ewigen Gottes, an" (1. Mose 21, 33). Isaak "baute . . . dort einen Altar und rief den Namen des Herrn an" (1. Mose 26, 25). Jakob schlug dort sein Zelt auf und kurz danach "zog" er "aus von Beerseba" (28, 10) und hatte den Traum von der Himmelsleiter und seine Vision Gottes.

Beerscheba ist das hebräische Wort für "Brunnen des Schwurs", den Abraham und Abimelech ablegten, als sie ihren Bund schlossen: "Da nahm Abraham Schafe und Rinder und gab sie Abimelech, und die beiden schlossen einen Bund miteinander. Und Abraham stellte sieben Lämmer besonders. . . er antwortete: Sieben Lämmer sollst du von meiner Hand nehmen, damit sie für mich ein Zeugnis seien, daß ich diesen Brunnen gegraben habe. Daher heißt die Stätte Beerseba, weil sie beide miteinander da geschworen haben" (1. Mose 21, 27-31).

Damals war Beerscheba mit seinen Brunnen wahrscheinlich eine kleine Wegestation für die Karawanen, die auf einer der Handelsstraßen zwischen Kanaan und Ägypten und der arabischen Halbinsel entlangzogen. Immerhin war der Ort damals wichtig genug, um bei der Zuteilung der Erbteile erwähnt zu werden, die auf Josuas Eroberung des Landes

Elfenbeinkopf aus den Grabungen bei Beerscheba, Kupferzeit (Chalkolithikum)

folgte. Er lag im Erbteil des Stammes Simon. Damals war er die südlichste Stadt des Landes und "Norden bis Süden" wurde greifbar durch "von Dan bis Beerseba" (2. Sam. 3, 10) unterstrichen.
Zur Zeit Samuels (im 11. Jh. v. Z.) muß es eine Art Religions- und Verwaltungszentrum gewesen sein, denn er schickte seine beiden Söhne Joel und Abia als Richter in den Ort: "Als aber Samuel alt geworden war, setzte er seine Söhne als Richter über Israel ein. . . Sie waren Richter zu Beerseba" (1. Sam. 8, 1 und 2). Schon der nächste Vers berichtet jedoch, daß sich die Ernennung als eine Enttäuschung erwies, denn "seine Söhne wandelten nicht in seinen Wegen, sondern suchten ihren Vorteil und nahmen Geschenke und beugten das Recht". Ihre Bestechlichkeit in Beerscheba löste denn auch die Forderung des Volkes nach einem König aus. Es zog zu Samuel und rief: "Siehe, du bist alt geworden, und deine Söhne wandeln nicht in deinen Wegen. So setze nun einen König über uns, der uns richte, wie ihn alle Heiden haben." Das Ergebnis war Sauls Krönung.
Als nächstes erwähnt die Bibel Beerscheba als den Ort, an dem der Prophet Elia im 9. Jh. v. Z. vor dem Zorn der Königin Isebel Zuflucht suchte, der herrischen, heidnischen Gemahlin König Ahabs. Als ihr Gemahl ihr berichtete, Elia habe vierhundert der Propheten des Baal erschlagen, schwor Isebel unverzüglich, ihm "morgen um diese Zeit" zu tun, "wie" er "diesen getan. . ." Elia nutzte die vierundzwanzigstündige Vorwarnung, "machte sich auf und lief um sein Leben und kam nach Beerseba in Juda" (1. Kön. 19, 2 und 3). Das ereignete sich zur Zeit, als die Monarchie bereits gespalten war und Israel und Juda zwei getrennte Reiche waren. Durch seine Flucht nach Beerscheba entzog sich Elia der Gerichtsbarkeit der Behörden von Israel.
Als die Juden im 6. Jh. v. Z. aus der Gefangenschaft in Babylonien zurückkehrten, ließen sie sich unter anderem auch in Beerscheba nieder, das schon kurz danach erneut eine Station an der Karawanenstraße nach Ägypten und Arabien wurde. Es erscheint in der langen, ausführlichen Liste von Städten und Dörfern, die nach dem Bericht im Buch Nehemia von den heimkehrenden Juden zu neuem Leben erweckt wurden: "Und einige von den Söhnen Juda wohnten draußen in Höfen auf ihren Fluren in Kirjath-Arba . . . Beerseba und seinen Ortschaften. . . So ließen sie sich nieder von Beerseba bis zum Tal Hinnom" (Neh. 11; 25, 27 und 30).

Zur römischen Periode war eine Garnison von Legionären in Beerscheba stationiert, das zeitgenössische Berichte als "ein sehr großes Dorf" beschreiben.
Bis zu jenem Zeitpunkt hatte Beerscheba stets auf dem Tell an der nordöstlichen Peripherie der heutigen Stadt gelegen. Die früheste Besiedlung des Ortes, an dem Beerscheba heute liegt, begann in spätrömischer und frühbyzantinischer Zeit, d. h. gegen das 3. oder 4. Jh. n. Z. Aus dieser Zeit wurden die Reste einer Synagoge sowie Teile des Mosaikpaviments einer byzantinischen Kirche gefunden, die kurz danach entstanden war. Das Mosaik wird im Museum der großen Moschee ausgestellt, die die Türken bauten, als sie Anfang dieses Jahrhunderts das neue Beerscheba gründeten.
1968 begann Professor Yohanan Aharoni vom Institut für Archäologie der Tel Aviver Universität mit der systematischen Ausgrabung des alten Tells. Bis zu seinem Tode

konnte er noch mehrere Ausgrabungskampagnen vollenden. Unter der Leitung von Ze'ev Herzog wurde die Arbeit fortgesetzt.
Aharoni fand am Ort einige chalkolithische Überreste. Die erste bedeutende Besiedlung war allerdings erst zur frühisraelitischen Periode erfolgt. Deshalb setzte er das Datum auf ca. 1200 v. Z. an. In der ersten Phase war die Siedlung kaum mehr als ein halbnomadisches Lager, in dem Höhlen und Gräben in das Muttergestein gehauen wurden. Schon bald wurden jedoch Häuser gebaut, und ein Dorf entwickelte sich um einen Brunnen, der vom Berggipfel bis zu einer Tiefe von über 40 m ausgegraben worden war. Das war einmalig — alle anderen Brunnen lagen viel weiter unten nahe beim Flußbett —, und das archäologische Team hielt hier ausdrücklich seine Meinung fest, daß es "der berühmte, durch die patriarchale Tradition geheiligte Brunnen" war, den es mit Abraham (1. Mose 21, 25) und Isaak (1. Mose 26, 25) in Verbindung setzte.
Nach der Zerstörung der frühen Siedlung entstand im 10. Jh. v. Z. während des vereinigten Königreiches eine befestigte, schön geplante Stadt. Zwei aufeinanderfolgende Stadtmauern wurden freigelegt, jede aus sonnengetrockneten Ziegeln auf Steinfundamenten. Die eine stammte aus dem 10., die andere aus dem 9. Jh. v. Z. Die eine war eine ca. 3,60 m dicke feste Mauer mit den bekannten Vorsprüngen und Nischen, die andere war eine Kasemattenmauer. Aharoni datierte die feste Mauer auf das 10. und die Kasemattenmauer auf das 9. Jh. v. Z. Das rief bei anderen Gelehrten Erstaunen hervor, denn an allen anderen wichtigen archäologischen Stätten im Land stammte die Kasemattenmauer eindeutig aus dem 10. Jh., auf die dann die feste Mauer folgte. Darüber hinaus war diese Anlage logisch, denn um den gewichtigeren Waffen eines Invasoren im 9. Jh. zu widerstehen, waren stärkere Befestigungen als nur eine Kasemattenmauer erforderlich (siehe Kapitel über Megiddo). Aharoni war sich dieser Tatsache selbstverständlich bewußt. Er erklärte jedoch, daß während der gesamten Periode der israelitischen Monarchie "beide Mauerntypen" gebaut wurden, "wobei die Wahl offensichtlich von den lokalen Gegebenheiten diktiert wurde".
Erst mehrere Kampagnen später stellten die Ausgräber fest, daß die feste Mauer schließlich doch nicht das früheste Befestigungssystem am Ort gewesen war. 1974 fand Aharoni *unter* der festen Mauer — d. h. vor ihr gebaut — "einen kleinen Abschnitt einer kasemattenähnlichen Strukture". Er erklärte jedoch, es müsse sich nicht unbedingt um den Teil einer Stadtmauer handeln, er könne "auch aus einer Festung stammen". Im Jahr darauf, 1975, war der "kleine Abschnitt" auf einen fast 50 m langen Streifen von Kasematten angewachsen. Obwohl die Mauer somit eindeutig länger war — die Ausgräber hatten noch nicht ihr Ostende erreicht, als die Grabungskampagne zu Ende ging —, schrieb Aharoni, es sei eine Mauer, die eine ganz in der Nähe gefundene Zitadelle umgeben habe. Leider lebte er nicht mehr lange genug, um die Lösung dieses faszinierenden Rätsels zu erleben. Während der Kampagne von 1976 wurden weitere 20 m der Kasemattenmauer freigelegt, womit inzwischen insgesamt ca. 70 m ans Licht gekommen waren — zumindest bis zu jenem Zeitpunkt. Sie und die entdeckten Tonscherben stützten allem Anschein nach die Behauptung, daß die Kasemattenmauer um die Stadt genau wie bei den anderen archäologischen Stätten dem Bau der festen Mauer *vorausgegangen* war.

Oberer Teil einer vogelförmigen Nadel aus Knochen, Kupferzeit (Chalkolithikum)

Elfenbeinfigurine aus der Umgebung von Beerscheba, Kupferzeit (Chalkolithikum). Durch die Löcher im Kinn und in der Stirn wurden Haare und Bart gezogen.

Grundsätzlich war eine israelitische Stadt so angelegt, daß eine Straße die ganze Stadt parallel zu den Mauern umkreiste. Zu beiden Seiten standen Häuserreihen. Die Häuser hatten die für die damalige Zeit übliche Form mit vier Zimmern. Es gab ein gutes Kanalisationssystem. Unterhalb der Straßenoberfläche fand man Kanäle, die Steinplatten verdeckten. Sie nahmen das Wasser auf, das durch vergipste Rinnen aus den Hauswänden herausgeleitet wurde. Der Hauptkanal leitete das Wasser in den Brunnen vor dem Stadttor. Rechts vom Tor fand Aharoni einen Komplex von drei angrenzenden Lagerhäusern, die jeweils über 15 m lang waren. Ihr Inhalt ließ keinen Zweifel daran aufkommen, daß es sich um königliche Lagerhäuser für Getreide, Wein und Öl handelte. Allein in einem Saal wurden über einhundert unversehrte Tongefäße gefunden, viele davon typische Steinkrüge. Außerdem fanden die Archäologen zwei Stadttore. Eines besaß ein zusätzliches Außentor, und in dem Gebiet dazwischen entdeckten sie einen Weihrauchaltar, der wahrscheinlich Bestandteil einer "Höhe" war. In der fünften Kampagne fand Aharoni einen großen gehörnten Altar in einem ausgebesserten Abschnitt des Lagerhauskomplexes.
Aus den anschließenden Perioden entdeckten die Archäologen die Überreste von Festungen, die zur persischen, hellenistischen und frührömischen Zeit errichtet worden waren, sowie ein luxuriöses Badehaus, das an die herodianische Festung angrenzte. Der globale Grundriß der Stadt, wie sie ursprünglich während des vereinigten Königreiches angelegt wurde, wurde allem Anschein nach durch alle Jahrhunderte der späteren Besiedlung bis zur römischen Zeit beibehalten.
Aharoni grub den Tell, der die Überreste des antiken Beerschebas beherbergte, als erster aus. Auf dem Gelände wurden jedoch auch andere Ausgrabungen durchgeführt. Die bemerkenswertesten waren die unmittelbar im Süden von Beerscheba durchgeführten. Dabei kamen Überreste von Siedlungen aus dem Chalkolithikum ans Licht, dessen Menschen nur eine verhältnismäßig kurze Zeit in der Geschichte ca. eintausendfünfhundert Jahre vor den Patriarchen hier gelebt hatten. 1951 führte ein junges Mitglied eines benachbarten Kibbuzes den französischen Archäologen Jean Perrot ans Ufer eines Wadis, in dem es grobe Tonscherben und Flintsplitter entdeckt hatte. Eine kurze Untersuchung überzeugte Perrot davon, daß sie aus einer Siedlung aus dem 4. Jt. v. Z. stammten. Darauf folgten sechs Grabungskampagnen in Bir Abu Matar und Bir es-Safadi von Perrot im Auftrag des französischen Zentrums für wissenschaftliche Forschung, eine Ausgrabung von Dr. Moshe Dothan im Namen der israelischen Abteilung für Altertümer in Khirbet el Bitar und Grabungen von Zvi Ofer, dem Kurator des Museums von Beerscheba, bei Bir el-Ibrahîm, dem Ort, an dem der Überlieferung zufolge Abrahams Brunnen lag.
Als erster entdeckte Perrot die eigenartigen unterirdischen Dörfer dieser Menschen in Israel. Derartige unterirdische Wohnungen, die ausgezeichneten Schutz vor den Sandstürmen, der in der Wüste herrschenden Hitze tagsüber und der Kälte nachts boten, wurden durch die Bodenbeschaffenheit begünstigt. Darüber hinaus waren sie für einen möglichen Feind praktisch unsichtbar, es sei denn, er näherte sich ihnen bis auf wenige Schritte. Die frühesten Wohnungen dieser Einwohner waren vollkommen im Erdinneren. Es waren große, rechteckige Räume, die zweifelsohne eine Tradition von aus dem

Fels gehauenen Unterkünften in ihrem Ursprungsland widerspiegelten. Sie zerbröckelten jedoch bald, und an ihre Stelle traten Reihen kleinerer, diesmal eiförmiger Räume, die durch Tunnel verbunden waren. Ein senkrechter Schacht, der zum letzten Raum jeder Reihe führte, bildete den Eingang. Darüber hinaus sorgten die Schächte für die notwendige Belüftung. In ihren Wänden angebrachte Stützen erleichterten Betreten und Verlassen der Wohnungen.

Es gab Anzeichen dafür, daß diese unterirdischen Dörfer gelegentlich aufgegeben wurden, möglicherweise in trockenen Jahren. Was ihre Einwohner nicht mitnehmen konnten, versteckten sie, und glätteten alle sichtbaren Spuren ihrer Wohnungen, damit sie möglichen Plünderern weniger ins Auge fallen würden. Einige von ihnen kehrten nie zurück und hinterließen den Archäologen fünftausend Jahre später unterirdische Häuser komplett mit Möbeln und Haushaltsgeräten. Später lösten Wohnungen oberhalb der Erde die unterirdischen ab. Die Überreste verhältnismäßig fester Häuser wurden in Bis es-Safadi gefunden. Sie waren aus Lehmziegeln auf Steinfundamenten gebaut worden.

Die Überreste lieferten klare Hinweise auf die Lebensweise dieser Menschen, die eindeutig auf Landwirtschaft und Viehzucht und nur wenig auf Jagd basierte. Zu den Funden gehörten landwirtschaftliche Geräte, Hacken und Sicheln aus Knochen und Stein sowie primitive Speicher, in denen noch Weizen-, Gersten- und Linsenkörner gefunden wurden. Wie Tierskelette zeigten, bestanden ihre Herden vorwiegend aus Schafen und Ziegen.

Kunst und Handwerk dieser Menschen waren gut entwickelt und erreichten oft ein hohes Niveau. Anmutige Tongefäße, einige bunt mit geometrischen Mustern verziert, einschließlich den für diese Menschen typischen Butterfässern; ebenso typische Basaltschalen; Web- und Flechtarbeiten, sowie Ziergegenstände und Schmuck aus hartem Stein, Muschelschalen und Elfenbein, die auch Kultfigurinen aus Elfenbein umschlossen. In Bir es-Safadi fand Perrot die unversehrte Werkstatt eines Elfenbeinschnitzers, komplett mit Werkbank, Geräten — an der Ahle aus Kupfer saß noch der Griff aus Knochen — und Rohstoffen: den Stoßzahn eines Elefanten. In Bir Abu Matar fand er Überreste einer Kupferschmelzerei und Kupfergegenstände wie Keulenköpfe, Äxte und Schmuck.

Diese Kultur wird als die Ghassul-Kultur bezeichnet. Der Begriff kommt von der chalkolithischen Siedlung Teleilat Ghassul nordöstlich des Toten Meers in Jordanien, die 1930 von einer archäologischen Expedition des Pontifical Biblical Institute ausgegraben wurde. Viele der bei Beerscheba entdeckten Funde sind den zuvor in Teleilat Ghassul (und in der Gegend von Tel Aviv) ausgegrabenen sehr ähnlich. Die Ausgrabungen in Beerscheba zeigten, daß diese Siedlungen plötzlich entstanden waren, deren Einwohner, eine eigenartige Gruppe mit einer nur ihr eigenen Kultur, hier nur wenige Jahrhunderte lebten. Sie verschwanden ebenso plötzlich, wie sie gekommen waren. Zu Beginn der Bronzezeit bis ungefähr zur Zeit Abrahams war der Negev wiederum eine Gegend ohne eine seßhafte Bevölkerung.

MASADA

Südöstlich von Jerusalem erstreckt sich die judäische Wüste wellig in einem zerklüfteten Plateau in östlicher Richtung, das nach 24 km jäh an einem Steilabbruch ausläuft, der zum Rand eines Sees abfällt. Es ist ein Fall von einer Höhe aus ca. 400 m über dem Meeresspiegel zu einer Tiefe von 400 m unter dem Meeresspiegel. Die Wasserfläche ist fast 81 km lang und durchschnittlich ca. 15 km breit. Sie bedeckt den untersten Abschnitt einer riesigen Senke, die von der Türkei im Norden bis zum afrikanischen Kontinent im Süden reicht. Im Altertum hieß dieser See das "Salzmeer", heute kennt man ihn dagegen besser als Totes Meer.

In frühbiblischer Zeit war das Südufer die erhabene Bühne, auf der am Urmenschen das klassische, furchtbare Urteil über die menschliche Sünde vollzogen wurde. Denn hier lagen die Städte Sodom und Gomorra, auf die "der Herr Schwefel und Feuer regnen" ließ. (Im heutigen S'dom, das wahrscheinlich nicht weit entfernt vom biblischen Sodom liegt, steht das größte Industrienunternehmen Israels, die Dead Sea Potash Works, das die reichen Mineralvorkommen aus dem Wasser abbaut.)

Die Umgebung war der passende Rahmen für das biblische Drama. Den See, dessen tiefes Blau in der heißen Sonne leuchtet, begrenzen im Osten die öden Berge von Moab und im Westen mit Mergel durchsetzte Kalksteine, die wie die leeren Vorsprünge des Mondes aussehen: zerklüftet, kahl und streng.

Viele hundert Jahre später war die Gegend des Toten Meers wiederum Schauplatz eines anderen faszinierenden geschichtlichen Ereignisses, das uns vor allem dank des ausführlichen Berichtes von Josephus bekannt ist. Es spielte sich auf Masada ab, einem gewaltigen Fels, der am Westufer ungefähr 32 km im Norden von S'dom aufragt. Hier in Masada leisteten die Juden ihren erschütternden, tragischen Widerstand um Unabhängigkeit gegen Rom. Sein Fall im Jahr 73 n. Z. kennzeichnet das Ende dieser Unabhängigkeit bis zu unserer Generation, in der 1948 der Staat Israel proklamiert wurde.

Der Fels von Masada ist ein Vorsprung des judäischen Plateaus. Sein flacher Gipfel ist rautenförmig. Vom nördlichsten zum südlichsten Punkt mißt er ca. 595 m und 197 m von Osten nach Westen.

Josephus berichtete, daß Jonathan der Hohepriester als erster eine Festung auf diesem Fels errichtet habe. Lange war man der Ansicht, das beziehe sich auf Jonathan den Makkabäer Mitte des 2. Jhs. v. Z. Die jüngsten archäologischen Funde, vor allem Münzen, weisen darauf hin, daß der erste Erbauer wahrscheinlich sein Großneffe Alexander Jannai war, der auf Hebräisch auch Jonathan der Hohepriester heißt. Er lebte ungefähr fünfzig Jahre später.

Allerdings verwandelte erst König Herodes den Fels in der zweiten Hälfte des 1. Jhs. v. Z. in eine mächtige Feste, komplett mit einer Kasemattenmauer aus Stein, die auf dem Felsgipfel entlangverlief und das gesamte Gebiet umschloß; Verteidigungstürmen, Kasernen, Munitionslagern und Lagerhäusern, von denen Josephus später schrieb, sie seien groß genug, um "Getreide, Wein und Öl im Überfluß zu speichern, sowie Hülsenfrüchte und Datteln, die es dem Menschen ermöglichen würden, sich lange auf dem Fels zu halten''; weiterhin große Zisternen, die in die Felshänge gehauen worden waren und durch ein Steinaquädukt mit den Tälern der Umgebung verbunden waren; einem schön gebauten Palast auf dem Westabschnitt des Felsens, und einer noch prächtigeren palastartigen Villa, die unterhalb des Nordrands des Gipfels in drei Terrassen aus dem Fels gehauen worden war.

Diese Festung diente der letzten Gruppe von jüdischen Kämpfrn als Stützpunkt bei ihrem dramatischen Kampf gegen Rom ungefähr 75 Jahre nach Herodes' Tod.

Herodes verwirklichte sein Bauprogramm, als er König wurde. Masada hatte sich ihm noch vor seiner Thronbesteigung als nützlich erwiesen. Im Jahr 40 v. Z. war er aus dem Machtkampf mit seinem hasmonäischen Rivalen, Mattathias Antigonos, als der Unterlegene hervorgegangen. Herodes, der Enkel eines zum Judentum bekehrten Idumäers, hatte sich zur Abscheu des Großteils der Juden hilfesuchend an die damalige Großmacht, d. h. Rom, gewandt. Mattathias, der wegen seiner ruhmreichen Abstammung — sein Ururgroßvater war Simon der Makkabäer — und als Symbol ihrer Abneigung gegen Rom beim Volk beliebt war, suchte die Hilfe der Parther. Zusammen erlangten sie einen unerwarteten Sieg und vertrieben die Römer aus Jerusalem. Mattathias wurde zum König gekrönt. Herodes floh unverzüglich — nach Masada, und zwar mit den Angehörigen seines Haushaltes und einigen Anhängern. Er vertraute seinem jüngeren Bruder den Befehl über eine 800köpfige Garnison auf Masada an und machte sich auf, um für seine Ansprüche politische Unterstützung zu gewinnen. Schließlich gelangte er nach Rom und sicherte sich seine Ernennung zum tributpflichtigen König von Judäa. So ausgerüstet — und in Begleitung zweier römischer Legionen — kehrte er 37 v. Z. zurück und belagerte Jerusalem. (Während der Belagerung heiratete er Mariamne aus dem Königshaus der Hasmonäer, zweifelsohne, um seine Beliebheit unter den Juden zu steigern.) Nach fünf Monaten fiel Jerusalem. Mattathias, der nur drei Jahre König gewesen war, wurde hingerichtet. An seiner Stelle bestieg Herodes den Thron. Seine Herrschaft sollte 33 Jahre dauern.

Als er im Ausland war, hatte seine kleine Garnison von Anhängern auf Masada häufige Angriffe über sich ergehen lassen müssen. Sie hatte jedoch den zahlenmäßig überlegenen Feind zurückgeschlagen. odas zeugte von ihrer Stärke. Allerdings sprach das noch eindrucksvoller für die natürliche Verteidigung, die Masada bot. Und wer weiß, ob Herodes in Zukunft nicht einmal einen solchermaßen geschützten Zufluchtsort brauchte? Jetzt, als König konnte er es zu einer noch stärkeren Bastion machen, indem er weitere Befestigungen baute und Lagerhäuser und Vorräte anlegte, um eine Belagerung zu überstehen. Und wenn ihn je irgendein Unglück dazu zwingen sollte, die Festung auch zu benutzen, würde ein Palast auf ihn warten, der einem Mann von seinem Rang angemessen war. Herodes begab sich unverzüglich an die Arbeit. Der größte Teil der Bauten auf Masada, deren Ruinen man noch heute sehen kann, entstand zwischen den Jahren 37 und 30 v. Z.

Auch die Römer, die Masada von 72-73 n. Z. belagerten, hinterließen Zeichen ihrer Anwesenheit. Dazu gehören Überreste ihrer Umwallung oder Belagerungsmauer, ihrer Lager am Fuß des Felsens, ihrer Erdwälle und der Rampe für ihren Sturmbock und den Belagerungsturm.

Das Tote Meer

Als Jerusalem nach dem fünfjährigen Krieg der Juden gegen Rom fiel, gelang es einer Gruppe jüdischer Patrioten unter der Leitung von Eleasar ben Yair im Jahr 70 n. Z. zu entkommen. Sie waren entschlossen, ihren Freiheitskampf fortzusetzen, und schlugen sich nach Masada durch, das die Juden zu Beginn des Aufstands im Jahr 66 n. Z. den Römern genommen hatten und immer noch hielten. Von diesem Stützpunkt aus führten sie zwei Jahre lang Überfälle auf die Römer aus. 72 n. Z. beschloß General Flavius Silva, der römische Befehlshaber, dieses letzte Nest des Widerstands auszumerzen. Mit seiner zehnten Legion, den Hilfstruppen und Zehntausenden von Kriegsgefangenen, die Wasser, Holz und Verpflegung über die weite Strecke des nackten Plateaus schleppen mußten, zog er nach Masada. Die Juden auf dem Felsgipfel bereiteten sich auf die Verteidigung vor, nutzten die Befestigungen voll und rationierten die Vorräte in den Lagerhäusern und Zisternen.

Silvas Männer versuchten, die Festung zu nehmen, wurden jedoch zurückgeschlagen. Da ihnen der schnelle Sieg versagt war, mußten sie aufwendige Vorbereitungen für eine langwierige Belagerung treffen. Am Fuß des Felsens schlugen sie ihre Lager auf — heute gibt es noch Überreste von mindestens acht. Um die Festung zogen sie eine fast 5 km lange Umwallung, die von Soldaten bewacht wurde, um die Verteidiger an einer Flucht oder Ausfällen zu hindern. nd auf einem felsigen Ort in der Nähe des westlichen Zugangs zu Masada bauten sie eine feste Rampe aus gestampfter Erde und großen Steinen. Auf der Rampe errichteten sie einen Belagerungsturm, der den Fels beherrschte. Von seiner Spitze aus beschossen sie die Verteidiger mit Steinen und brennenden Pfeilen. Unter diesem Deckfeuer zogen sie einen Sturmbock die Rampe bis zum Fuß des Turms hinauf und richteten ihn gegen die Mauer. Schließlich konnten sie eine Bresche schlagen. Die Verteidiger reagierten mit dem schnellen Bau einer Innenmauer am Angriffspunkt. Diese Mauer bestand aus einer doppelten Palisadenwand, die mit Erde gefüllt war. Das war ein genialer Einfall: die Schläge des Sturmbocks konnten der Mauer nichts anhaben, im Gegenteil, sie stampften die Erde nur noch fester.

Aber auch Flavius Silva stand ihnen an Einfallsreichtum nicht nach. Nach einer Inspektion der neuen Feldschanze der Verteidiger weidete er ihre einzige Schwäche aus: das Holz. Josephus schreibt: "Als Silva feststellte, daß die Schläge seiner Maschinen nicht die erwarteten Folgen zeitigten, befahl er seinen Soldaten, sich mit Holzscheiten auszurüsten, um die Befestigungen des Feinds zu zerstören. Die neue Mauer . . . ging sofort in Flammen auf, und die Flammen wüteten mit größter Heftigkeit. Da der Wind jedoch aus dem Norden blies, trieb er das Feur so geschwind auf die Römer zu, daß sie jeden Augenblick die Zerstörung ihrer Maschinen erwarteten. Aber im letzten Augenblick drehte der Wind nach Süden und schlug so heftig auf die Mauer, daß sie innerhalb von Augenblicken in hellen Flammen stand. Die Römer, dankbar für diese günstige Wendung des Schicksals, kehrten hochgestimmt in ihr Lager zurück, fest entschlossen, den Feind bei Tagesanbruch anzugreifen. In der Zwischenzeit stellten sie starke Wachen auf, damit ihre Gegner nicht in der Nacht fliehen mögen."

Der Bfehlshaber der Juden, Eleasar ben Yair, dachte nicht im geringsten daran zu fliehen. Seine Gruppe jüdischer Patrioten zählte insgesamt 960 Menschen, einschließlich Frauen und Kindern. Die Verteidigungsmauer war bereits vom Feuer aufgezehrt. Es gab

Blick auf Masada aus dem Nordwesten: Herodes' palastartige Villa auf drei Ebenen (links), darüber die Lagerräume, das große Badehaus und Verwaltungsgebäude

keine Sicherheit mehr, noch Hoffnung auf Erlösung. Es gab nur zwei Möglichkeiten: sich zu ergeben oder zu sterben. Er beschloß, "daß ein ruhmvoller Tod einem Leben in Schande vorzuziehen sei und daß der ehrenvollste Entschluß die Vorstellung eines Überlebens nach dem Freiheitsverlust zu verschmähen bedeutete."

Er versammelte seine Gefährten und hielt wahrscheinlich eine der dramatischsten Reden der Geschichte — die noch stärker bewegt, wenn man sich vor Augen hält, unter welchen Umständen sie gehalten wurde. Sie wurde von den einzigen Überlebenden wiederholt: zwei Frauen und fünf Kindern, die Eleasars Absichten durchkreuzten und sich versteckten. Ihr Bericht wurde für uns in Josephus' Aufzeichnungen festgehalten.

Das waren die Worte Eleasar ben Yairs in jener schicksalshaften Nacht auf dem Gipfel von Masada, die er im Widerschein der brennenden Mauer sprach.

"Will jemand, der nicht des gesunden Menschenverstands beraubt ist, wünschen, einen weiteren Sonnenaufgang zu erleben? Nein, würde er das wollen, selbst wenn er in Sicherheit leben könnte? Kann jemand sein Land so gering achten, so gemein, so engstirnig sein, daß er nicht bereut, diesen schicksalhaften Tag überlebt zu haben? Besser wäre es für uns gewesen, wären wir alle geopfert worden, statt Augenzeugen dieser gotteslästerlichen Zerstörung geworden zu sein und mitangesehen zu haben, wie Jerusalem selbst ein Trümmerhaufen wurde.

Als jedoch noch Hoffnung war, verließ uns nicht der Mut, wie wir auch nicht den Glauben an eine glückliche Wende unseres Geschicks verloren. Da wir jetzt jedoch keinen Grund mehr haben, einen derart glücklichen Umstand zu erwarten und da uns eine unabwendbare Notwendigkeit zu dem Schritt zwingt, den wir jetzt machen müssen, obliegt es uns, auch unsere Frauen, unsere Kinder und uns selbst zu berücksichtigen. Und bei der Planung unserers Vorgehen sollten wir uns eilen, solange die Mittel noch in unserer Macht stehen. Alle Männer sind gleichermaßen zum Tode verurteilt: das gleiche Schicksal erwartet den Feigen und den Tapferen. Können wir daran denken, uns der Schmach der Sklaverei zu unterwerfen? Können wir mit ansehen, wie unsere Frauen entehrt, unsere Kinder versklavt werden? Die Natur hat das nicht unabwendbar gemacht; und wenn Schlimmes eintrifft, kann es nur von der Macht der Feigheit und Furcht vor dem Tode herrühren, solange er in unserer Macht steht. Wir hatten den Mut, die Römer zu verlassen; denen Trotz zu bieten, die sich unsere Herren nannten; ihre Bedingungen um Gnade und Vergeben abzulehnen, und eine Straflosigkeit nicht anzunehmen, als sie uns anflehten, sie zu akzeptieren . . . Während die Freiheit noch unser ist und wir noch im Besitz unserer Schwerter sind, laßt sie uns entschlossen nutzen, um unsere Freiheit zu bewahren. Laßt uns als freie Menschen sterben, ruhmreich umgeben von unseren Frauen und Kindern. Und seien wir schnell. Ewiger Ruhm wird unser sein, wenn wir unseren Feinden den Preis aus den Händen schlagen und ihnen nichts zu frohlocken lassen, als die Leichname derer, die es wagten, ihre eigene Hinrichtung zu vollziehen!"

Das waren Eleasars Worte. Alle antworteten einstimmig. Solange noch Hoffnung bestand, hatten sie gekämpft. Jetzt, da das Unglück unabwendbar war, würden sie durch die eigene Hand sterben. Sie hatten nur noch wenig Zeit. Sie schritten unverzüglich an die Durchführung ihres erbarmungslosen Plans. "Während sie Frauen und Kinder ein letztes Mal umarmten, weinten sie über sie und erstachen sie im gleichen Augenblick,

getröstet, daß dieses Werk nicht von ihren Feinden vollbracht werden konnte. . . Es gab keinen Mann, der es am notwendigen Mut fehlen ließ. . . .
Jene, die die Hauptakteure bei diesem Abschlachten gewesen waren, sammelten, so sehr sie auch in Trauer befangen waren, . . alle ihre Besitztümer und steckten sie an. Dann zogen sie Lose, um die zehn Männer unter sich zu wählen, die die anderen töten würden. Nachdem diese gewählt waren, umarmten die ergebenen Opfer die Leichname ihrer verstorbenen Familien, und dann legten sie sich neben sie, auf die Hand des Henkers wartend. Als diese zehn Männer ihre unangenehme Aufgabe erfüllt hatten, zogen sie wiederum das Los, um zu sehen, welcher die anderen neun töten würde . . . Die neun ergebenen Opfer starben mit der gleichen Entschiedenheit, wie es ihre Verwandten getan hatten. Und der überlebende Mann, der die Leichname überblickte und sah, daß sie alle tot waren, warf sich in sein Schwert, unter seine Gefährten . . .''
Beim Morgengrauen des nächsten Tags bereiteten sich die Römer auf ihren letzten Angriff vor. Sie staunten über den fehlenden Widerstand — und dann erblickten sie die Leichname und hörten die Geschichte von den beiden Frauen, die sich versteckt hatten. Josephus schreibt: ''Weit davon entfernt, in den Triumph der Freude auszubrechen, den man von Feinden hätte erwarten können, standen sie zusammen, um die feste Tugend und würdevollen Geist zu bewundern, von dem die Juden erfüllt waren, und wunderten sich über die großzügige Verachtung des Todes, den eine solche Anzahl feierlich vereint hatte.''
Es überrascht vielleicht nicht, daß Masada trotz seines Reichtums an Altertümern, seiner ins Altertum zurückreichenden Geschichte und trotz Josephus' lebendiger Beschreibung seiner Geschichte und seiner ursprünglichen Gebäude so lange unberührt vom Spaten des Archäologen geblieben war. Denn der für den Belagerer gefährliche Zugang schreckte auch den Archäologen ab. Im vergangenen Jahrhundert und zu Beginn dieses Jahrhunderts besuchten zwar Expeditionen kurz diesen Ort, keine war jedoch erschöpfend.

Erst nach der Gründung des Staates Israel wurde der Gipfel zum ersten Mal einer umfassenden, wichtigen Untersuchung unterzogen. Sie wurde durch die Begeisterung eines bemerkenswerten Mannes, Shmaryahu Gutman, ausgelöst, einem Landwirt und Kibbuzmitglied, der Masada zum Hobby seines Lebens machte. Er entdeckte als erster den ''Schlangenpfad'' am steilen Osthang, er betrat als erster den Nordpalast, er untersuchte als erster die Zisternen und verfolgte ein Aquädukt zu einem Wadi, das die Regengüsse sammelte. (Später stellte Yadin fest, daß es zwei Aquädukte gab, deren genaue Quellen er nachwies.) 1953 führte Gutman — mit Freiwilligen aus seinem Kibbuz — auf eigene Faust Ausgrabungen durch, und vor allem als Ergebnis seiner Funde und seines Drängen wurden 1955 und 1956 besser organisierte Expeditionen von Berufsarchäologen an den Ort geschickt. An der Spitze der Mannschaft im Jahr 1955 standen die Professoren Michael Avi-Yonah, Nahman Avigad und Yohanan Aharoni zusammen mit Shmaryahu Gutman. Aharoni und Gutman kehrten im Jahr darauf zurück, um ihre Untersuchungen fortzuführen. Allein konnten sie jedoch keine Ausgrabung im notwendigen Umfang durchführen. Sie vermaßen das Gebiet und untersuchten die Gebäude auf dem Gipfel, deren

Ruinen sichtbar waren, und zwar die der herodianischen Bauten sowie die Überreste späterer einschließlich einer byzantinischen Kirche aus dem 5. Jh. n. Z.
Der dramatischste der herodianischen Bauten, die sie untersuchten, war der am Nordrand des Abgrunds auf drei Ebenen angelegte Palast. Die eigentlichen Wohnräume lagen auf der oberen Terrasse, und es gab Überreste eines großen, rechteckigen Hauses mit neun Zimmern und einer prachtvollen, halbrunden Vorhalle, die an der Seite vom Fels begrenzt war. Die Böden schmücken schöne Mosaiken. Die mittlere Terrasse, die ca. 18 m unter dem Gipfel liegt, enthielt einen runden Pavillon und eine Kolonnade. Teile der beiden konzentrisch angelegten Steinmauern stehen noch. Ungefähr 14 m unter dieser Terrasse liegt die untere Reihe dieser ungewöhnlichen Anlage, die hier am besten erhalten ist. Hier gibt es die Überreste eines quadratischen Gebäudes. Mit einem Portikus versehene Wandelgänge säumten einen quadratischen offenen Hof, die kannelierten Säulen standen auf attischen Basen und wurden von korinthischen Kapitellen gekrönt. Dieses Gebäude war mit Wandmalereien verziert, die noch größtenteils erhalten sind.
Die Angehörigen der Expedition von 1955-56 schlossen ihre kurze Grabungskampagne ab, als sie wußten, daß der gesamte Ort erst noch gründlich ausgegraben werden mußte und daß ein großer, gut ausgerüsteter Mitarbeiterstab notwendig sein würde, um die komplizierten Probleme von Topographie und Logistik zu überwinden. Das wurde von Professor Yigael Yadin bei einer bemerkenswerten zweijährigen Ausgrabungskampagne von 1963 bis 1965 verwirklicht. Er erhielt bedeutende Hilfe von den israelischen Verteidigungskräften, und er ergriff die ungewöhnliche Methode, freiwillige "Ausgräber" nicht nur aus Israel sondern auch aus vielen anderen Ländern zu akzeptieren.
Bei den insgesamt elf Monate währenden Ausgrabungen konnte Yadins Expedition sehr viel mehr von allen Gebäuden freilegen, die schon früheren Gelehrten aufgefallen waren; konnte genau ihren Verwendungszweck bestimmen und einige bemerkenswerte zusätzliche Bauten entdecken, von denen Josephus nichts berichtet hatte und die zuvor unbekannt waren. Die zweifelsohne erstaunlichsten Funde waren die Überreste, die die jüdischen Patrioten, die sogenannten Zeloten, hinterlassen hatten. Mit ihrer Hilfe konnte er ihre Lebensweise während ihres Aufenthalts auf dem belagerten Gipfel und ihre Taten in der letzten, dramatischen Nacht rekonstruieren. Außerdem fand er einige ihrer heiligen Schriftrollen.
Heute weiß man eindeutig, daß der Palast, der an der Nordspitze des Felsens hängt, Herodes' private, palastartige Villa und nicht der Palast war, in dem er arbeitete. Zu den Neuentdeckungen hier gehörten Herodes' Privatbad, ein kleines römisches Badehaus, komplett mit einem Kaltwasserteich, einem warmen und heißen Raum. Auf der Ebene der Zeloten lag eine dichte Ascheschicht, das Ergebnis eines großen Feuers, und in der Asche wurden jüdische Münzen der Periode gefunden. "Es ist klar", schreibt Yadin, "das wir die Überreste des von Josephus erwähnten Feuers ans Licht brachten, als er schrieb, daß die Kämpfer auf Masada ihre öffentlichen Bauten in Brand steckten, bevor sie sich das Leben nahmen." Auf den zum Kaltwasserteich führenden Stufen lagen die Überreste dreier Skelette. Eine Untersuchung durch Fachleute bewies, daß es die eines jungen Mannes, einer jungen Frau und eines Kindes waren. Neben dem männlichen Skelett lagen versilberte Panzerschuppen, Pfeilspitzen, Reste eines jüdischen Gebets-

schals (*Talith*) und ein Ostrakon mit einer hebräischen Inschrift. Am Schädel der jungen Frau haftete noch die Kopfhaut und an ihr wunderschön geflochtenes braunes Lockenhaar. Neben den Knochen lagen Sandalen. Yadin ist der Ansicht, daß das männliche Skelett das eines der Befehlshaber der Zeloten ist und die anderen die seiner Familie. Yadin, der noch einmal an Josephus' Bericht über ihre letzte Nacht erinnert, als der letzte Überlebende den Königspalast in Brand steckte und sich dann an der Seite seiner getöteten Familie ebenfalls tötete, fragt: "Könnte es sein, daß wir das Skelett eben dieses Kämpfers und seiner Familie gefunden haben?"

Unmittelbar im Süden der palastartigen Villa lagen die herodianischen Lagerräume, die auch die späteren Zeloten nutzten. Hebräische Inschriften auf den Krügen bewiesen, daß die sehr frommen Zeloten selbst in der Hitze des Gefechtes peinlich genau das jüdische Gebot folgten, "einen Zehnten für den Priester" beiseite zu stellen. Neben dem Lagerraumkomplex entdeckte die Expedition ein großes, gut erhaltenes Badehaus im klassischen römischen Stil, dessen lange Tonröhren noch unversehrt an den Wänden des warmen Raums entlangverliefen, und über zweihundert kleine Pfeiler oder Pfosten im unterirdischen Heizkeller, auf dem der Boden ruhte und durch den die warme Luft strömte. Südwestlich davon lag auf halbem Weg am Westrand des Gipfels Herodes' Arbeitspalast. Die Expedition fand die drei Hauptflügel dieses großen Gebäudes einschließlich seiner eigenen Lagerräume und seiner eigenen Wasserzisterne. Auf dem Boden des Vorzimmers zum Thronsaal entdeckten sie ein wunderschönes, koloriertes Mosaik, das schönste auf Masada. Im gleichen Raum fanden die Archäologen auch die Überreste eines primitiveren, späteren Baus, eventuell ein Ofen oder eine Kammer, die die Zeloten angebaut hatten. Das war nur eines von vielen Beispielen, in denen der starke Gegensatz zwischen dem Masada des den Luxus liebenden Herodes und dem Masada der belagerten Zeloten zum Ausdruck kommt. Ganz in der Nähe grub die Expedition mehrere kleine Paläste oder Villen aus, die wahrscheinlich für Angehörige von Herodes' Familie gebaut worden waren und in denen zur Zelotenzeit zahlreiche Familien wohnten. Trennwände wurden eingebaut, um jeder einige Quadratmeter Abgeschlossenheit zu geben. Ebenfalls in diesem Gebiet kam ein großes Schwimmbekken oder öffentliches Bad zum Vorschein. Es war von fünf Steinmauern umschlossen, zu der je eine breite, schön vergipste Treppe führte. Weiter im Süden fand die Expedi ion ein Kolumbarium.

Als der letzte Bau direkt im Süden der zentralen Lagerräume ausgegraben wurde, kam ein faszinierender Fund ans Licht. Das Gebäude war ein quadratischer Wohn- oder Garnisonsbau um einen rechteckigen Hof. Unter dem Boden einer der Zimmer kam ein Häufchen Münzen zum Vorschein: insgesamt achtunddreißig Silberschekel und Halbschekel, die während des Aufstands geprägt worden waren. Einige wiesen das seltene Datum "Jahr 4" (69 n. Z.) auf. Auf einer Seite stand die hebräische Inschrift "Schekel [oder Halbschekel] von Israel" und auf der anderen "Jerusalem, die Heilige". Bei den Ausgrabungen an anderen Stellen wurden weitere Münzen aus der Zeit des Aufstands entdeckt, drei davon mit der sehr seltenen Inschrift "Jahr 5".

Die Ausgrabungen der Kasemattenmauer um den Gipfel herum ergaben, daß die Zeloten vor allem in diesen Kammern wohnten. Neben Gegenständen, Gefäßen, Koch-

Der Fels von Masada (Blick aus dem Süden)

öfen, Münzen, Geräten, Fragmenten von Lederkleidung und von den Zeloten verwendete Munition fand die Expedition auch Ruinen ihrer Häuser. Die wichtigsten waren die Synagoge der Zeloten — die erste, die je gefunden wurde — und eine *Mikwe*, ein jüdisches Ritualbad, ebenfalls das früheste, das je gefunden wurde. In den Kammern der Kasematte fand Yadins Mannschaft auch, etwas, was sich jeder Archäologe bei einer Grabung erhofft: Schriftstücke der Periode. Sie entdeckten alte Schriftrollen, Kapitel aus dem Alten Testament und andere heilige Schriften, die die Zeloten stets mit sich führten und die sie wahrscheinlich vor ihrem Selbstmord versteckten, damit sie nicht in unwürdige Hände fielen.

Der beredteste Fund in vielen Zimmern war etwas, was vor den Augen der modernen Ausgräber plötzlich Bild und Stimmung der letzten Stunden der Zelotenverteidiger erstehen ließ: ein kleines Aschehäufchen in einer Ecke jeder Wohnung mit den Überresten des persönlichen Besitzes der Familie. Unter der ausgeglühten Glut lagen Kleiderfetzen, Reste von Sandalen und Haushaltsgegenständen. Jede Familie hatte ihre bescheidene Habe zusammengetragen und in Brand gesteckt. Diese Entdeckung bestätigte Josephus' Beschreibung. Die Gegenstände besaßen kaum einen Wert, für die römischen Eroberer waren sie wahrscheinlich wertlos. Aber indem sie sie verbrannten, bewiesen sie genau wie mit ihrem anschließenden Selbstmord ihren Stolz in einem letzten Akt des Widerstands.

Die meisten Gebäude auf Masada wurden sehr gut und authentisch von der israelischen nationalen Parkbehörde restauriert. Heute kann man sie auch müheloser besichtigen. Vor den Ausgrabungen konnte man nur auf dem steilen, gewundenen "Schlangenpfad" an der Ostseite zum Gipfel hinaufgelangen. Heute kann der Besucher mühelos in einer Kabine der Drahtseilbahn über den "Schlangenpfad" hinwegsurren und innerhalb weniger Minuten auf dem Gipfel stehen. Außerdem kann man jetzt auch auf einem sanft ansteigenden Pfad, der um das römische Lager führt, von Westen her auf den Gipfel von Masada steigen. Dieser Pfad wurde während der Grabungen angelegt, um den Archäologen den Zugang zur Ausgrabunsstätte zu erleichtern. Zum Gipfel hin bauten Armeeingenieure Treppen, wenn das Gelände zu rauh war. Weiterhin gibt es Treppen an der Seite der palastartigen Villa auf drei Ebenen im Norden, so daß der Besucher auch die mittlere und untere Terrasse besichtigen kann. Stets konnte man über Masadas dramatische Geschichte lesen. Heute kann man sie auch sehen.

DIE BAR-KOCHBA-HÖHLEN

Die wilden, urzeitlichen Cañons, die den östlichen Steilabbruch der judäischen Wüste in der Nähe des Ufers des Toten Meers zwischen Masada und Ein Gedi (En Gedi) durchschneiden, waren Schauplatz der abenteuerlichsten archäologischen Ausgrabungen, die je in diesem Teil der Welt stattfanden. Sie wurden im Frühjahr 1960 und erneut im Jahr darauf von vier Mannschaften unter Archäologen von der Hebräischen Universität von Jerusalem, der Israel Exploration Society und der Abteilung für Altertümer durchgeführt. Die Mannschaften unterstanden der Leitung von Dr. Yohanan Aharoni, den Professoren Nahman Avigad und Yigael Yadin sowie Pesach Bar-Adon.
Sie konzentrierten ihre Suche auf die Höhlen, in denen sich Bar Kochbas Anhänger bei ihrem zweiten und letzten jüdischen Krieg gegen Rom von 132-35 n. Z. versteckten. In den letzten Monaten dieses erbitterten Kampfes, in dem vorübergehend die Freiheit gewonnen, aber ebenso schnell wieder unterdrückt worden war, verbargen die überlebenden Widerstandskämpfer ihre Familien in diesen Höhlen — von denen aus sie zu ihren Guerillaüberfällen auf die feindlichen Legionen aufbrachen. Nach Ansicht der Archäologen war es möglich, daß Bar Kochbas Männer ihre wertvollen Dokumente unter dem Boden oder in den Wänden der Höhlen versteckten, als sie erkannten, daß das Ende nahe bevorstand. Solche Dokumente Bar Kochbas zu entdecken, war denn auch Hauptziel der Expedition. Wenn keine gefunden wurden, könnten eventuell andere Altertümer mehr über die letzten Tage der letzten Gruppe von Juden erzählen, die das kaiserliche Rom bekämpften, denn die Geschichte selbst bringt aus dieser Zeit nur spärliche Einzelheiten.
Das Ereignis, das zur Organisation dieser Expedition anspornte, war die dramatische Entdeckung der Schriftrollen vom Toten Meer 1947 an einem Ort namens Khirbet Qumran, nur wenige Kilometer nördlich der judäischen Höhlen, die jetzt untersucht werden sollten. Die erste Schriftrolle war zufällig von einem Beduinenhirten entdeckt worden, dem bei der Suche nach einer verlorengegangenen Ziege eine Höhlenöffnung in einem Felsen auffiel. Als er unbekümmert einen Stein in die Höhle warf, hörte er zu seiner Überraschung den eigenartigen dumpfen Klang, wie wenn ein Stein auf ein Tongefäß prallt. Der Hirte kletterte in die Höhle, um sie zu durchsuchen. In der Höhle fand er acht Tonkrüge, die Bündel beschriebenen Pergaments enthielten, von denen einige auch noch in Leinen gewickelt wåren. Später tauchten sie auf dem Beduinenmarkt in Bethlehem auf, wo einige an einen Antiquitätenhändler verkauft wurden, obwohl weder Beduine noch Händler die leiseste Ahnung von ihrer Bedeutung hatten. Der Händler zeigte sie Professsor E. L. Sukenik, dem Archäologen von der Hebräischen Universität. Nachdem Sukenik die Anfangszeilen des ersten Pergaments gelesen hatte, fiel ihm als erstem auf, daß es sich um authentische Dokumente aus der Zeit des Zweiten Tempels handelte. Nach vielen Schwierigkeiten und Gefahren — kurz zuvor war der arabisch-jüdische Krieg ausgebrochen — konnte er drei der damals insgesamt sieben gefundenen Schriftrollen kaufen: Der Krieg der Söhne des Lichts gegen die Söhne der Dunkelheit, die Schriftrolle zum Erntedankfest und eine vollständige Rolle des Bibelbuches des Propheten

Ausschnitt aus den "Apokryphen des 1. Buch Mose", eine der Schriftrollen vom Toten M

Jesaja. Unter kaum weniger schwierigen aber doch weniger eigenartigeren Umständen konnte sein Sohn, Professor Yigael Yadin, 1954 dem syrischen Metropoliten, Mar Athanasius Samuel, vom syrisch-orthodoxen Kloster St. Markus in Jerusalem die vier anderen Schriftrollen abkaufen, der sie nach New York gebracht hatte. Sie umfaßten Das Handbuch der Disziplin, Den Kommentar zu Habakuk, Die Apokryphen zum 1. Buch Mose und eine weitere vollständige Schriftrolle des Buches Jesaja. Heute sind alle sieben Schriftrollen ständig in dem eigens für sie gebauten Schrein des Buches ausgestellt.

Das ungeheure Interesse der Welt an diesen alten Dokumenten — und die Riesenbeträge, die dafür gezahlt wurden — trieben die Beduinen auf der Jagd nach weiteren Schatzhöhlen in die Felsen um das Tote Meer. Einige überquerten sogar die (damalige) Grenze, um die zugänglicheren Höhlen auf israelischem Gebiet zu durchsuchen. Anfang 1952 fanden sie einige Dokumente, die allem Anschein nach mit Bar Kochba zusammenhingen. Daraufhin unternahm Dr. Aharoni zwei kurze Durchsuchungen. Er hatte jedoch nicht das Glück, auf wichtige Funde zu stoßen. Er berichtete, daß einige Höhlen so aussahen, als seien sie kurz zuvor von Beduinen durchstöbert worden. Eine Suche an unzugänglicheren Stellen könnte sich eventuell als ergiebiger erweisen. Ganz eindeutig mußte eine solche Suche, sollte sie gründlich sein, die Ausrüstung einer umfassenden Expedition bedeuten. Um die Höhlen, die auch zu Bar Kochbas Zeit für römische Legionäre schwer zugänglich waren und sich zu unserer Zeit außerhalb der Reichweite der Beduinen befanden, betreten und dort graben zu können, mußte die entsprechende Ausrüstung herbeigeschafft werden. Genau das tat die Expedition, als sie 1960 mit der Erforschung der Felsen am Toten Meer begann. Ohne den Beistand der israelischen Verteidigungskräfte wäre ein Unternehmen in diesem Umfang wohl kaum möglich gewesen.

Die Öffnungen der für die Untersuchung gewählten Höhlen liegen an den steilen Wänden der Cañons, die größtenteils nur erfahrenen Bergsteigern — auch heute noch — zugänglich sind. Auch im Altertum muß es ungewöhnlich schwierig gewesen sein, sie zu betreten — und genau aus diesem Grund hatten die Aufständischen sie ja auch gewählt. Zweifelsohne mußte es einen Zugang zumindest auf schmalen Ziegenpfaden gegeben haben, die inzwischen durch Erosion verschwunden sind oder von denen es nur noch gefährliche Simse gibt. Einige Höhlen an der steilen Kliffseite liegen fast 46 m unterhalb des Rands des Gipfels und ca. 230 m über dem Boden der Schlucht. Hubschrauber nahmen eine Vorausuntersuchung vor. Wo Spuren eines alten Pfades, der zum Eingang einer Höhle führte, sichtbar waren, der Pfad selbst jetzt jedoch nicht beschritten werden konnte, wurde an der Höhle ein Zeichen zur späteren Erforschung angebracht.

Die ersten Tage verbrachte die archäologische Expedition damit, einige der Pfade zu erweitern; andere begehbar zu machen, indem Seilgeländer angebracht und Strickleitern über die Klippenseite geworfen wurden. Das war größtenteils das Werk von Freiwilligen der Armee, die die Arbeit ausführten, während sie am Ende von Seilen hingen, die auf dem Plateau darüber mit Pflöcken befestigt waren. Für die Archäologen war der tägliche Gang zu den Höhlen ein gefährliches Abenteuer. In den Höhlen selbst waren sie weiter

Die Höhle, in der die Bar-Koch[...] Dokumente gefunden wurden, heute [...] sogenannte "Höhle der Briefe"

Bündel von Dokumenten, wie sie in den Bar-Kochba-Höhlen gefunden wurden

gefährdet durch herabfallende Felsbrocken und einstürzende Dächer — ganz abgesehen von der Tatsache, daß es nicht gerade bequem war, in abgestandener Luft zu arbeiten. Einige Höhlen hatten weitere Felskammern, die nur durch schmale Tunnel betreten werden konnten, durch die die Archäologen auf allen Vieren kriechen und sich winden mußten — selbstverständlich gut mit einem Seil abgesichert, damit sie herausgezogen werden konnten, sollte der Tunnel unvermittelt versperrt sein. Die Expedition konnte jeweils nur kurze Zeit arbeiten, denn die Lungen verlangten nach frischer Luft. Alle Mitglieder sind sich jedoch einig, daß es der Mühe wert war. Einige Funde waren aufsehenerregend und erwiesen sich als umwälzend, alle vier Mannschaften fanden Altertümer von beträchtlichem historischen Interesse. Es wurde unverzüglich beschlossen, das Ganze zu wiederholen. Das geschah im Frühjahr 1971, als weitere eindrucksvolle Entdeckungen verzeichnet werden konnten. Gegenwärtig gibt es Pläne, zu den Höhlen, in denen die wichtigsten Funde gemacht wurden, Pfade anzulegen.

Professor Avigad konzentrierte sich auf die heute sogenannte "Höhle des Teiches" in Nahal David unmittelbar nördlich von Ein Gedi (En Gedi), wo er Überreste aus der chalkolithischen, israelitischen und römischen Periode fand. Der wichtigste Fund war der Teich beim Höhleneingang, teilweise aus dem Fels gehauen und teilweise aufgebaut und mit hochwertigem Gips verkleidet. Gespeist wurde er mit Regenwasser, das durch eine senkrechte Rinne, die noch zum Teil erhalten ist, in den Teich floß. Die Struktur zeugt in ihrer Konzeption von Einfallsreichtum und von Kühnheit in der Ausführung. Sie stammt aus der Bar-Kochba-Periode. Nach Avigads Ansicht ist der Teich das Werk jüdischer Honoratioren aus Ein Gedi (En Gedi), in der Gegend ansässigen leitenden Männern unter Bar Kochba beim Aufstand gegen Rom, die als Notmaßnahmen Verstecke im Falle einer Belagerung vorbereiteten. Als die Lage aussichtslos wurde, zogen sie sich in dieses Versteck zurück. Die Ausgrabungen zeigten, daß sie wahrscheinlich bis hin zu den Höhlen verfolgt wurden. Im Dach beim Eingang wurde eine eiserne Pfeilspitze gefunden, die von außen abgeschossen worden sein muß.

Dr. Aharoni erforschte die Umgebung von Nahal Seelim, einer der größten Cañons in der judäischen Wüste, der ca. 4 km im Norden von Masada ins Tote Meer mündet, und seinen westlichen Arm, den sogenannten Nahal Hardof. Auch er fand Überreste von Strukturen sowie Altertümer aus der chalkolithischen und israelitischen Zeit und der Zeit Bar Kochbas. Aharoni beschränkte seine Untersuchungen nicht auf die Höhlen. Er erkundete das ganze Tal und entdeckte Überreste von Festungen aus der israelitischen und römischen Periode. Bei der Erforschung mehrerer Höhlen, wobei der Zugang zur einen schwieriger als zur vorherigen war, fand er in einer eine Bronzemünze aus dem zweiten Jahr Bar Kochbas und in einer anderen ein Lager von Pfeilspitzen. Sein wichtigster Fund, in einer dritten Höhle entdeckt, waren Pergament- und Papyrusfragmente, die er aus einem kleinen Schacht beim Eingang zusammen mit anderen Gegenständen und Münzen ausgrub. In der gleichen Höhle entdeckte er unter dem Nest eines Geiers weitere Pergamentfragmente. Die Münzen stammten aus der Zeit einhundert Jahre *nach* dem Bar-Kochba-Aufstand. Das schriftliche Material umfaßt Teile von Phylakterion-Gebeten in einer winzigen hebräischen Handschrift; ein Pergament mit dem hebräischen Text von Kapitel 13 des 2. Buch Mose; ein weiteres Stück Pergament mit einem anderen

Teil des gleichen Kapitels aus dem 2. Buch Mose; die Ecke einer Schriftrolle aus Leder mit hebräischen Buchstaben und mehrere Papyrusfragmente, einige mit einem hebräischen Text, andere mit einem griechischen.

Aufgrund seiner Untersuchungen und Ausgrabungen kam Aharoni zu dem Schluß, daß eine Gruppe von Bar Kochbas Soldaten in der letzten Phase des Aufstands in den Cañons Seelim und Hardof Zuflucht fanden, so wie andere in andere Täler der Gegend flüchteten. Er entdeckte in einer der Höhlen eine Zisterne, die der in der "Höhle des Teiches" bei Ein Gedi (En Gedi) ähnlich war, was beweist, daß auch dieses Versteck vorher vorbereitet worden war. Aufgrund des zerfetzten, beschädigten Zustand von Schriftrollen- und Manuskriptteilen und wegen der Anwesenheit von Gegenständen wie Lederstreifen von Gebetsriemen schlug Aharoni vor, daß die Kämpfer Bar Kochbas zweifelsohne ihre heiligen Texte und Ritualgegenstände in den Höhlen versteckten, die dann wahrscheinlich einhundert Jahre später hervorgeholt wurden, und zwar zu der Zeit, aus der die späteren Münzen stammten. Diese Funde und das Fehlen jeglicher Anzeichen einer römischen Belagerung ähnlich denen in den Cañons weiter im Norden lassen vermuten, daß die Gruppe, die sich in Nahal Seelim verbarg, nicht vom Feind gefangen wurde.

Das Gebiet, das Bar-Adon untersuchte, umfaßte das Südufer von Nahal Hever und die Cañons von Holed, Asahel und Mischmar. Sie liegen im Norden von Nahal Seelim und südwestlich von Ein Gedi (En Gedi). Überreste aus der Zeit Bar Kochbas wurden in einer interessanten Höhle in Nahal Mischmar gefunden, der heute sogenannten "Pfadfinderhöhle", die bereits im Chalkolithikum bewohnt war. Sie enthielt zwei Papyrusfragmente, eines mit griechischer Schrift und das andere mit hebräischer Schrift beschrieben; zahlreiche Tonscherben von Lampen, Kannen, Krügen und anderen Gefäßen, sowie Fetzen von Leder, gewobenen Stoffen, Sackstoffen, Matten und Überreste von Körben, die alle aus dem 1. und 2. Jh. n. Z. stammten. Auch in der chalkolithischen Schicht wurden Gebrauchsgegenstände und Stoffreste gefunden.

Bar-Adon machte seine überraschendste Entdeckung jedoch im Jahr darauf in einer Höhle in Nahal Hever: einen Schatz von ungefähr 420 Gegenständen aus dem 4. Jt. v. Z., der größte, der je aus der Kupferzeit ausgegraben wurde. Die Gegenstände waren in eine Matte gewickelt und in der Höhlenwand versteckt worden. Sie umfaßte Kupfergeräte, Keulenköpfe, Zepter, Kronen, Stöcke und Standarten von großer Schönheit und technischer Geschicklichkeit; sowie schön gearbeitete, dekorative Flußpferde aus Elfenbein. Einige sind den chalkolithischen Überresten ähnlich, die der französische Archäologe Jean Perrot einige Jahre zuvor in der unterirdischen Siedlung bei Beerscheba ausgegraben hatte. Bar-Adon ist der Ansicht, daß diese Gegenstände aus einem Tempel oder Palast stammten und während eines Krieges in dieser Höhle versteckt wurden, zweifelsohne in der Hoffnung, sie wieder holen zu können. Niemand holte sie jedoch. Der Schatz war so gut versteckt, daß er erst fünftausend Jahre später entdeckt wurde.

Die Mannschaft, die bei der Suche nach Dokumenten aus der Zeit Bar Kochbas am meisten Glück hatte, war die unter Yadins Leitung. Das von ihm untersuchte Gebiet umfaßte die südlichen Klippen von Nahal Arugot, die nördlichen Klippen von Nahal Hever und die östlichen Klippen, die die beiden Cañons verbinden. Die faszinierendsten

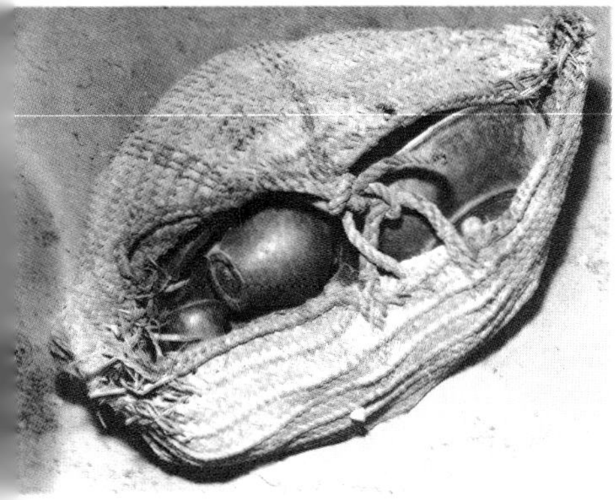

Originaler geflochtener Korb, wie bei den Grabungen gefunden, mit römischen Ritualgefäßen aus Bronze

Kupferschatz aus dem Chalkolithikum, wie in der Höhle gefunden

5000 Jahre alte ornamentale Kupfergegenstände aus dem einzigartigen Fu[nd] aus der Kupferzeit, während der Ausgrabungen der Bar-Kochba-Höhl[e] gefunden

Die beiden Seiten einer von Bar Kochba geprägten Bronzemünze

Funde stammten aus einer großen Höhle in Nahal Hever, südwestlich von Ein Gedi (En Gedi), die deshalb als die "Höhle der Briefe" bezeichnet wird.

Ein glückliches Vorzeichen zu Beginn der Erforschung war die Entdeckung einer Bronzemünze aus der Zeit Bar Kochbas direkt vorm Höhleneingang. Auf der einen Seite erschien eine Palme und die Inschrift "Simon" — Bar Kochbas Vorname —, auf der anderen Weintrauben und die Inschrift "Lecherut Yeruschalayim" — "für die Freiheit Jerusalems". In der Höhle fanden die Ausgräber als erstes römische Ritualgegenstände aus Bronze in einem Weidenkorb. Die Reliefs der Darstellungen auf einigen Gefäßen waren absichtlich durch Kratzer unkenntlich gemacht worden. Das läßt die Annahme zu, daß die Gefäße Beute waren, die die Soldaten einer römischen Einheit genommen hatten.

Wichtiger waren jedoch die Manuskripte. Eines war ein Pergamentfragment aus dem biblischen Buch der Psalter mit Abschnitten der Psalter 15 und 16 auf Hebräisch. Die restlichen waren Bar Kochbas Briefe, in denen er als "Simon bar Kosiba" bezeichnet wird — dem Namen, unter dem er auch in der Talmudliteratur erscheint. Den bekannteren Namen "Bar Kochba", Hebräisch für "Sohn der Sterne", hatten ihm seine Bewunderer gegeben. Die entdeckten Briefe bestätigten zum ersten Mal, daß er tatsächlich Bar Kosiba hieß.

Die Briefe wurden in einer kleinen Mulde in einer Ecke einer der Kammern dieser großen Höhle zusammen mit anderen Gegenständen wie Messer, Spiegel und einem Wasserschlauch gefunden. Im Schlauch lag ein Bündel Papyrusrollen, in ein Tuch gewickelt, das an den Enden verknotet war. Dazwischen befanden sich vier dünne, beschriftete Holzstäbchen. Als sie entfernt wurden, stellte sich heraus, daß die Stäbchen Bestandteil eines einzigen "Blattes" aus Holz waren, die "zusammengefaltet" und mit zwei Spalten Text auf Aramäisch beschriftet worden waren. Es war ein Brief, der mit den folgenden Worten begann: "Simon bar Kosiba, Fürst von Israel, an Yehonatan und Masabala, Frieden". Von den fünfzehn in diesem Bündel gefundenen Briefen führte nur dieser eine Bar Kochbas vollen Namen an.

Nach Ansicht Yadins brachten Yehonatan und Masabala die Briefe in diese Höhle, als sie sich hier versteckten. Der Wasserschlauch, in dem die Dokumente versteckt waren, gehörte wahrscheinlich der Frau einer von ihnen — deshalb auch Messer und Spiegel. Der allgemeine Stil der Briefe weist darauf hin, daß sie in der letzten Kriegsphase geschrieben wurden, d. h. im Jahr 134 oder 135. Die früheren waren auf Griechisch und Aramäisch, die späteren auf Hebräisch geschrieben. Wahrscheinlich wurde Hebräisch auf Befehl Bar Kochbas später Pflicht für den offiziellen Schriftverkehr.

Wer waren Yehonatan und Masabala? Das sollte ein Geheimnis bis zum Jahr darauf bleiben, als eine weitere Untersuchung stattfand. Dabei wurde festgestellt, daß diese beiden Männer die militärischen und zivilen Oberhäupter von Ein Gedi (En Gedi) waren, die unter Bar Kochba dienten. Der auf Holz geschriebene Brief enthielt Befehle an sie von ihrem Befehlshaber.

1961 brachte eine weitere Suche in der "Höhle der Briefe" einen überraschenden Schatz von Dokumenten ans Licht. In vielen standen Namen, Titel und Datum, kurz, genau die Information, die so selten ist, es jedoch ermöglicht, eine archäologische

Schicht mit absoluter Sicherheit einer bestimmten Periode zuzuordnen. Eines der Dokumente beginnt mit den folgenden Worten: "Am 28. des Marcheschwan (ein jüdischer Monat), Jahr drei von Simon bar Kosiba, Fürst von Israel. . ." Es ist ein Pachtvertrag. Der Verspächter ist "Yehonatan, Verwalter von Simon bar Kosiba, Fürst von Israel, in Ein Gedi (En Gedi)". Es handelt sich um Staatsland, das von den Leitern der Verwaltungszentren, die im Namen Bar Kochbas handelten, an die Einwohner verpachtet wurde.

Das aufschlußreichste Bündel waren 36 Papyrusdokumente, die sich als das komplette Familienarchiv einer Dame namens Babata erwiesen. Einige der Dokumente waren auf Hebräisch, andere auf Aramäisch, Griechisch und Nabatäisch. Anhand der Dokumente konnten die Gelehrten Babatas Leben rekonstruieren — eindeutig die ordentliche Tochter einer begüterten, hochgestellten Familie —, und zwar von ihrer Jugend an bis zum Bar-Kochba-Aufstand. Und durch ihr Leben war es möglich, die vorherrschende Lebensweise der zeitgenössischen Gesellschaft in Judäa und in der Gegend um das Tote Meer zu verfolgen. Dieses Familienarchiv sagt viel über die vorherrschende Rechtslage, die Sprachformen und Zusammensetzung der Gesellschaft zur damaligen Zeit und füllt mehrere Wissenslücken über die Geschichte der Periode — und nicht nur in Palästina. So verwenden einige der Urkunden zum Beispiel drei verschiedene Datensysteme: das Jahr wird durch einen Hinweis auf den Konsul des Jahres in Rom; auf den römischen Kaiser zur entsprechenden Zeit angegeben, z. B.: "das dritte Jahr Hadrians", der seine Herrschaft im Jahr 117 n. Z. antrat; und durch einen Hinweis auf das Jahr der "Provinz Arabien" — der römischen Provinz, die Trajan 106 n. Z. anstelle des nabatäischen Vasallenkönigreiches in Palästina gründete. Demnach ist das "fünfzehnte Jahr der Provinz Arabien" das Jahr 121 n. Z. Somit bieten die Dokumente eine vollständige Synchronisierung der drei Systeme. Ebenso erwähnen sie mehrere römische Konsuln, deren Namen in den römischen Quellen fehlen. Jetzt kann ihre Liste zum ersten Mal vervollständigt werden.

Im folgenden sind einige Beispiele angeführt, wie Dokumente Einblick in die Lebensweise zur damaligen Zeit ermöglichen, in die Beziehungen zwischen Regierenden und Regierten, die Rechtssprechung, das Geschäftsleben, Formen der Landwirtschaft, das Währungssystem und Eigentumsrechte. Eines der Dokumente ist eine "Geschenkurkunde", in der Babatas Vater seiner Frau sein gesamtes Eigentum als lebenslängliches Geschenk hinterläßt. Es sagt, daß er ein Einwohner des Dorfes Mahoza im Bezirk Zoar an der Südspitze des Toten Meers ist. Es führt seinen Besitz in allen Einzelheiten an, definiert die Grenzen seiner Ländereien, hauptsächlich Dattelplantagen, und zählt die Wasserrechte für jeden Abschnitt auf, was auf eine fortschrittliche landwirtschaftliche Organisation hinweist. Ein anderes Dokument zeigt, daß Babata fünf Jahre vor dem Aufstand mit ihrem Gemahl ins Hauptquartier der römischen Kavallerieeinheit in Rabbat Moab reiste, um bei der Vermögensabschätzung, die in jenem Jahr vom Statthalter der Provinz Arabien durchgeführt wurde, das in ihrem Besitz befindliche Land zu erklären. Die erwarteten Erträge aus den Datteln waren nach Kategorie und Güte angeführt. Ein Geschäftsvorgang in einem anderen Dokument legt fest, daß der Pächter eines Teils von Babatas Ländereien ihr 42 Zentner Datteln bester Güte und eine feste Menge Datteln

zweiter Klasse zahlen muß. Die Mengen müssen auf einer Mahoza-Waage in ihrem Haus gewogen werden. Was übrigbleibt, behält der Pächter "für meine Mühe und Auslagen" — eine frühe Form von Bezahlung mit einem Teil der Ernte.

Ein Dokument aus dem Jahr 124 n. Z. bezieht sich auf eine Anleihe, die Babatas Gemahl Yehuda ein Jahr vor ihrer Heirat aufnahm, während er noch in Ein Gedi (En Gedi) lebte, und auf seinen Umzug nach Mahoza. Es berichtet, daß sich Yehuda von Valens, dem Hauptmann der ersten thrakischen Kohorte von tausend Infanteriesoldaten, 60 tyrische Silberdinare lieh. Er verpflichtete sich, die Anleihe und zusätzliche Zinsen von einem Prozent innerhalb von acht Monaten zurückzuzahlen. Als Sicherheit verpfändete er das Land seines Vaters, dessen Grenzen angegeben sind. Dieses Dokument beweist, daß acht Jahre vor dem Bar-Kochba-Aufstand eine Kompanie von einhundert thrakischen Hilfssoldaten in Ein Gedi (En Gedi) stationiert war. Yadin schlug vor, daß die Juden von Ein Gedi (En Gedi) diese römische Einheit beim Ausbruch des Bar-Kochba-Aufstands angriffen und daß die Kultgegenstände, die die Expedition 1960 fand — deren Verzierungen unkenntlich gemacht worden waren — möchlicherweise dieser Einheit gehörten. Übrigens erwähnt die Definition der Grenzen des Landes, das Yehuda als Sicherheit verpfändete, den "Norden — der Straße und die Burg". Eventuell ist mit dieser Burg die verbrannte Zitadelle gemeint, die die Archäologen vor kurzem in Ein Gedi (En Gedi) ausgruben.

Wie kamen nun diese Dokumente — und Babata — in die Höhle? Ein Dokument erwähnt, daß sie eine entfernte Verwandte Yehonatans war, der das jüdische Kontingent von Ein Gedi (En Gedi) zusammen mit Masabala während des Aufstands befehligte. Als alle gegen Ende der Kämpfe in die Höhlen flohen, muß Babata mit der Gruppe geflohen sein — wobei sie ihr kostbares Archiv mitnahm.

Neben den Dokumenten fanden Yadin und seine Mannschaft auch einmalige Korbflechtarbeiten und Textilien, darunter das älteste Kleidungsstück, das wie eine römische Toga zugeschnitten war, das je gefunden wurde. Aus schriftlichen Unterlagen und Zeichnungen waren ihre Form und Stil bekannt. Niemals zuvor war jedoch ein so altes Kleidungsstück gefunden worden, nicht einmal in Italien, wo es häufig gewesen sein muß, jedoch im Laufe der Zeit vermoderte. Nur in der trockenen "klimatisierten" Luft der Höhlen am Toten Meer hat es sich erhalten. Jetzt kann es angefaßt und untersucht werden. Ganz nebenbei wurden durch diesen Fund auch Begriffe verständlich, die der Talmud im Zusammenhang mit derartigen Kleidungsstücken erwähnt und die nicht voll verstanden wurden. Eine Untersuchung der Materialien, der Webart, der Stickerei und der Farben dieser einmaligen Sammlung von Stoffen aus dem Altertum, die von Yadin veröffentlicht wurde, erweitert wesentlich unser Wissen über die Handwerke, Leistungen, Sitten und Bräuche jener frühen Tage.

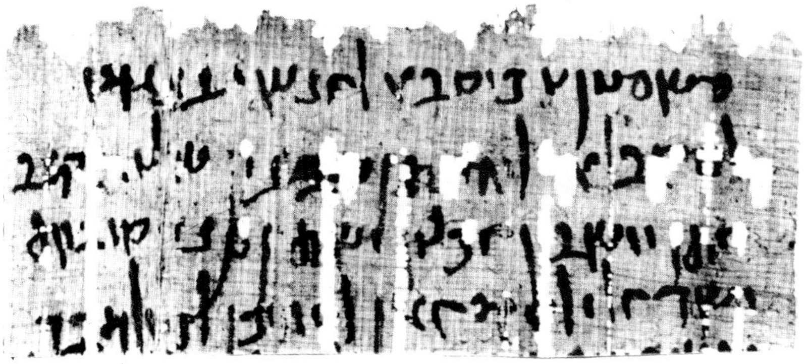

Brief von Simon bar Kosiba (Bar Kochba) an den Befehlshaber in Ein Gedi (En Gedi) während des jüdischen Aufstands gegen Rom; Text auf Hebräisch auf Papyrus

EIN GEDI (EN GEDI)

Ungefähr 16 km nördlich von Masada liegt ebenfalls am Ufer des Toten Meers die kleine smaragdgrüne Siedlung Ein Gedi (En Gedi). Dieser schöne Flecken verdankt seine Entstehung einer Laune der Natur. Er liegt zwar am Rand der kahlen judäischen Wüste nur wenige hundert Meter vom Salzmeer entfernt, trotzdem besitzt er eine üppige Vegetation, die das ganze Jahr über von Süßwasserquellen und natürlichen Wasserfällen bewässert wird. Durch die dichten Blätter tönt der Klang von Wasser, daß über den Felsen hinabstürzt — eine fröhliche Musik in dieser heißen Umgebung unter dem Meeresspiegel — und ergießt sich in Teiche, die jederzeit frisch und eiskalt sind.

Ein Gedi (En Gedi) ist Hebräisch für "Brunnen des Zickleins". Es war eine der alten Städte in Juda, die häufig in der Bibel erwähnt ist. Hierher flüchtete sich David vor den häufigen Zornausbrüchen König Sauls. Als Saul hörte: "Siehe, David ist in der Wüste En-Gedi", zog er ihm mit dreitausend Männern nach, "David samt seinen Männern zu suchen, in Richtung auf die Steinbockfelsen" (1. Sam. 24). Aber David, der davon erfuhr, blieb in seinem Versteck. Als Saul ruhte, näherte er sich ihm und "schnitt leise einen Zipfel vom Rock Sauls ab", womit er ihm bewies, daß er ihn hätte erschlagen können, wäre das seine Absicht gewesen. Diese Geste bewog den reuigen Saul dazu, seine Vorbehalte über Davids Loyalität beiseite zu schieben. "Und" er "sprach zu David: Du bist gerechter als ich, du hast mir Gutes erwiesen; ich aber habe dir Böses erwiesen."

Im Hohelied schwärmt Salomo: "Mein Freund ist mir eine Traube von Zypernblumen in den Weingärten von En-Gedi", ein klarer Hinweis darauf, daß dieser Ort vor dreitausend Jahren blühte. In den Jahrhunderten danach wurde er wie alle anderen während der unsicheren Zeiten wiederholt zerstört und wiederaufgebaut. Tausend Jahre nach Salomo klagte Plinius: "Seine Palmenhaine sind jetzt wie Jerusalem: ein Haufen Asche."

Aber nicht lange. Dank der archäologischen Ausgrabungen in den Höhlen in der judäischen Wüste nur wenige Kilometer von Ein Gedi (En Gedi) wissen wir, daß hier Anfang des 2. Jhs. n. Z. eine blühende jüdische Gemeinde lebte.

Weitere Einzelheiten über die materielle Geschichte von Ein Gedi (En Gedi) im Altertum wurden kürzlich bei den Ausgrabungen bekannt, die ein Team israelischer Archäologen unter der Leitung von Professor Benjamin Mazar durchführte. Die frühesten Funde stammten aus dem Chalkolithikum. Zu den Überresten aus dieser Periode gehörte ein großer Tempel, der auf dem Berg oberhalb der Hauptquelle von Ein Gedi (En Gedi) stand. Er bestand aus einer Einfriedung, die einen Altar in der Mitte umschloß, und aus drei Gebäuden, eines davon gut erhalten, das eindeutig als Kultstätte gedient hatte. Zu der Siedlung aus der Zeit nach Salomo gehörten Überreste aus der Zeit König Josias und seiner Nachfolger. Darüber wurden Schichten aus der persischen, hellenistischen, hasmonäischen und römischen Periode gefunden. Ein Gedi (En Gedi) ist einer der wenigen Orte in Israel, an dem der Opobalsum blühte, aus dem zur Zeit der israelitischen Könige kostbares Parfüm gewonnen wurde. Die Archäologen fanden viele besondere Gefäße

Grabungsgebiet von Ein Gedi (En Gedi) (Vordergrund) am Ufer des Toten Me

Hebräische Inschrift auf Steinsiegel aus Ein Gedi (En Gedi), 7. Jh. v. Z.

und Geräte aus Knochen und Metall, die bei der Zubereitung des Parfüms verwendet wurden, sowie Gewichte mit Maßeinteilung.
Da Ein Gedi (En Gedi) nur wenige Kilometer südlich von Qumran lag, war es den Mitgliedern der alten jüdischen Sekte, die im Geheimen ihre "Schriftrollen vom Toten Meer" abschrieben und in den Höhlen in der Nähe versteckten, wahrscheinlich bekannt.

AVDAT

Auf dem Sporn eines niedrigen braunen Bergs aus zerklüftetem Kalkstein im Herzen des Negevs stehen die beredten Überreste einer alten Stadt. An diesem Ort blühte einst ein fähiges, fleißiges Volk, das Landwirtschaft und Handel betrieb. Vor allem lebte es vom Handel, und zum Schutz seiner Karawanenstraßen gründete es Siedlungen wie diese. Es baute seine eingenen Erzeugnisse an, und zu diesem Zweck erfand es einfallsreiche Vorrichtungen, um Wasser zur Bewässerung des Bodens aufzufangen, den es in der Wüste urbar gemacht hatte. Es verwandelte diesen Ort in eine Gartenstadt inmitten der unwirtlichen Zinwüste. Das waren die Nabatäer, und das war ihre Stadt Avdat.
Die Nabatäer waren ein Stamm, der sich allmählich aus Arabien in den Norden vorschob und sich Ende des 4. und zu Beginn des 3. Jhs. v. Z. in Transjordanien und im Negev ansiedelte. Nur kurze Zeit bevor das Gebiet dem Herrschaftsbereich Roms einverleibt wurde, hatten sie ein weitläufiges Königreich geschaffen, dessen Hauptstadt Petra am Ostufer des Jordans lag. Allerdings erlebten sie nur eine sehr kurze Zeit der vollen Blüte: sie betrug ungefähr einhundert Jahre, von der Mitte des 1. Jhs. v. Z. bis zur Mitte des 1. Jhs. n. Z. Aber ihre Altertümer aus jener Zeit weisen sie als ausgezeichnete Händler, Landwirte, Ingenieure, Architekten und Künstler aus. So beurteilte sie der Archäologe Dr. Nelson Glueck: "Sie können als eines der fähigsten Völker der Geschichte gelten. Aus der Wüste Arabiens gekommen, erlangten sie eine Position großer Macht und Wohlstands, fielen ebenso schnell oder noch schneller der Vergessenheit anheim, als die Römer eintrafen. . . Das Phänomen ihres erstaunlichen Aufstiegs und Niedergangs kann mit dem Glanz eines Meteors verglichen werden, der nur kurz eine glänzende Bahn am Firmament zieht, um dann strahlend zu verglühen."
Aufgrund der archäologischen Beweise wissen wir heute, daß Avdat im 3. Jh. v. Z. von den Nabatäern gegründet wurde und daß es ungefähr eintausend Jahre lang existierte — lange nachdem die Nation, die es gründete, vergessen war. Neben den

nabatäischen Überresten, die am Ort gefunden wurden, gibt es in die Hänge gehauene Grabkammern aus dem 3. Jh. n. Z. sowie Häuser aus der gleichen und späteren Perioden auf dem Berg selbst, vor allem Anbauten an eine schöne nabatäische Terrasse, von der aus man einen Ausblick auf die ganze Region hat. In der Nähe liegen byzantinische Bauten aus dem 6. und 7. Jh., einschließlich zwei Kirchen und eines Klosters, Teile der Stadtdmauer und Überreste einer eindrucksvollen Festung. Vor den früheren Höhlen an den Berghängen liegen die Ruinen zerstörter byzantinischer Häuser.

Avdat liegt an der Hauptstraße durch den Negev, ca. 63 km südlich von Beerscheba und ungefähr 169 km im Norden von Elath. (Am dichtesten bei Avdat liegt Sde Boker, eine Siedlung in der Wüste, in die sich Ministerpräsident David Ben Gurion zurückzog.) Wenige Kilometer weiter im Süden liegt der kahle, majestätische Krater Machtesch Ramon. Ein mit Schotter übersäter Pfad zwischen den Felsen hinter Avdat führt zu einem eiskalten Teich, dem sogenannten Ein Avdat (En Avdat), der von Regenwasser gespeist wird, das in südlicher Richtung durch ein kompliziertes, von der Natur geschaffenes Kanalnetz fließt.

Um ihre Herrschaft im Negev zu konsolidieren, schützten die Nabatäer ihren Handel durch Siedlungen, die sie an strategischen Punkten an ihren Karawanenstraßen entlang errichteten. Aus Südarabien und Indien brachten sie Gewürze, Stoffe und Edelsteine nach Petra und Elath, und von dort beförderten sie sie durch den Negev zu den Mittelmeerhäfen in Gaza und Rafah. Die Straßen von Petra und Elath zum Mittelmeer liefen in der Nähe von Avdat zusammen. Vor allem aus diesem Grund bauten die Nabatäer hier eine Siedlung. Die landwirtschaftlichen Möglichkeiten spielten bei ihrer Wahl sicher eine Rolle.

Das Land um Avdat war die erste weite Fläche nördlich des Rimonkraters, auf der der landwirtschaftliche Anbau überhaupt möglich schien. Dabei nutzten die Nabatäer die Methoden einer Landwirtschaft in der Wüste, die ihre Vorgänger, die Judäer, entwickelt hatten. Außerdem führten sie eigene Verbesserungen ein. Das größte Problem ist und war Wasser. Die Nabatäer fingen das Regenwasser durch ein System von Dämmen und Zisternen auf. Außerdem legten sie Kanäle an, die das von den Bergen herabstürzende Wasser umleiteten. So konnten sie genug Wasser zur Bewässerung der Felder der kleinen nabatäischen Bauernhöfe auffangen, die das Tal um die Stadt Avdat auf dem Berg darüber übersäten. 1959 begann Professor Michael Even-Ari, Professor für Botanik der Hebräischen Universität, zusammen mit einer Mannschaft israelischer Botaniker und landwirtschaftlicher Experten mit einem Wiederaufbauprogramm der Farmen. Auf den Feldern um Avdat rekonstruierten sie die Anbaumethoden der Nabatäer, bauten die gleichen Erzeugnisse mit den gleichen Methoden an und verwendeten die gleichen Wasserauffang- und Bewässerungsmethoden wie in längst vergangenen Zeiten.

Avdat, das auf erhöhtem Gelände eine strategische Lage einnahm, beherrschte die Ebenen im Südosten, Süden und Westen, aus denen die Karawanenstraßen kamen. Deshalb konnten sie sich auf Überfälle vorbereiten und, wenn stark bedrängt, sich in ihrem Stützpunkt hoch oben auf dem Berg verschanzen.

Avdat erhielt seinen Namen von einem nabatäischen König namens Obodas (Abdat) —

sehr wahrscheinlich Obodas II. —, der gegen Ende des 1. Jhs. v. Z. starb und gemäß der Überlieferung hier begraben wurde. Obodas II., ein Zeitgenosse König Herodes' des Großen, war der Vater des mächtigsten nabatäischen Königs, Aretas IV., der von 9 v. Z. bis 40 n. Z. herrschte. Eine seiner Töchter heiratete übrigens Herodes' fähigsten Sohn, Herodes Antipas, Tetrach von Galiläa, der Tiberias baute (später trennte er sich von ihr).

Die Herrschaft der Nabatäer ging im Jahr 106 n. Z. zu Ende, als der römische Kaiser Trajan ihr Königreich annektierte. Wie Avraham Negev jedoch anhand einer nabatäischen Inschrift, die er fand und entzifferte, nachwies, existierte Avdat zumindest noch weitere zweihundert Jahre. Kurz danach bauten die Römer ihre große Straße, die Elath mit Damaskus verband, Avdat umging und somit dieser Region den Handel entzog. Die Stadt verfiel. Erst Mitte des 3. Jhs. erholte sie sich allmählich wieder. Der römische Kaiser Diokletian, der von 284 bis 305 n. Z. herrschte, erneuerte die Befestigungen an der römischen Grenze entlang, wobei er eine Reihe von Festungen an den Straßen baute, die die Arava-Ebene mit dem nördlichen Negev verbanden. Avdat wurde zum Sitz einer solchen Festung gewählt. Man nimmt an, daß das römische Lager nordöstlich der Stadt aus dieser Zeit stammt. Mit Hilfe von Inschriften, Münzen und Tonscherben konnten die Archäologen den Wachtturm und die mit Kolonnaden versehene Terrasse auf diese Zeit datieren.

Danach gewann Avdat seinen früheren Wohlstand zurück. Im 6. Jh. erreichte es seine Blütezeit. Während dieser byzantinischen Periode entstand die Festung auf dem Berggipfel zum Schutz der seßhaften Bevölkerung vor Angriffen nomadischer Beduinenstämme. Aus dieser Periode stammen ebenfalls die beiden Kirchen, das Kloster, das Baptisterium, die Anbauten an die Terrasse auf dem Berggipfel, die Häuser und Stadtmauer im oberen Stadtteil und die Anlagen neuer Wohnhöhlen an den unteren Hängen.

Der zweite Niedergang Avdats setzte mit der muslimischen Eroberung im Jahr 634 n. Z. ein, obwohl die Stadt allem Anschein nach widerstandslos fiel. Die neuen Herrscher, stärker der nomadischen Lebensweise verbunden, sorgten sich weniger als ihre Vorgänger um den Schutz der Interessen der Städte an ihren Karawanenstraßen entlang. Für sie war Avdat einfach ein Ort mit einem Badehaus am Fuß des Bergs, das ihre Reisenden benutzten. Im 10. Jh. wurde der Ort endgültig aufgegeben.

Er blieb bis 1871 vergessen, als der englische Reisende Palmer auf seine Ruinen stieß. 1935 führte die Expedition Dunscombe Colt eine archäologische Ausgrabung in kleinem Umfang durch. Erneutes Interesse an dieser alten Stadt wurde nach der Gründung der nahegelegenen Siedlung Sde Boker im Jahr 1949 durch eine Gruppe von Pionieren — Männern, Frauen — geweckt, die während Israels Unabhängigkeitskrieg im Negev gekämpft hatten. Räumung und Restaurierung der Stadt erfolgten unter Aufsicht der Archäologen Professor Michael Avi-Yonah und Dr. Avraham Negev von der Hebräischen Universität in Jerusalem.

Eine kurze Zufahrtsstraße, die von der Hauptstraße abbiegt, bringt den Besucher zu den ersten Anzeichen einer alten Besiedlung am Fuß des Berges, auf dessen Gipfel Avdat stand. Es sind Höhlen, die reihenweise aus dem abschüssigen Fels gehauen wurden. Sie dienten als Gräber und entstanden zur byzantinischen Periode. Zu irgendeinem Zeit-

punkt während dieser Periode wurden vor den Höhlen Häuser gebaut. Heute ist kein Haus mehr vollständig erhalten. Eins wurde jedoch rekonstruiert. Es besteht aus zwei großen Höfen, die mehrere Passagen verbinden. Hier kann man noch die Überreste eines Abwässersystems sehen. Die Durchgänge führten zu Wohnräumen, die in einer Art überdacht wurden, die typisch für das Bauen in einer baumlosen Gegend ist. Statt Holzbalken besaßen die Zimmer drei parallele Steinbögen, und auf den Gewölben war eine Schicht flacher Steine angebracht. Hinter diesem Haus befindet sich eine Höhle. Eine Mauer beim Eingang verschloß sie, und sie diente als Wohnung. Ein Zimmer wurde als Vorratskammer benutzt. Ein weiteres diente als Gebetskapelle. Ihr Dach zierten zwei reliefierte Kreuze, außerdem die Figur einer menschlichen Gestalt und Köpfe von Tieren. Auf der Wand eines anderen Raumes erscheinen primitive Zeichnungen von Heiligen und Inschriften, die den Schutz des Himmels anrufen.
Von hier bringt ein gewundener Pfad den Besucher auf den Berggipfel und vorbei an den Überresten der byzantinischen Mauer. Darüber kommt man an die ca. 6 m hohe Terrasse, die ein Portikus stützt. Dahinter wurden fünfzehn Kasematten gefunden, d. h. Hohlkammern zwischen Doppelmauern. Rechts vom Pfad gibt es eine gewundene Treppe, die hier gefunden wurde. Sie stammt aus dem beginnenden 1. Jh. n. Z. und entstand zur Zeit Aretas' IV. Sie führte zu einem nabatäischen Tempel. Daneben liegt die Terrasse, die ebenfalls im 1. Jh. wahrscheinlich als eine offene Esplanade gebaut wurde. Die Basen einer Säulenreihe aus einer späteren Periode weisen darauf hin, daß sie überdacht wurde, wobei das Dach von einer Kolonnade getragen wurde. Am Nordende stehen vier Pfeiler, auf denen ein byzantinischer Balkon ruhte. Zur byzantinischen Periode erreichte man die Terrasse über die Treppe links, die heute wieder benutzt wird.
Von hier aus kommt man an eine schmale Straße, an deren nördlichem Ende eine Steinbank mit gebogener Kopfstütze steht. Wahrscheinlich stand sie bei einer Öffnung, die die nördlichen Zugänge überblickte. An dieser Straße liegt das Baptisterium, das im 6. Jh. als ein Raum mit drei Wänden gebaut wurde; vor dem offenen Eingang stehen zwei Säulen. Das Taufbecken ist kreuzförmig und mit Marmor verkleidet. Ganz in der Nähe befindet sich ein kleines Taufbecken für Säuglinge. Neben dem Hauptbecken steht eine Wand der Apsis. Links davon gibt es einen Pfeiler mit einer Nische, in der wahrscheinlich Ritualgegenstände abgestellt wurden.
Hinter der Straße liegen die Ruinen der Nordkirche aus dem 6. Jh., die zwei Säulenreihen in Schiff und Seitenschiffe teilen. Einige der hier verwendeten schönen Steine stammen aus den Ruinen des nabatäischen Tempels. Der Altar, der vor einer halbrunden Apsis stand, war von der restlichen Kirche durch einen erhöhten Kanzelschirm getrennt, von dem noch ein Teil steht. In der Apsis steht der Steinsitz des Bischofs und dahinter eine halbrunde Bank für die Geistlichen. Der Stein links ist die Basis der Plattform für den Prediger.
Vor dieser Kirche liegen die Ruinen eines Klosters aus dem 6. Jh., an das eine weitere Kirche angrenzt, die spätere der beiden. Es ist die Südkirche, die im Grundriß der Nordbasilika ähnlich ist. An den Wänden der beiden kleinen Nischen zu jeder Seite der Apsis in der Mitte kann man die Überreste von Fresken sehen, die heilige Gestalten darstellen. In dieser Kirche gibt es mehrere Grabsteine aus dem 7. Jh. Einer kennzeich-

Bronzeleopard aus den nabatäischen Ruinen in Avdat, 1. Jh. n. Z.

Das Ackerland von Avdat, heute versuchsweise unter Anwendung nabatäisch-byzantinischer Anbaumethoden beb.

net das Grab des Klosterabtes aus dem Jahr 618 n. Z. Die Südkirche wird auch als die St.-Theodoruskirche bezeichnet.

Südlich von diesem Gebäudekomplex erhebt sich eine rechteckige byzantinische Festung; an jeder Ecke und in der Mitte jeder Mauer stehen Türme. Auf einem Stein über dem Nordeingang erscheint ein Kreuz, zwischen seinen Armen symbolische Buchstaben. Im Inneren der Festung gab es einen großen freien Raum ohne Gebäude — um wahrscheinlich die Menschen während eines Beduinenüberfalls aufzunehmen. Eine tiefe Zisterne wurde durch eine von außen kommende Leitung gespeist. Fast 140 m östlich der Festung machten die Archäologen einen einmaligen Fund: die Werkstatt eines nabatäischen Töpfers, komplett mit Brennofen und der Basis einer Töpferscheibe. Auf dem Boden lagen wunderschöne Beispiele nabatäischer Töpferei herum. Im Süden der Zitadelle befinden sich die Überreste einer Weinpresse, weiter im Süden die Ruinen von Häusern. Am Fuß des Südhangs steht einsam ein byzantinisches Haus, das euf das Tal blickt.

Am Fuß des Bergs liegen ein altes Badehaus und ein Brunnen. Der Brunnen wird noch benutzt. Eine griechische Inschrift beim Eingang zeigt, daß er aus byzantinischer Zeit datiert. Die Böden der beiden "heißen Zimmer" des Badehauses ruhen auf Ziegelpfeilern. Durch den Hohlraum unter den Pfeilern strömte die Wärme von den Öfen außen herein, die die Böden erwärmte. Außerdem wurde die Wärme in senkrechten Röhren, die an den Wänden entlangliefen, nach oben geleitet. Einer der Baderäume besitzt ein zylindrisches Gewölbe, der andere eine Kuppel. In seinen drei Nischen stehen Badewannen aus Ziegeln.

Ein Museum am Ort beherbergt kleine Statuen, Geräte, Tongefäße, Tonscherben und griechische und nabatäische Inschriften, die beim Räumen des Ortes entdeckt wurden.

SCHIVTA

Schivta, ebenfalls eine nabatäisch-byzantinische Stadt, die etwas später als ihre Schwester Avdat gegründet wurde, liegt im nordwestlichen Negev. Auch sie wurde unter der Leitung von Professor Avi-Yonah restauriert. Heute kann der Besucher durch die schmalen Straßen der Stadt wandeln und die Atmosphäre des Altertums in sich aufnehmen. Er kann Häuser besichtigen, einige noch bis zum zweiten Stock erhalten, aus Stein gebaut, der weich war, als er aus dem Steinbruch geholt wurde, jedoch unter Sonne und Wind erhärtete. Er kann durch Fenster blicken, die schmal und eng sind, um zwar Luft aber nicht die brennenden Sonnenstrahlen hineinzulassen. Und er kann sich das Leben der Familien ausmalen, die hier vor so vielen Jahrhunderten lebten. Das Niveau ihrer Architektur kann man anhand der Überreste schöner Kirchen ermessen. Wie sie ihr Wasser speicherten, kann man an den eingebauten Tonröhren sehen, die das Wasser von den flachen Dächern zu Zisternen unter den Wohnräumen leiteten, und an den gut erhaltenen großen Becken auf dem Hauptplatz.
Heute erreicht man Schivta mühelos auf einer neu asphaltierten Straße, die von der Schnellstraße von Beerscheba nach Nitzana abbiegt. Es liegt am Ende eines niedrigen Kamms pergamentfarbener Berge, die das Zeitan- vom Korhatal trennen. Es liegt ca. 45 km südwestlich von Beerscheba und fast 19 km östlich der Grenze des Sinais.
Im Gegensatz zu anderen nabatäischen Städten besaß Schivta keinen besonderen strategischen Wert. Es beherrschte weder eine wichtige Durchgangs- noch eine alte Handelsstraße. Außerdem war es nicht befestigt. Allem Anschein nach wurde die Stadt vor allem wegen ihres Lands gegründet, das sich für den Anbau mit dem nabatäischen Bewässerungssystem eignete. Und die landwirtschaftlichen Erzeugnisse wurden anscheinend vor allem an die wichtige Karawanenstation Nitzana ganz in der Nähe geliefert, die an der Hauptstraße lag, die Ägypten und die Sinai-Halbinsel mit Rafah und Gaza verband.
Der Name (auf Griechisch "Subeita") kommt von der ursprünglichen nabatäischen Bedeutung "kleiner Stamm". Das und seine Entfernung von der Hauptstraße und die Abwesenheit einer Befestigungsmauer weisen darauf hin, daß der Ort von einer kleinen Gruppe von Nabatäern oder einem Stamm als Bauerndorf gegründet wurde. Sein Ursprung und das Datum seiner Entstehung — 2. oder 1. Jh. v. Z. — wurden mühelos anhand zweier besonderer nabatäischer "Merkmale" festgelegt, die sich während seiner gesamten Existenz von einem Jahrhundert zum anderen nur leicht änderten: ihr Wasserspeichersystem und ihre Töpferei. Nabatäische Tonscherben sind unverwechselbar. Sie gehören zu den schönsten Erzeugnissen der Töpferei des Altertums. Sie sind dünn und zart und wiesen auf einem roten oder braunen Hintergrund Pflanzenmotive als Verzierungen auf.
Wie in Avdat stand die Entwicklung in Schivta still, als die Römer 106 n. Z. die Nabatäer unterwarfen. Die Römer behielten es als nützliches Versorgungszentrum für ihre Garnisonen im Nordnegev bei. Sie förderten jedoch kaum seine weitere Entwicklung. Erst zu Beginn der byzantinischen Herrschaft im 4. Jh. blühte Schivta erneut auf,

und genau wie Avdat begann sein Niedergang, als die Muslime die Gegend im Jahr 634 n. Z. eroberten.

Zum ersten Mal wird Schivta in alten literarischen Dokumenten in einer tragikkomischen Geschichte über einen jungen Pilger aus dem 5. Jh. n. Z. erwähnt. Der hl. Nilus, ein hochgestellter Präfekt aus Konstantinopel, der jahrelang im Sinai lebte, berichtet die Geschichte seines Schülers Theodolus, der auf einer Pilgerfahrt in den Sinai von einer heidnischen Beduinenbande entführt wurde. Sie beschlossen, ihn dem Morgenstern zu opfern. Zum Glück für den jungen Mann verschliefen seine Wächter. Beim ersten Licht verschwand der Morgenstern. Das legten die Beduinen als Zeichen aus, daß der junge Theodolus vom Stern als unerwünschtes Opfer abgelehnt wurde. Sie ließen ihn am Leben. Als nächstes brachten sie ihn auf den Sklavenmarkt von Schivta, auf dem die sarazenischen Beduinen ihre Gefangenen zum Kauf anboten. Theodolus wurde verkauft. Als die christlichen Behörden in Halutza, dem damaligen Zentrum des Bezirks, das 25 km im Nordem von Schivta lag, von seinem Leidhörten, kauften sie ihn frei.

So ging noch alles gut aus. Die Geschichte, die Nilus hörte, nahm er in seinen "Erzählungen" auf.

Ebenso wird Schivta wiederholt in Papyrusunterlagen aus Nitzana aus dem 6. und 7. Jh. erwähnt. Kufische (d. h. altarabische) Inschriften zeigen, daß die Stadt bis zum 12. Jh. bewohnt war. Außerdem wurden arabische glasierte Tonscherben in der Umgebung von Schivta gefunden, die wahrscheinlich aus dem 13. oder 14. Jh. stammen. Seither war die Stadt verlassen, vergessen und ungestört, bis sie 1839 von Edward Robinson entdeckt wurde, dem amerikanischen Theologen und "Vater" der biblischen Topographie. 1914 kam eine englische Vermessungsexpedition in den Negev, die sich vorgeblich für Archäologie interessierte. Ihre Aufmerksamkeit galt jedoch eher der Bedeutung des Negevs bei einer späteren militärischen Aktion gegen die Türken. Drei Angehörige dieser Expedition — Lawrence, Woolley und Newcombe — sollten später berühmt werden. 1916 kam ein deutsches Vermessungsteam nach Schivta und machte als erste Luftaufnahmen vom Ort. 1935-37 wurde eine englisch-amerikanische Ausgrabung unter Leitung des Archäologen Harris Dunscombe Colt durchgeführt.

Der älteste Teil von Schivta ist sein südliches Viertel, das eindeutig aus vorchristlicher Zeit stammt. Es enthielt zwei öffentliche Becken, die das Wasser auffingen, das durch Wasserkanäle, die an den Straßen entlangliefen, hineinfloß. Zur christlichen Zeit entstand hier am Ort die wichtigste Kirche, heute die sogenannte Südkirche, weil sie dicht bei den Becken und somit beim geschäftigsten Teil des Stadtviertels lag. Eine Untersuchung der Baupläne zeigt, wie sorgfältig darauf geachtet wurde, daß weder Straßen noch Kanäle behindert wurden.

Auch heute stehen noch zahlreiche, aus Stein gebaute Häuser, einige mit gemeißelten Türpfosten und verzierten Fensterrahmen. Sie bestanden aus zwei oder drei großen Räumen und mehreren kleineren Kammern, die größtenteils um einen Hof herum gebaut waren. Ihre Dächer waren flach, um das Regenwasser aufzufangen, und jedes Haus besaß ein oder zwei Zisternen. Im alten Stadtviertel waren die Zisternen in der Mitte des Hofes ausgegraben, wo sie durch offene Kanäle gespeist wurden. Später wurden die

Ornamentales Kapitell aus den Ruinen in Schivta

Anlagen verbessert, wie es im nördlichen Viertel der Fall war. Hier wurden die Zisternen unter den Räumen angelegt, und das Wasser floß vom Dach durch Tonröhren, die bereits beim Bau des Hauses in die Wände eingebaut wurden, in die Zisterne.

Den Einwohnern wurde allem Anschein nach eine strenge Disziplin im Hinblick auf den Wasserhaushalt auferlegt. Eindeutig forderten die Baubestimmungen, daß in jedem Haus Einrichtungen zum Auffangen und Speichern des Wassers eingebaut werden mußten. Darüber hinaus konnte jeder Bürger zur Wartung des öffentlichen Wasserversorgungssystems herangezogen werden. Eine Reihe von Ostraka, die in Schivta gefunden wurden, waren eine Bestätigung der Ableistung derartiger Pflichten. Auf einem steht: "An Flavius Gormos, Sohn des Sacharja: du hast deinen Dienst im Reservoir geleistet. Am 22. Dios in der 9. Indiktionsperiode." Flavius hatte demnach seine Pflicht beim Säubern der Becken erfüllt!

Hinweise, daß die Stadt zum Teil nach einem Plan entstand, gibt es im Nordteil der Stadt. Dort liegt in der Nähe der Nordkirche ein breiter, gepflasterter Platz, den Läden, eine Weinpresse und Backofen säumen. Sehr wahrscheinlich lagen hier Marktplatz und Handelszentrum.

Unmittelbar vor der Stadt, umgefähr 500 m im Nordosten, liegen die in Terrassen angelegten Felder, die Steinhecken umschlossen und von einem System von Kanälen, Deichen und Schleusentoren bewässert wurden, das von den Nabatäern erfunden und von den Byzantinern erweitert worden war. Wie in Avdat führte Professsor Even-Ari auch hier ein landwirtschaftliches Restaurierungsprogramm durch.

Wenn man Schivta aus dem Südwesten betritt, kommt man auf einen Platz mit zwei großen Becken. Sie wurden aus dem Fels gehauen und mit einer Schicht kleiner Steine ausgekleidet, die in wasserdichten Zement eingebettet waren, um ein Durchsickern zu verhindern.

Hinter den Becken steht die Südkirche aus dem 5. Jh., deren Vorhalle (Narthex) zu einem großen Saal führt, die zwei Säulenreihen in Schiff und Seitenschiffe teilen. Der Saal läuft in drei halbrunden Apsen aus. Vor der Apsis in der Mitte stand ein Altar auf einer erhöhten Plattform, die ursprünglich von einem Kanzelschirm umgeben war.

Das angrenzende Baptisterium erreicht man durch den Narthex. Es erhält ein gut erhaltenes monolithisches Taufbecken in Form eines Kreuzes.

Dicht daneben steht eine Moschee, die ungefähr vierhundert Jahre später angebaut wurde. Ihr *Mihrab*, die Nische, die nach Mekka blickt, stößt leicht mit dem Baptisterium zusammen, ohne jedoch seine Innenanordnung zu stören.

Weiter im Norden kommt man an der zentralen Kirche und dem Turm vorbei und an den gepflasterten Platz bei der Nordkirche. Hinter der Ostseite des Platzes befindet sich eine Weinpresse mit einer gepflasterten Plattform, auf der die Weintrauben zerdrückt wurden. Der Saft floß durch einen Kanal zu einem runden Faß, das in den Boden eines tieferen Raums eingelassen war.

Die Nordkirche, die letzte der drei, besteht aus einem Hof oder Atrium, den früher Kolonnaden säumten. Wie die Südkirche läuft sie in drei Apsen aus und wird durch zwei Reihen mit je sechs Pfeilern in Schiff und Seitenschiffe geteilt. Die Kirche war mit Marmor gepflastert, und auch ihre Wände waren zum Teil mit Marmor verkleidet. An

כנסית
הכנסיה
CENTURY

onstruierte Straße im alten Schivta

sie grenzt eine Kapelle mit einem Mosaikpaviment in geometrischen Mustern an. Eine Inschrift erwähnt die Spender des Mosaiks und das Datum. Es wurde im 6. Jh. "unter dem Bischof Thomas und dem Statthalter Johannes" gelegt. Unter der Kapelle liegt das Baptisterium mit seinem kreuzförmigen Becken, allerdings weniger gut erhalten als das in der Südkirche.
Dank der kürzlich durchgeführten Restaurationen hebt sich der Vorhang der Geschichte über Kunst, Fähigkeiten und Lebensweise eines alten Volkes.

SALOMOS BERGWERK

Das Aravatal, die Senke, die sich vom Toten Meer in südlicher Richtung bis zum Golf von Aqaba erstreckt, entstand aufgrund des vorgeschichtlichen Bruches, der das Gebiet zwischen der heutigen Türkei und Afrika spaltete. Ein weiteres Ergebnis ist die exotische Farben- und Formenvielfalt der Felsen, die die "Ränder" des Spalts am Fuß der Bergketten zu beiden Seiten kennzeichnen. Wozu unzählige Künstler mehrere Leben gebraucht hätten, vollbrachte die Natur innerhalb eines Augenblickes. Und wo es noch rauhe Ränder gab, wurden sie durch Erosion geglättet. Von allen natürlichen Skulpturen, die es im südlichen Arava gibt, ist zweifelsohne keine eindrucksvoller als die beiden riesigen, rotbraunen Felsvorsprünge, die als "Salomos Säulen" bezeichnet werden.
Auch ihre Umgebung ist eindrucksvoll, die im wahrsten Sinne des Wortes als eine der farbenfreudigsten Regionen der Welt gelten kann. Denn beim Ausbruch in der Vorzeit wurden Felsen ausgespien, Gefährten der Säulen, jeder mit einer anderen Mineralschicht durchsetzt, die in der Farbe ihres jeweiligen Erzes schimmert. Aus der Entfernung leuchten die Hänge der Edomberge im Osten und das Paranplateau im Westen, je nach dem Licht vom Sonnenaufgang bis zum Sonnenuntergang in ein kräftiges Rot oder Purpur oder Blau gebadet. Dieses Feuerwerk der Farben rundet das Rote Meer mit seiner türkisfarbenen Wasserzunge, dem Golf von Aqaba, ab, der sich mit dem auslaufenden Tal und den flammenden Bergen trifft. Elath, an der Spitze des Golfs, liegt ca. 26 km im Süden der Säulen.
Das moderne Elath ist auch nahe der biblischen Stätte, an die die Israeliten auf ihrem Weg nach Kanaan kamen, nachdem sie aus Ägypten ausgezogen waren: "Als wir nun . . . weggezogen waren, weg von dem Weg durch die Steppe, weg von Elath und Ezjon-Geber. . ." (5. Mose 2, 8). In diesem Gebiet "baute" König Salomo im 10. Jh. v. Z. "auch Schiffe in Ezjon-Geber, das bei Elath liegt am Ufer des Schilfmeers im Lande der Edomiter" (1. Kön. 9, 26). Zweifelsohne beschrieb der Bericht im 5. Buch Mose über das Gelobte Land diesen Teil des Landes, als den Israeliten gesagt wurde, daß es neben anderen Vorteilen, die es besaß, auch "ein Land" war, "in dessen Steinen Eisen ist, wo du Kupfererze aus den Bergen haust" (8, 9).

Dieser Vers wurde greifbare Wirklichkeit, als der amerikanische Archäologe Dr. Nelson Glueck den ursprünglichen Ort Ezjon-Geber identifizierte und dort eine umfassende Grabung durchführte. Er stellte fest, daß Salomo nicht nur Schiffe ganz in der Nähe gebaut hatte. Er hatte Ezjon-Geber auch in eine Industriestadt verwandelt, mit riesigen Schmelzöfen und Werkstätten, in denen Kupferbarren und Geräte hergestellt wurden, die er für sein gewaltiges Bauprogramm und seinen umfangreichen Export benötigte. Das Kupfer wurde gegen Gold und Gewürze und andere exotische Erzeugnisse aus Afrika, Arabien und Indien eingetauscht. Die Bibel erwähnt einen solchen Tauschhandel mit Ophir, in dem Salomos Schiffe eintrafen: ''Und sie kamen nach Ophir und holten dort vierhundertundzwanzig Zentner Gold und brachten's dem König Salomo'' (5. Mose 9, 28). In seinem fesselnden Bericht über seine aufregenden Entdeckungen schreibt Glueck, daß ''das aufwendige Kupferschmelz- und Produktionszentrum, das er (d. h. Salomo) in Ezjon-Geber baute, das größte ist, das bisher entdeckt wurde''. Das Kupfer selbst wurde nicht an diesem Ort abgebaut sondern einige Kilometer weiter im Binnenland. Das größte Bergwerk im Arava lag in der Nähe der Säulen an einem Ort mit dem Namen Timna. Das Eisenerz wurde im Tagebau abgebaut und zum Teil in kleinen Schmelzöfen aus Stein vorgeschmolzen. Dann wurde es nach Ezjon-Geber befördert, weiter verfeinert und in Barren gegossen. Die Schlacke in Timna wurde einfach fortgeworfen und türmte sich schließlich zu großen, schwarzen Bergen auf. König Salomos Bergwerk in Timna wurde von den beiden Felsvorsprüngen bewacht, die den passenden Namen ''König Salomos Säulen'' erhielten.

Wenn auch die Säulen das Bergwerk ''bewachten'', verließ sich Salomo nicht auf die Natur, um das Heer von Sklaven zu bewachen, das im Bergwerk arbeitete. Das waren die Unglücklichen, die auf dem Schlachtfeld gefangengenommen wurden (das war zur damaligen Zeit durchaus üblich; beide Seiten verfuhren auf die gleiche Weise: während idumäische Gefangene in Salomos Bergwerk arbeiteten, schufteten Gefangene aus Juda in den Bergwerken von Idumäa). Damit sie nicht ihrer Fronarbeit entfliehen konnten, wurde um das ganze Gebiet des Bergwerks und der Schmelzöfen in Timna eine starke Mauer gezogen. Teile dieser Einfriedung haben sich bis heute erhalten.

Der Archäologe Glueck, der den Schmelzprozeß der Antike rekonstruierte, wies nach, daß Salomo um fast dreitausend Jahre Methoden vorausgriff, die die Industrie im Westen im vergangenen Jahrhundert revolutionierten. An sorgfältig plazierten Öffnungen in den Wänden seiner Schmelzkammern liefen Luftkanäle aus, so geschickt angelegt, daß sie den Nordwind auffingen, der aus nördlicher Richtung unablässig durch den Trichter des Arava blies. Er fächelte die Flammen im Ofen an, so daß sie die ganze Zeit über auf Höchsttemperaturen brannten. Glueck bemerkt in seinem *Rivers in the Desert* (Flüsse in der Wüste): ''Kein von Hand betriebenes Gebläsesystem war erforderlich, weil Salomos Ingenieure durch hervorragende Berechnungen den Wind in ihre Dienste gestellt hatten, der natürliche Zugluft lieferte. Das Windfrischverfahren von Bessemer, das er vor weniger als einhundert Jahren entdeckte, war im wesentlichen bereits vor dreitausend Jahren bekannt.'' Über die Riesenschmelzöfen, die er in Ezjon-Geber ausgegraben hatte — und die nach dem gleichen Prinzip wie die kleineren in Timna gebaut worden waren —, sagte er: ''Der Schmelzofen war so gut geplant, daß wir, nachdem er vollkommen

ausgegraben war, die Hand in das Flugloch in der Wand am Südende des Ofens legen und die durchstreifende Luft fühlen konnten, die durch die Fluglöcher an der Nordseite mehrere Kammern entfernt eingetreten war."

Salomos Bergwerk, Schmelzöfen, Schlackenberge und Ruinen der Einfriedung kann man noch heute besichtigen. Der Besucher kann einen Brocken Schlacke als Erinnerung mit nach Hause nehmen, der nach dem Schmelzprozeß vor über dreitausend Jahren fortgeworfen wurde. Ganz in der Nähe, aber dichter bei der Hauptstraße nach Elath, steht das neue, moderne Bergwerk von Timna, das nach der Staatsgründung 1948 eröffnet wurde. Seine Entstehung verdankt es zweifelsohne zumindest teilweise der Tradition, die der israelitische König im Altertum begonnen hatte. Wie Glueck aus seiner archäologischen Forschung folgert, war Salomo nicht nur "ein Herrscher von sagenhafter Weisheit und ein sehr erfolgreicher Handelsfürst und Schiffsmagnat sondern . . . auch ein erstrangiger Kupferkönig, der Israel in eine Industriemacht verwandelte."

SEBASTE (SAMARIA)

Auf einem Berggipfel beim heutigen Nablus, von dem aus man in westlicher Richtung das Wasser des 37 km entfernten Mittelmeers sehen kann, liegen die Ruinen des biblischen Samaria, das Omri, König von Israel, im 9. Jh. v. Z. als seine Stadt gründete. Die Bibel sagt: Omri "kaufte den Berg Samaria von Semer für zwei Zentner Silber und baute auf dem Berg eine Stadt und nannte sie Samaria. . ." (1. Kön. 16, 24). Das tat er, um seinem Königreich eine Hauptstadt zu geben, die zumindest mit dem irdischen Jerusalem, der Hauptstadt von Juda wetteifern konnte. Die beiden Königreiche, Israel im Norden und Juda im Süden, waren nach der Spaltung des vereinigten Königreiches nach Salomos Tod entstanden. Jerusalem, in dem der Tempel stand, übte auch weiterhin auf alle Juden einen einmaligen, religiösen Einfluß aus. Die Könige von Israel versuchten, diesen Einfluß Judas durch die Gründung einer eigenen eindrucksvollen Stadt zu verringern. Zu diesem Zweck wählte Omri Samaria. Er und sein Sohn Ahab, der 869 v. Z. seine Nachfolge antrat, verwirklichten an diesem wunderschönen Ort, der inmitten des Berglands von Samaria liegt, ein umfassendes Bauprogramm.

Samaria, ca. 13 km nordwestlich von Nablus (dem biblischen Sichem), beherrschte zwei wichtige Straßen: die in den Norden nach Galiläa und Damaskus und die in den Westen zur Küste. Auf dem Gipfel, den an drei Seiten steile Hänge umgaben, baute Omri eine rechteckige Zitadelle, geschützt durch ihre eigene Mauer aus behauenen Quadern, die sehr geschickt auf im Felsen angelegten Fundamenten aufgebaut wurden. Die unteren Reihen einiger Mauerabschnitte sind gut erhalten. Zur gleichen Zeit entstand die Unterstadt auf dem sanfter geneigten Südhang. Einige Jahre später wurde eine sehr dicke Stadtmauer gezogen, die mehr vom Gipfel umschloß. Auch Teile dieser Mauer haben sich erhalten.

Römisches Theater in Sebaste, frühes 3. Jh. n. Z.

Eingang zur St.-Johanneskathedrale

Die Basilika nahe dem Berggipfel von Seba

Vom Königspalast und den anderen Gebäuden, die Omri und seine israelitischen Nachfolger innerhalb der Zitadelle bauten, hat sich kaum etwas erhalten. Allerdings wurden bei den archäologischen Grabungen im Jahr 1932 geschnitzte Elfenbeinplättchen aus Ahabs "Elfenbeinhaus" gefunden, die heute im Rockefeller Museum in Jerusalem besichtigt werden können. Einige enthalten Inschriften auf Frühhebräisch. Unzählige Ostraka mit hebräischer Schrift wurden in den Ruinen des, wie es scheint, Büro des Registrators am Westende der Zitadelle gefunden. Das schön vergipste Becken, das die Archäologen fanden, war eventuell der "Teich von Samaria", in dem Ahabs "Wagen" gewaschen wurde, nachdem er auf dem Schlachtfeld in Ramoth in Gilead gefallen war (1. Kön. 22, 38).

Die nördliche Hauptstadt der Hebräer fiel 722 an den Assyrer Sargon, der den Großteil der überlebenden israelitischen Bevölkerung in die Gefangenschaft führte. Während der Fremdherrschaft verfiel Samaria, und die Überreste aus dieser Zeit sowie die aus der anschließenden babylonischen und persischen Periode sind spärlich.

Erst zur hellenistischen Periode wurde Samaria erneut eine Stadt mit eindrucksvollen Gebäuden, deren Ruinen man noch heute sehen kann. Die Nachfolger Alexander des Großen, der 332 das Persische Reich eroberte, integrierten Teile der alten israelitischen Mauer in eine neue, die durch eine Reihe wuchtiger, runder Türme verstärkt wurde. Faszinierend anzusehen in Samaria ist heute einer dieser runden griechischen Türme, der die israelitische Zitadellenmauer einfaßt.

Samaria wurde 108 v. Z. von den Hasmonäern unter Johannes Hyrkanus zurückerobert. Da jedoch Jerusalem das Zentrum des jüdischen Königreiches war, wurden kaum Anstrengungen zur Entwicklung Samarias gemacht. Der König von Judäa, der sich dann fast hundert Jahre später doch um die Stadt kümmerte, war Herodes der Große. Samaria hatte er als Dank für seine Dienste vom römischen Kaiser als Geschenk erhalten, und Herodes bewies ihm im Jahre 25 v. Z. seine Dankbarkeit, indem er auch diese Stadt in sein umfassendes Bauprogramm aufnahm. Er benannte sie in Sebaste um. (Sebastos ist Griechisch für Augustus, der Name des Kaisers. Heute ist der Ort unter dem Namen Sabastiya bekannt.)

Herodes baute eine weitläufige Esplanade und einen Tempel auf dem Gipfel, dessen schimmernde Wände und Kalksteinsäulen von der Küste her sichtbar waren. Außerdem zog er um das Ganze eine neue Mauer, die runde Türme unterbrachen. Weiterhin errichtete er ein Forum, ein Stadion und andere öffentliche Bauten.

Auch der energische römische Kaiser Septimius Severus entfaltete zweihundert Jahre später eine emsige Bautätigkeit, bei der er Herodes' Bauten ein neues Aussehen verlieh. Die Tempel wurden aufgebaut, die Kolonnaden um das Stadion durch neue ersetzt, die Stadtmauern ausgebessert und das Viertel des Forums neu aufgebaut. Hinzu kam ein schönes neues Theater. Weiterhin wurden buchstäblich Hunderte von Säulen aufgestellt, die das Dach der Hauptstraße zu beiden Seiten trugen. Das Theater und viele Säulen haben sich ausgezeichnet erhalten.

Zu Beginn der byzantinischen Periode, d. h. über dreihundertundfünfzig Jahre später, verbreitete sich plötzlich die Sage — die auch schon bald feste Wurzeln schlug —, der kopflose Leichnam Johannes des Täufers sei in Sebaste begraben worden. Daraufhin

wurden zwei Kirchen errichtet: die St.-Johanneskathedrale über seinem vorgeblichen Grab an der Peripherie der Stadt und die Kirche der Auffindung des Kopfes des hl. Johannes, die neben einem Kloster beim Berggipfel steht, der bei dem "Auffinden" des fehlenden Kopfes eine Rolle spielte. Im 12. Jh. wurde die Kirche beim Gipfel neu aufgebaut. Sie enthielt jetzt eine Krypta, in der der Kopf "entdeckt" wurde. Noch immer kann man die kleinen Kreuze an den Türpfosten der Krypta am Fuß der Treppe sehen, die Pilger im Mittelalter dort einschnitzten.

Ebenfalls im 12. Jh. bauten die Kreuzfahrer die Kathedrale wieder auf. Von diesem gewaltigen Bau mit den mächtigen Steinen steht noch der größte Teil. Aus byzantinischer Zeit haben sich nur die unteren Reihen in der Nordwand erhalten. Die Kreuzfahrer beteten jedoch nicht lange in der Kathedrale. Als Saladin den Ort 1187 eroberte, wurde sie in eine Moschee verwandelt. Der muslimischen Überlieferung zufolge sind hier mehrere hebräische Propheten begraben: Sacharja, Elias und Obadja. Die Gründe dafür sind unbekannt. Auch heute ist das Gebäude noch eine Moschee.

Seit dem 12. Jh. verzeichnet die Geschichte von Sebaste nur seinen ständigen Niedergang. Die stark reduzierte Bevölkerung lebte in einem kleinen Dorf am unteren Berghang. Sein früherer Ruhm hat sich jedoch in der Pracht der Ruinen auf dem Berggipfel erhalten.

Teil der von den Kreuzfahrern rekonstruierten byzantinischen Kathedrale von Johannes dem Täufer. Das Minarett kam hinzu, als die Muslime die Kirche in eine Moschee umwandelten.

JERICHO

Jericho, das ein Straßenschild als "die älteste Stadt der Welt" anpreist, ist eine üppige Oase mit Dattelpalmen, Bananenplantagen und Orangenhainen inmitten einer sonnenverbrannten Wüstenebene 245 m unter dem Meeresspiegel. Von Jerusalem aus erreicht man es in nordöstlicher Richtung nach einer Fahrt von 45 Minuten und von der Allenby-Brücke über den Jordanfluß nach zehn Minuten. Wegen seines Wasserreichtums und seiner strategischen Lage wurde es im Altertum besiedelt — aufgrund der gleichen Vorteile war es im Laufe aller Jahrhunderte häufig ein Schlachtfeld. Da es nur 8 km von einer natürlichen Furt durch den Jordan entfernt liegt, beherrschte es ein für die Invasoren aus dem Osten wichtiges Tor ins Landesinnere.
Jericho erscheint oft in der Bibel. Am bekanntesten dürfte es jedoch wegen seiner erregenden Eroberung im 130 Jh. v. Z. durch Josua sein, von der Kapitel 6 des Buches Josua berichtet. Gelehrte haben lange das militärische Geheimnis zu entschlüsseln versucht, das im Bibelbericht über Josuas Taktiken verborgen ist. Er schickte "sieben Priester", die "sieben Posaunen tragen vor der Lade des Herrn . . . und bliesen die Posaunen . . . und die Kriegsleute gingen vor den Priestern her". Das geschah tagtäglich; sechs Tage lang "gingen sie einmal um die Stadt", voran die Kriegsleute, denen die Priester mit ihren Posaunen folgten. Dann, am siebenten Tag, "als die Morgenröte aufging, machten sie sich früh auf und zogen in derselben Weise siebenmal um die Stadt. . . . Und beim siebenten Mal, als die Priester die Posaunen bliesen, sprach Josua zum Volk: Macht ein Kriegsgeschrei. Denn der Herr hat euch die Stadt gegeben. . . . Da erhob es ein großes Kriegsgeschrei. Da fiel die Mauer um, und das Volk stieg zur Stadt hinauf . . . So eroberten sie die Stadt. . ."
Der Archäologe und Soldat, Professor Yigael Yadin, schlug die bisher einleuchtendste Erklärung vor. Wegen des täglichen Umkreisens der Mauern und der Posaunenstöße hatte die Wachsamkeit der Verteidiger nachgelassen. Als dann aus dem harmlosen täglichen Training plötzlich ein voller Angriff wurde, begleitet vom schrecklichen Lärm Tausender von schreiender Kehlen, wurden die Verteidiger völlig überrascht, und die Bollwerke fielen.
Jericho wurde dem Stamm Benjamin zugeteilt, der unter den häufigen Überfällen der Moabiter vom Ostufer des Jordanflusses aus zu leiden hatte. Eine kurze Zeitlang war die "Stadt der Palmen", wie Jericho im Buch der Richter heißt, vorübergehend von Eglon, dem König von Moab besetzt. Aber der Herr schickte Ehud, den Sohn Geras, einen Benjaminiter, der sie erlöste: er erschlug Eglon und vertrieb die Moabiter. Zur Zeit des israelitischen Königreiches gab es in Jericho allem Anschein nach eine blühende Schule der beiden großen Propheten des 9. Jhs.. Elia und Elisa. Die beiden kamen auf Elias letzter Reise an den Jordan durch Jericho. Als sie am Fluß eintrafen, "da kam ein feuriger Wagen mit feurigen Rossen . . . und Elia fuhr im Wetter gen Himmel" (2. Kön. 2, 11). Elisa hob "den Mantel auf, der Elia entfallen war", kehrte nach Jericho zurück, und bevor er weiterzog, "macht er die Quelle gesund" mit einer Schale Wasser, nachdem sich die Männer der Stadt bei ihm beklagt hatten, daß es böses Wasser sei

Einige der rekonstruierten Säulen des Hischam-Palastes aus dem 8. Jh. n. Z.

und den Boden unfruchtbar mache. Die Hauptquelle in der Stadt, aus der das Wasser heraussprudelt, heißt bis heute Elisa-Quelle.
Unter den Heimkehrern aus Babylonien im 6. und 5. Jh. v. Z. befanden sich auch "Kinder von Jericho", und viele halfen beim Aufbau Jerusalems. Die Stadt wird auch bei den Kriegen der Makkabäer gegen die Seleukiden im 2. Jh. v. Z. erwähnt. Nach der römischen Eroberung schenkte Mark Antonius seiner Kleopatra das "Juwel Jericho", die es an Herodes den Großen verpachtete. In dem prachtvollen Winterpalast, den er sich hier baute, starb er (im Jahr 4 v. Z.).
Die meisten Einwohner fielen während des großen jüdischen Aufstands (66-70 n. Z.), als die Römer Jericho eroberten. Sie befestigten es erneut und legten eine Garnisonseinheit der 10. Legion in die Stadt zum Schutz der östlichen Zugänge nach Jerusalem, die auch jüdische Verstärkungen hindern sollte, den belagerten Juden in der Hauptstadt zu Hilfe zu kommen. In den Jahrhunderten danach, und zwar zur byzantinischen und muslimischen Periode, gab es in Jericho eine sehr aktive jüdische Gemeinde, und die Überreste ihrer Synagogen sind bis heute zu sehen. Außerdem gibt es zahlreiche byzantinische Überreste von Klöstern und anderen christlichen Einrichtungen in Jericho und seiner Umgebung. Die bekannteste muslimische Stätte aus der Vergangenheit ist der eindrucksvolle Hischam-Palast, der in diesem Jahrhundert ausgegraben und kürzlich restauriert wurde. Der Beitrag der Kreuzfahrer zur Entwicklung Jerichos bestand im Anbau von Zuckerrohr und der Indigopflanze. Nach der Kreuzfahrerzeit setzte der Niedergang der Stadt ein. Im Laufe der siebenhundertfünfzig Jahre danach war Jericho kaum mehr als ein vergessenes Dorf. Noch vor fünfzig Jahren hatte es kaum mehr als dreihundert Einwohner. Als nach dem ersten Weltkrieg die Entwicklung des Nahen Ostens begann, erwachte auch Jericho zu neuem Leben, und zwar als Winterkurort vor allem der Begüterten. Im Sechstage-Krieg wurde es im Juni 1967 von der israelischen Armee erobert. Seither wurden mehrere seiner historischen Stätten restauriert und Besuchern zugänglich gemacht.
Jerichos Anspruch, die älteste Stadt der Welt zu sein, rührt von den archäologischen Ausgrabungen her, die in diesem Jahrhundert durchgeführt wurden, insbesondere die der britischen Gelehrten, Kathleen Kenyon. Etwas westlich von der Elisa-Quelle liegt der Tell es-Sultan, auf dem im Altertum Jericho lag. Heute liegt dieser künstliche Berg mehr als 15 m über der ersten Siedlung auf dem Muttergestein, denn in jeder nachfolgenden Periode bauten die Siedler auf den zerstörten Ebenen ihrer Vorgänger. In einer der untersten Schichten legte Kathleen Kenyon das jungsteinzeitliche Dorf Jericho frei einschließlich den Überresten einer gewaltigen Steinmauer, vor der ein Graben verlief. Hinter der Mauer stand ein massiver Turm aus Stein und Lehmziegeln. Ein geneigter Schacht verläuft durch den Turm, der einen Treppenaufgang mit schön gebauten Stufen umschließt, die noch heute verhältnismäßig leicht begehbar sind. Diese Überreste sind 9000 Jahre alt! Dabei sind sie noch nicht einmal die ältesten, die am Ort gefunden wurden. Darunter wurden noch zwei weitere Siedlungsebenen entdeckt, die Jericho um weitere 800 Jahre zurückversetzen, d. h. an die Grenze der mittleren Steinzeit.
Ca. einen halben Kilometer nördlich dieses Ortes liegen die Überreste einer Synagoge

Dekorative Steinmetzarbeiten im Hischam-Palast in Jericho

Mosaik im Badehaus des Hischam-Palastes

aus dem 7. Jh. mit einem wunderschön erhaltenen Mosaik. In ihrer Mitte erscheint eine Menora, der siebenarmige Leuchter, heute Symbol des Staates Israel, zusammen mit einem *Schofar* auf der einen und einem *Lulaw* auf der anderen Seite. Darunter steht die hebräische Inschrift "Schalom al Yisrael", d. h. "Friede über Israel". Das Mosaik wurde 1936 bei der Vorbereitung der Fundamente für ein neues Haus entdeckt. Der arabische Besitzer bemühte sich rührend, nicht die Synagogenruinen zu beschädigen — er baute sein Haus ein Stockwerk darüber. Das Mosaik kann heute besichtigt werden. Man erreicht es von der Straße her durch einen lieblichen Garten.

Eineinhalb Kilometer weiter im Norden liegt der schön restaurierte Palast, den der Omajjadenkalif Hischam Abdal-Malik (724-43) aus Damaskus im 8. Jh. als luxuriöse Winterresidenz errichtete. Den weitläufigen, von einer Mauer umgebenen Besitz betrat man vom Südosten her. Den Eingang flankierten zwei Türme, die zu einem von Kolonnaden gesäumten Vorhof und einem Zierteich führten. An die südwestliche Ecke schlossen sich die Wohnräume des Palastes an, die um einen mit Wandelgängen versehenen, quadratischen Hof lagen. Am nordöstlichen Flügel des Palastes stand eine Moschee, eine rechteckige Einfriedung unter freiem Himmel, außer dem *Mihrab*, den ein Spitzdach bedeckte (vom *Mihrab*, der Nische, aus leitet der Imam den Gottesdienst; er kennzeichnet die *Kibla*, die Richtung nach Mekka).

Ganz in der Nähe, auf der anderen Seite nördlich der Residenz lag das aufwendige Badehaus, ein Luxusbau, komplett mit heißen und kühlen Zimmern, einem Dampfbad, einer großen Halle mit einem Teich und einem Ruhezimmer. Das Ganze war mit Mosaiken ausgelegt, das schönste befindet sich im Ruhezimmer. Es zeigt einen zart gezeichneten Obstbaum, unter seinen Zweigen springt ein Löwe eine Gazelle an.

Möglicherweise hat in diesem prachtvollen Palast nie jemand gewohnt, denn die meisten Gebäude stürzten kurz nach ihrer Vollendung beim großen Erdbeben im Jahr 747 ein und wurden nie wieder aufgebaut. Der Sand und Staub, die sich im Laufe der Jahrhunderte am Ort angesammelt hatten, wurden bei den 1937 begonnenen Ausgrabungen entfernt. Die Restaurierung wurde durch die Tatsache erleichtert, daß die meisten Säulen und Wände noch dort lagen, wohin sie eintausendzweihundert Jahre zuvor gefallen waren. Seit Juni 1967 hat die israelische nationale Parkbehörde weitere Restaurierungsarbeiten durchgeführt, Schutt abgetragen und die Altertümer für den Besucher klar markiert.

Auch in der Umgebung von Jericho gibt es zahlreiche Ruinen aus dem Altertum aus der israelitischen, makkabäischen, herodianischen und byzantinischen Periode. Besonders faszinierend, wenn auch schwer zugänglich, sind die Klöster, die an Felshängen in der Umgebung kleben. Dieses Gebiet hatten die Frommen als Zufluchtsort gewählt. Dabei folgten sie der Tradition, derzufolge Jesus in einer Berghöhle bei Jericho vierzig Tage lang fastete.

QUMRAN

Auf einem niedrigen Berg oberhalb des nordwestlichen Ufers des Toten Meers liegen die Ruinen von Qumran, Wohnort der alten jüdischen Sekte, die ihre heiligen Schriftrollen in den fast unzugänglichen Höhlen hoch oben in den Klippen ganz in der Nähe versteckte. Die Manuskripte, in langen Tonkrügen verschlossen und dank der trockenen Luft der unter dem Meeresspiegel gelegenen Senke gut erhalten, blieben fast zweitausend Jahre lang unberührt — bis zu ihrer dramatischen Entdeckung im Jahr 1947. Aufgrund des revolutionären Niederschlags dieser Rollen vom Toten Meer auf Bibelgelehrte, Historiker und Sprachforscher begann die Suche nach dem Ort, an dem die Sekte vom Toten Meer gelebt hatte, der diese Dokumente gehörten. 1951 wurden die archäologischen Grabungen durchgeführt, und sie brachten Khirbet Qumran — die Ruinen von Qumran — ans Licht. Die Grabungsergebnisse zeigen, daß der Ort zum ersten Mal im 8. Jh. v. Z. besiedelt wurde, als er Bestandteil des Königreiches Juda war. Einige Gelehrte sind jedoch der Ansicht, daß er eventuell schon früher bewohnt war, möglicherweise als die "Salzstadt", die Kapitel 15 des Buches Josua erwähnt, das "die Städte des Stammes Juda nach der Grenze von Edom zu, im Südland" aufzählt. Vers 62 sagt: "die Salzstadt und En-Gedi". (Ein Gedi — En Gedi — liegt fast 19 km weiter unten an der Küste im Süden von Qumran).

Die ersten Angehörigen der Sekte vom Toten Meer ließen sich Ende des 2. Jhs. v. Z. noch während der Herrschaft des Hasmonäers Johannes Hyrkanus I. in Qumran nieder. In der zweiten Hälfte des Jahrhunderts wurde der Ort während Herodes' Herrschaft wieder aufgegeben, später jedoch von der gleichen Sekte neubesiedelt. Ihre Angehörigen lebten dort bis zum großen jüdischen Aufstand der Juden gegen Rom in den Jahren 66-70 n. Z. Dann fiel der Ort. Bis zum Ende des gleichen Jahrhunderts besetzte eine römische Garnison den Ort. Beim Bar-Kochba-Aufstand in den Jahren 132-35 n. Z. diente er den jüdischen Aufständischen wahrscheinlich als Versteck. Danach wurde er nicht mehr bewohnt und war bis zur großartigen Entdeckung der Schriftrollen verlassen und vergessen.

Die archäologischen Überreste, die vor nicht allzu langer Zeit von der israelischen nationalen Parkbehörde geordnet und markiert wurden, zeigen, daß die Sekte vom Toten Meer ein Gemeinschaftsleben führte. Die meisten Gelehrten identifizierten sie mit den Essenern, einer asketischen, streng religiösen Gemeinde, die häufig in zeitgenössischen und späteren Berichten auftaucht.

Am Ort zu sehen sind heute die Ruinen ihres Versammlungs- und Speisesaals, der Küche und Wäscherei, sowie ein Wachtturm, Stall, Töpfereiwerkstatt und zwei Brennöfen, ein Ofen, eine Mühle, ein Schreibzimmer für die Schreiber und sieben Zisternen. Diese Zisternen speicherten das Regenwasser, das ein Aquädukt aus den Wadis herbeileitete, von dem man im Westen noch Überreste sehen kann. Das war praktisch ihre einzige Wasserquelle in diesem trockenen Klima. Ebenfalls gefunden wurde der Schreibtisch selbst — er war 4,50 m lang — sowie die Tintenfässer, die von den Schreibern, die die Schriftrollen abschrieben, benutzt worden waren. In den Tintenfässern — eines war aus Terrakotta, das andere aus Bronze — befanden sich noch Spuren

Die Ruinen von Qumran, Sitz der Sekte vom Toten Meer, deren heilige Schriftrollen in unserem Jahrhundert entdeckt wurden.

Höhlen in den Felsen bei Qumran, in denen die Schriftrollen vom Toten Meer gefunden wurden.

trockener Tinte, die aus Lampenruß und Gummi bestand. Beim Gemeindezentrum lagen die privaten Unterkünfte der Sektenmitglieder: Hütten, Zelte und Höhlen.
Ungefähr zweieinhalb Kilometer weiter südlich, nur wenige Meter vom Rand des Toten Meers, sammelt sich das Südwasser von Ein Feshcha (En Feschcha) in einem lieblichen Teich, den hohes Gras rahmt. Wie sein Nachbar, das frische, gut bewässerte Ein Gedi (En Gedi), funkelt Ein Feshcha (En Feschcha) inmitten der Öde am Toten Meer nur so vor Grün und Leben. Hier zog die Sekte von Qumran ihr Gemüse.
Mit dem Auto erreicht man Qumran nach einer einstündigen Fahrt von Jerusalem. Seit dem Krieg im Juni 1967 ist der Ort jedem Besucher zugänglich.

BETHLEHEM

Bethlehem, ein altes Dorf im judäischen Bergland ca. 6,50 km südwestlich von Jerusalem, ist heute eine große christlich-arabische Stadt, die sich über einem Kalksteinkamm ausbreitet. Ihre Silhouette wird beherrscht von den Türmen von Kirchen, Kapellen, Klöstern und Herbergen. Denn Bethlehem ist der Ort, an dem dem Evangelium zufolge Jesus geboren wurde.
Auf den steilen Straßen und schmalen Gassen sind Mönchskutte und Nonnengewand ebenso vertraut wie Keffie und Galabiya. Die Handwerker der Stadt fertigen vorwiegend religiöse Andenken aus Olivenholz und Perlmutter an. Ihr Rhythmus ist der Rhythmus einer Stadt, in der sich täglich Besucher drängen. Das ist schon seit dem 4. Jh. n. Z. so.
Lange davor war der Ort jedoch ein kleineres Zentrum für jüdische Pilger, denn hier in Bethlehem starb im 2. Jt. v. Z. Rachel, die Lieblingsfrau des Patriarchen Jakob, und wurde hier begraben (1. Mose 35). Im Laue der Jahrhunderte suchten unzählige jüdische Pilger ihr Grab auf. Es liegt am Eingang von Bethlehem, wenn man aus Richtung Jerusalem kommt, und ist durch einen kleinen Bau mit einer weißen Kuppel gekennzeichnet. Das Monument an diesem Ort wurde schon von einem Pilger im 4. Jh. erwähnt. Spätere Berichte beschreiben es als eine Pyramide am Ort, gebildet durch zwölf Steine, die die zwölf Stämme Israels symbolisieren. Die Kreuzfahrer errichteten über dem Grab einen quadratischen Bau mit Bogen und einer Kuppel. Später vermauerten die Muslime die Bogen. 1841 erhielt Sir Moses Montefiore vom Osmanensultan die Erlaubnis zur Restaurierung dieses heiligen jüdischen Monuments, an das er eine quadratische Vorhalle anbaute. Nach dem israelischen Unabhängigkeitskrieg im Jahr 1948 wurde den Juden der Zugang zum Grab verweigert. Seit dem Sechstage-Krieg im Juni 1967 sehr das Grab Rachels wieder jedermann offen.
Darüber hinaus erscheint Bethlehem im Buch Ruth im Alten Testament. Auf den Feldern von Bethlehem, die Boss gehörten, sammelte Ruth die Ähren auf. Und ebenfalls in Bethlehem wurde gegen Ende des 11. Jhs. v. Z. König David geboren und vom Propheten Samuel zum König gesalbt (1. Sam. 16).
Am bekanntesten auf der ganzen Welt ist Bethlehem jedoch als Geburtsort Jesu. Im Jahr

Junge Pilger warten auf das Betreten von Rachels Grab

Rachels Kenotaph in Bethlehem

326 n. Z. wurde die traditionelle Geburtsstätte bestimmt, als die Mutter Konstantins des Großen, Königin Helena, das Heilige Land besuchte. Sie identifizierte die Orte, die mit den wichtigsten Ereignissen im Leben Jesu zusammenhingen, und schmückte sie mit prachtvollen Schreinen, zu deren Bau sie ihren Sohn anregte. Über einer Grotte in Bethlehem baute Konstantin die Geburtskirche, die eine der heiligsten Stätten des Christentums wurde, ein Zentrum für Pilger, des christlichen Studiums und Klosterlebens. Hier ließ sich im 4. Jh. n. Z. der große Gelehrte, der hl. Hieronymus, nieder, und hier fertigte er seine lateinische Übersetzung des Alten Testaments aus dem hebräischen Original an, die sogenannte Vulgata (die auch weiterhin die offizielle Bibelübersetzung ist, die von der römisch-katholischen Kirche benutzt wird).

Konstantins Geburtskirche bestand aus einem oktagonalen Bau über der Geburtsgrotte — einer von mehreren Höhlen am Ort — und einer angrenzenden rechteckigen Basilika. In das Felsdach der Grotte wurde eine runde Öffnung geschnitten, so daß die Besucher vom oktagonalen Heiligtum aus einen Blick auf die traditionelle Geburtsstätte und die Krippe darunter werfen konnten. Die Basilika westlich des Heiligtums wurde von vier Reihen monolithischer Säulen in Schiff und doppelte Seitenschiffe geteilt. Sie war reich mit Marmor, Mosaiken und Fresken verziert.

Ungefähr zweihundert Jahre später wurde diese Kirche stark beschädigt. Ihr ursprüngliches Aussehen ist uns aus zeitgenössischen Berichten überliefert, die eine archäologische Übersicht, in den frühen 30er Jahren durchgeführt, bestätigte. Viele Elemente wurden in die völlig neue Geburtskirche integriert, die Mitte des 6. Jhs. von Justinian I., dem byzantinischen Kaiser, gebaut wurde. An die Stelle von Konstantins oktagonalem Heiligtum trat eine vergrößerte Kapelle über der Grotte, in der tiefe Apsen im Norden und Süden genau wie heute die Querschiffe bilden. Zwei Treppen, im Norden und Süden der Kanzel, fürten zur Grotte. Die Basilika wurde in westlicher Richtung verlängert und ein Narthex oder Westportikus angebaut. Die Kolonnaden wurden neu angeordnet. Ein neuer Boden, ca. 60 cm über der Ebene des alten, wurde über dem Schutt gelegt, der die beschädigte Mosaikfläche bedeckte (Teile des konstantinischen Mosaiks kann man heute durch eine Öffnung im Boden des Schiffes sehen).

In den Jahrhunderten danach, besonders zur Kreuzfahrerzeit, aber auch in späteren Jahren, erfolgten Änderungen, Anbauten, Reparaturen und Restaurationen. Im Grunde genommen ist die heutige Geburtskirche jedoch immer noch die von Justinian gebaute. Der gepflasterte Platz vor der Basilika verdeckt einen Teil von Justinians Atrium. Statt der drei Tore in der ursprünglichen Fassade gibt es heute nur einen niedrigen Eingang, der um das Jahr 1500 verkleinert wurde, um berittene Plünderer an einer Entweihung der Kirche zu hindern. Über diesem Eingang kann man noch den Spitzbogen der Kreuzfahrer erkennen und darüber einen Teil des Sturzes von Justinians Tür. Der niedrige Eingang führt in den ursprünglichen Narthex und von dort durch eine große Holztür aus dem 13. Jh. zur Basilika, deren Säulen aus rosafarbenem Stein bestehen, die korinthische Kapitelle aus weißem Marmor krönen. Außerdem kann man in der Basilika die Wandmosaiken aus dem 12. Jh. sehen.

Die beiden Treppen bei der Kanzel, die zur Grotte hinunterführen und von Votivkerzen beleuchtet werden, treffen vor dem Geburtsaltar zusammen. Hier kennzeichnet ein von

weißem Marmor eingefaßter Stern den Ort der Geburt. Ganz in der Nähe stand die Krippe. Eine Tür am Ende der Grotte führt zu anderen Höhlen, viele davon unterirdische Kapellen. Eine, die Kapelle des hl. Hieronymus, soll Wohnzelle und Arbeitszimmer des Heiligen gewesen sein. Andere waren früher Gräber, die aus dem Fels gehauen wurden. Eines soll das Grab des hl. Hieronymus sein.
Im Laufe der Jahrhunderte gab es scharfe Konflikte zwischen den Konfessionen über die Rechte an dieser den Christen heiligen Stätte. Die Geburtskirche befand sich abwechselnd im Besitz der westlichen und der östlichen Kirche — vor allem der römisch-katholischen Franziskaner und der Griechisch-Orthodoxen. Heute sind die Rechte aller Konfessionen peinlich genau geregelt. Von den 53 Lampen in der Grotte gehören zum Beispiel 19 den Franziskanern. Der Geburtsaltar gehört den Griechen, und die Lateiner können hier keinen Gottesdienst halten. Ihnen gehört jedoch die Kapelle der Krippe — sowie die Seitenwände aus Asbest in der Geburtskrypta. Darüber hinaus besitzen die Franziskaner auch die unterirdischen Kapellen außerhalb der Grotte.
Heute gehört die Geburtskirche der griechischen Kirche. Daneben liegt im Norden die franziskanische St.-Katharinenkirche. Hier findet am Heiligen Abend die Mitternachtsmesse in Anwesenheit von Diplomaten und ansässigen Würdenträgern statt, die in die ganze Welt ausgestrahlt wird. Die St.-Katharinenkirche ist eine verhältnismäßig neue Kirche, die gegen Ende des vergangenen Jahrhunderts entstand. Sie steht jedoch auf den Resten eines Kloster aus dem 12. Jh., von dem Überreste noch im Hof zu sehen sind.
An die beiden Kirchen grenzen drei Klöster — ein franziskanisches, ein griechisches und ein armenisches — an, jedes von dicken Mauern umgeben. Die ganze Geburtsanlage sieht demnach wie eine mittelalterliche Zitadelle aus.

HERODION

Ungefähr 11 km südöstlich von Jerusalem ragt über dem judäischen Plateau unmittelbar hinter Bethlehem ein einsamer, kegelförmiger Berg mit einer stumpfen Spitze in eine Höhe von 745 m auf, der wie die Öffnung eines Vulkankraters aussieht. Wenn man zum Gipfel hinaufklettert, sieht man, daß der "Krater" vom Menschen geschaffen wurde, genau wie der obere Abschnitt des Bergs, und daß in der "Krateröffnung" die Ruinen schöner alter Gebäude liegen. Das ist Herodion, der interessante befestigte Palast, den Herodes der Große in den letzten Jahrzehnten des 1. Jhs. v. Z. baute, sowie der Ort, zu dem er nach seinem Tod in Jericho im Jahr 4 v. Z. zum Begräbnis gebracht wurde.
Herodes' Wahl dieses Ortes drängt förmlich einen Vergleich mit Masada am Rand der gleichen Einöde auf, wo er seine wichtigste judäische Festung gebaut hatte und wo seine

Architekten und Ingenieure ähnlichen Einfallsreichtum bewiesen. Beide befestigte er wahrscheinlich aus dem gleichen Grund. Herodion lag allerdings näher bei Jerusalem und konnte ihm als erste Station dienen, sollte er je vor seinen zahlreichen Feinden fliehen müssen.

Wie Masada nahmen die jüdischen Zeloten Herodion zu Beginn des großen Aufstands gegen Rom im Jahr 66 n. Z., und wie in Masada setzten die Zeloten in Herodion auch noch nach der Zerstörung Jerusalems den Kampf fort. Herodion fiel im Jahr 72 n. Z., Masada ein Jahr später.

Lange war man der Ansicht gewesen, daß Herodion danach aufgegeben wurde und nie wieder bewohnt war. 1961 wurde jedoch ein Bar-Kochba-Dokument auf Hebräisch veröffentlicht, das aus einer Höhle in Muraba'at beim Toten Meer stammte. Es war im Jahr 133 n. Z. "in dem Lager, das in Herodion ist", geschrieben. Dieses Dokument trägt das Datum "Jahr zwei der Befreiung Israels durch Simon bar Kosiba [Bar Kochba], Fürst von Israel". Aus dem Inhalt geht klar hervor, daß Herodion Bar Kochbas Männern als Lagerdepot während ihrer Rebellion gegen Rom sowie als Stützpunkt einer ihrer Einheiten diente. Bei kürzlich durchgeführten archäologischen Grabungen wurden Bar-Kochba-Münzen und Überreste einer Schmiede gefunden, in der Pfeilspitzen hergestellt wurden.

Danach wurde der Ort nur noch einmal zur byzantinischen Zeit bewohnt, und zwar von Mönchen und Einsiedlern. Die Grabungen legten einige Zellen frei, die sie auf den Ruinen Herodes' und der Zeloten gebaut hatten.

Herodes' Baupläne für Herodion waren kühn und faszinierend. Auf dem bestehenden niedrigen, natürlichen Berg errichtete er einen gewaltigen künstlichen Berg. Die Erde und Steine, die als Füllmaterial dienten, bezog er von einem benachbarten Berg. Das ganze umschloß er mit gewaltigen Stützmauern. Den runden Rand des Gipfels begrenzten Doppelmauern, in die vier mächtige Türme eingesetzt waren. Im Osten stand ein völlig runder, im Norden, Westen und Süden je ein halbrunder. Innerhalb der kratergleichen Einfriedung baute er einen prachtvollen Palast, komplett mit einem von Kolonnaden gesäumten Hof, schönen Sälen und Wohnräumen, Wasserzisternen und einem üppigen römischen Badehaus. Diesen befestigten Palast erreichte man "über zweihundert Stufen aus allerweißestem Marmor" gemäß Josephus, die am nordöstlichen Hang angelegt waren. Das Wasser wurde mit einem Aquädukt von weit entfernten Quellen herbeigeleitet.

Auch heute lohnt es sich, zum Gipfel hinaufzuklettern. Zu sehen sind immer noch die Überreste der Außenmauern und 26 Reihen des runden Turms im Osten, der noch bis zu einer Höhe von über 15 m steht. Den riesigen, rechteckigen Hof im Ostabschnitt der Einfriedung kennzeichnen immer noch zerstörte Säulen. An den Wänden der beiden angrenzenden Korridore sind noch Flecken verzierten, farbigen Stucks zu sehen. Um die Einfriedung verläuft eine schmale Straße, die den Hof von den anderen Gebäuden trennt. Hier bauten die Zeloten später etwas, was wie eine *Mikwe*, ein Ritualbad, aussieht. Im südwestlichen Abschnitt liegen die Überreste von Wohnräumen, einige mit Fresken geschmückt, und ein großer Saal. An den Wänden dieses Saals entlang stellten die Zeloten später Bänke auf, und das erinnert an die Synagoge der Zeloten in

Luftaufnahme von Herodes' befestigtem Palast in dem künstlichen "Krater" von Herodion

Der Bau über der Höhle in Machpela

HEBRON

Hebron liegt 31 km von Jerusalem in südwestlicher Richtung im judäischen Bergland. Es ist eine aus Steinen erbaute Stadt mehr als 900 m über dem Meeresspiegel, heute für ihre Obstgärten und Gärten, ihre Töpferwaren, Kupfergegenstände, aus Schaffell angefertigte Mäntel und das blaue "Hebron-Glas" bekannt. Hier lag früher die alte Stadt, die so häufig in den frühen Bibelberichten erscheint. Hier schlug der Patriarch Abraham sein Zelt auf, hier starb seine Frau Sara, und hier kaufte er für "vierhundert Lot Silber" die Grabhöhle in Machpela (1. Mose 23). In Hebron "salbten die Männer Judas" König David zum König nach dem Tod Sauls, und David herrschte "zu Hebron . . . sieben Jahre und sechs Monate", bevor er Jerusalem nahm und es zur Hauptstadt ganz Israels machte (2. Sam. 2).

Diese Bergstadt, auf halbem Weg zwischen Jerusalem und Beerscheba gelegen, war zur Zeit des jüdischen Königreiches in der ersten Hälfte des 1. Jts. v. Z. ein blühendes landwirtschaftliches Zentrum, dessen Hänge Oliven- und Feigenbäume und Weingärten bedecken. Nach der Zerstörung des Ersten Tempels und dem Exil der Juden in Babylonien erlebte Hebron im großen und ganzen die gleiche wechselvolle Geschichte wie alle anderen Stützpunkte in Juda. Es wurde von Judas Makkabi genommen; zweihundert Jahre später (kurz bevor Jerusalem an Titus fiel) von den Römern zerstört, und in byzantinischer Zeit war es kaum mehr als "ein großes Dorf". Zur muslimischen Periode erfuhr es eine bescheidene Blüte — vor allem dank seiner Verbindung mit Abraham, den die Mohammedaner als "Freund Gottes" verehren. El Chalil, was Arabisch für "der Freund" ist, ist der muslimische Name für Hebron. Als die Kreuzfahrer den Ort besetzten, nannten sie ihn "St. Abrahamsburg". Im Mittelalter war er ein Zentrum des jüdischen Gelehrtentums, eine der vier heiligen jüdischen Städte (die anderen waren Jerusalem, Safad und Tiberias), die rabbinische Gelehrte anzog. Hebron wurde berühmt für seine theologischen Akademien.

ınenraum der Gräber der Patriarchen (Höhle in Machpela) in Hebron

Bis zu unserer Zeit war Hebron das Zentrum einer frommen jüdischen Gemeinde, obwohl in der Stadt vorwiegend Araber wohnten. Während der Mandatszeit wurden 1929 jedoch viele Juden bei einem Ausbruch arabischer Gewalttätigkeit abgemetzelt. Die meisten Überlebenden fanden Zuflucht in Jerusalem. Nach dem israelischen Unabhängigkeitskrieg lag Hebron auf der jordanischen Seite der Waffenstillstandslinien, und zwanzig Jahre lang konnte kein Jude die Stadt besuchen. Am Donnerstag, dem 8. Juni 1967, dem vierten Tag des Sechstage-Kriegs, ergab sich die Stadt kampflos der israelischen Armee. Jetzt konnten Juden erneut ihre heilige Stadt betreten und ihre heiligste Stätte in Hebron aufsuchen: Abrahams Höhle in Machpela, in der der Überlieferung zufolge die Gräber der Patriarchen und ihrer Frauen liegen: Abraham und Sara, Isaak und Rebekka und Jakob und Lea. Ein siebenter Kenotaph soll einigen zufolge die letzte Ruhestätte Josephs kennzeichnen. Heute gibt es in Hebron erneut eine jüdische Gemeinde, die in einem Stadtviertel mit dem Namen Kirjath-Arba wohnt — ein weiterer biblischer Name für Hebron (1. Mose 23, 2).

Diese jüdische Grabstätte, das einzige historische Monument in Hebron, ist ein typisches Beispiel für die Umwandlung des Schreins einer alten Religion in das Heiligtum einer späteren Religion — genau wie das Tempelareal in Jerusalem. Fast zweitausend Jahre nach Abrahams Tod wurde die Stätte zur christlichen Periode eine Kirche, die nach der Geburt des Islams und der muslimischen Eroberung in eine Moschee verwandelt wurde.

Der gewaltige rechteckige Bau, der sich über der Höhle in Machpela erhebt, stammt aus dem 1. Jh. v. Z. Er besitzt Anbauten der Byzantiner, Kreuzfahrer und Mamelucken. Die Außenmauern aus mächtigen Steinquadern sind bis zur Höhe von 13 m wahrscheinlich noch herodianischen Ursprungs. Sie sind den Quadern ähnlich, die Herodes für die Stützmauern der Tempelplattform verwendete. Die Festungsmauern mit Zinnen und die beiden quadratischen Minarette an den Ecken (ursprünglich waren es vier) stammen von den Mamelucken. Die östliche Hälfte der Einfriedung ist heute eine Moschee. Davor war es eine Kreuzfahrerkirche aus dem 12. Jh., die vier Säulen in Schiff und Nebenschiffe teilten. Diese Kirche war ihrerseits auf den Überresten einer byzantinischen Basilika gebaut worden. Die Kanzel mit ihren schönen Holzschnitzereien wurde wahrscheinlich von Saladin hier aufgestellt. Ursprünglich konnte man durch ein Gitter im Boden der Moschee in die eigentliche Höhle blicken. Die Kenotaphen sollen genau über den Gräbern in der Höhle darunter stehen. Sie sind durch reich bestickte Teppiche bedeckt, auf denen fromme Inschriften auf Arabisch stehen einschließlich den Koranversen, die sich auf Abraham beziehen.

Die Einfriedung erreicht man von außen über eine steile Treppe. Noch zur Mandatszeit durfte kein Jude über die siebente Stufe hinausgehen. Mehr konnte er sich seinem alten Schrein nicht nähern. Das Verbot wurde im Juni 1967 aufgehoben. Seither haben Abertausende eine Pilgerfahrt an diese Stätte unternommen. Die Moschee ist allerdings immer noch ein muslimisches Haus der Andacht. Israel berücksichtigt die Gefühle der Muslims, indem es allen Nichtmuslimen das Betreten während der Gottesdienste untersagt. Durch getrennte Eingänge können die muslimischen Gläubigen direkt zu ihrem Gebetssaal gelangen, der in einem Teil des Gebäudes liegt und Nichtmuslime den West-

Das Sankt-Katharinenkloster im Sinai

teil betreten, in dem die Kenotaphen stehen. Dort finden auch jüdische Andachten statt. Auf diese Weise stört keiner den anderen. Diese Regelungen sind Bestandteil eines Abkommens, das die israelische Regierung mit den muslimischen religiösen Vertretern kurz nach dem Krieg von 1967 schloß.
In einer Entfernung von ungefähr eineinhalb Kilometern steht an der Straße, die von der Straße von Bethlehem nach Hebron abzweigt, eine alte Eiche, die mehr tot als lebendig ist. Eisenstangen stützen ihre Zweige. Seit dem 12. Jh. wird sie als Abrahams Eiche oder Eiche von Mamre bezeichnet. Denn nachdem Abraham sich bei Bethel von Lot getrennt hatte, "kam" er "und wohnte bei den Eichen von Mamre, die bei Hebron sind, und baute dort dem Herrn einen Altar" (die deutsche Bibel übersetzt das hebräische Wort für "Eiche" falsch als "der Hain"). Die Eiche steht auf dem Gelände der russischen Dreifaltigkeitskirche, Kloster und Herberge, die Ende des vergangenen Jahrhunderts hier gebaut wurden.

DAS SANKT-KATHARINENKLOSTER

Im Südteil der Sinai-Halbinsel liegt eine zerklüftete Gruppe von öden Granitgipfeln, von denen einige bis zu einer Höhe von 2440 m aufragen. In der frühchristlichen Zeit zog dieses wilde, abgelegene Gebiet — das jedoch mit Quellen und Oasen gesegnet ist — wegen seiner Verbindung mit Moses und den Zehn Geboten christliche Einsiedler an. Langsam entwickelte sich die Tradition, daß der von den Kindern Israel eingeschlagene Weg ins Gelobte Land nach ihrem Auszug aus Ägypten hier vorbeiführte. Einer der Gipfel wurde als der Berg Sinai identifiziert (auf Arabisch heißt er Dschebel Musa, d. h. Moses' Berg). Am Fuß des niedrigeren Hangs ganz in der Nähe baute Königin Helena, die Mutter Konstantins des Großen, im 4. Jh. n. Z. eine Kapelle an dem Ort, der als die Stätte des brennenden Busches galt, aus dem der Herr zu Moses sprach. Daneben baute sie einen befestigten Turm, in den die Einsiedler bei Gefahr flüchten konnten. Im 6. Jh. errichtete Kaiser Justinian I. einen Klosterkomplex und umgab das Ganze mit einer über 15 m hohen Mauer aus grauem Granit. Obwohl es in den Jahrhunderten danach Zerstörung, Reparaturen und Anbauten gab, ist das Sankt-Katharinenkloster, im Grunde genommen, immer noch der gleiche festungsartige Bau wie zu Justinians Zeit. Der Name verewigt das Andenken an den Märtyrertod einer Jungfrau aus Alexandria. Im Kloster wohnte stets eine sehr kleine Anzahl orthodoxer Mönche. Die heutigen Einwohner, eine Gruppe von neun, gehören der griechisch-orthodoxen Kirche an.
Heute erreicht man den Schrein mühelos und schnell dank eines Flugfeldes in der Nähe des Klosters. Es gibt täglich Flüge. Die Fahrt im Wagen oder Bus durch die nördliche Wüste und den gebirgigen Süden ist weniger bequem. In jedem Fall wird der Besucher für seine Mühe belohnt. Abgesehen von der Schönheit der Architektur und der Landschaft, ist das Kloster ein Lagerhaus historischer und sakraler Schätze, besitzt eine reiche Sammlung alter Manuskripte einschließlich den Codex syriacus, ein altsyrischer

Text des Evangeliums, der gegen 400 n. Z. geschrieben wurde. Eine der ältesten erhaltenen Bibeln ist der griechische Codex sinaiticus aus dem 4. Jh., der sich heute im British Museum befindet. Er stammt aus dem Sankt-Katharinenkloster, dem er auch seinen Namen verdankt. Das Kloster besitzt auch über zweitausend Ikonen, von denen einige noch aus dem 3. Jh. stammen. Das ist die reichste Sammlung der Welt von alten Gemälden und Mosaiken mit Gestalten Heiliger, den Ikonen der östlichen Kirche. Auf dem Klostergelände gibt es auch ein Gebeinhaus mit Schädeln und Knochen der Mönche, die in den vergangenen eintausendvierhundert Jahren im Kloster starben. Dem Kloster ist eine Pilgerherberge angeschlossen, die von den Familien eines in der Nähe lebenden Beduinenstammes bedient wird, die lange mit dem Kloster verbunden waren und ihre Nahrungsmittel von den Mönchen erhielten. Heute liefert die israelische Regierung die Nahrung.

Der Besucher kann im Kloster übernachten, um um 2 Uhr morgens während der kühlen Stunden auf den Gipfel von Dschebel Musa hinaufzusteigen und von dort aus den Sonnenaufgang über den Bergen des Südsinais zu erleben — wobei ihn die gleiche Aussicht grüßt wie schon die Kinder Israel bei ihrem Zug ins Gelobte Land vor dreitausenddreihundert Jahren.

ZEITTAFEL

PERIODE	KULTURMERKMALE, EREIGNISSE UND HERVORRAGENDE PERSONEN	ARCHÄOLOGISCHE STÄTTEN IM BUCH ERWÄHNT, AN DENEN ÜBERRESTE DER PERIODE GEFUNDEN WURDEN
PALÄOLITHIKUM (Altsteinzeit)		
Unteres Paläolithikum 600 000-100 000 v. Z.	Geröllgerätkulturen (Urmensch) Jagd Faustkeile Erste Höhlenablagerungen	Ubeidiye (Jordantal) Karmelhöhlen
Mittleres Paläolithikum 100 000-50 000 v. Z.	Galiläischer Mensch	Wadi Amud Karmelhöhlen
Oberes Paläolithikum 50 000-12 000 v. Z.	Homo sapiens	Karmelhöhlen
MESOLITHIKUM (Mittelsteinzeit) 12 000-7500 v. Z.	Beginn der Landwirtschaft Sammeln von Getreide, Hacken, Sichelscheiden und Steinmörser Beginn der plastischen Kunst	
NEOLITHIKUM (Jungsteinzeit) 7500-4000 v. Z.	Yarmuk-Kultur Ständige Siedlung Entwickelte landwirtschaftliche Dörfer Zähmung von Tieren Ständige Schreine Fruchtbarkeitskult Beginn von Töpferei gegen Ende der Periode	Schaar Hagolan Gebiet Tel Aviv Jericho
CHALKOLITHIKUM (Kupfersteinzeit) 4000-3150 v. Z.	Städte, Dörfer Runde und rechteckige Häuser Unterirdische Wohnungen Ghassul-Kultur Einführung von Kupfer Gut entwickelte Kunst—Elfenbein, Kupfer, Stein, Fresken Zweitbestattung in hausförmigen Ossarien	Unterste Schicht von Megiddo und (Beth Schean) Tel Aviv Azur Abu Ghosch Tell Gath Beerscheba Bar-Kochba-Höhlen Ein Gedi (En Gedi)

BRONZEZEIT		
Frühe Bronzezeit 3150-2200 v. Z.	Befestigte Städte Heiligtümer Kulturelle Kontakte mit Ägypten, Mesopotamien, Anatolien, Zypern	Hazor Beth Yerach Beth She'an (Schean) Megiddo Tell Gath Lachisch
Mittlere Bronzezeit 2200-1500 v. Z.	Ächtungstexte Zeitalter der Patriarchen—Abraham, Isaak, Jakob Politische und kulturelle Bande mit Ägypten Hyksos-Invasion und -Herrschaft in Kanaan und Ägypten Anfänge des piktographischen Alphabets Keramik- und Metallindustrien	Hazor Beth She'an (Schean) Megiddo Jaffa Aschkelon Lachisch
Jüngere Bronzezeit 1500-1200 v. Z.	Ägyptische Herrschaft in Kanaan mit Vasallenstadtstaaten Tell-el-Amarna-Archiv Auszug der Israeliten aus Ägypten—Moses Die Zehn Gebote Eroberung Kanaans durch israelitische Stämme—Josua Blühender Internationaler Handel Alphabetische Schrift	Hazor Beth She'an (Schean) Megiddo Jaffa Aschkelon Lachisch
EISENZEIT I 1200-922 v. Z.	Invasion der "Seevölker" — einschl. den Philistern Ansiedlung israelitischer Stämme in Kanaan Zeit der Richter—vor allem Ehud, Debora, Gideon, Jephtha, Simson Philistäische Stadtstaaten Samuel Vereinigte Monarchie (Saul, David, Salomo) 1020-922 David macht Jerusalem zur Hauptstadt Israels	Hazor Ein (En) Gev Beth She'an (Schean) Megiddo Tel Aviv (Tell Kasile—Qasila) Azur Gezer (Geser) Jerusalem Ramat Rachel Lachisch Ein (En) Gedi Salomos Bergwerk

	Salomo baut Tempel und führt Israel auf den Zenit politischer, wirtschaftlicher und kultureller Blüte Bindungen mit Phönikien	
EISENZEIT II 922-587 v. Z.	*Geteilte Monarchie: Königreiche Israel (922-722) und Juda (922-587) Die Propheten Elia, Elisa, Amos, Hosea, Jeremias I (Kap. 1-39) und Micha Fall Samarias, 722 Die Propheten Jeremias, Zephanja, Nahum, Habakuk Erstes Exil in Babylonien, 597 Der Prophet Hesekiel Zerstörung Jerusalems und des Ersten Tempels, 587 Zweites Exil in Babylonien, 587	Hazor Ein (En) Gev Megiddo Tel Aviv (Tell Kasile—Qasila Gezer (Geser) Jerusalem Ramat Rachel Lachisch Ein (En) Gedi Salomos Bergwerk
PERSISCHE PERIODE 587-332 v. Z.	Babylonische Gefangenschaft, 587-536 Der Prophet Jesaja II (Kap. 40-66) Erlaß Kyros' erlaubt Juden die Heimkehr, 538 Heimkehr der Juden aus Babylonien Serubabel, Statthalter Die Propheten Haggai und Sacharja Bau des Zweiten Tempels (gegen 515 vollendet) Die Propheten Obadja und Maleachi Juda autonome Provinz des Persischen Reiches Esra und Nehemia und Wiederaufbau der Mauern Jerusalems	Hazor Tel Aviv (Tell Kasile—Qasila) Jerusalem Ramat Rachel Aschkelon Lachisch Ein (En) Gedi

* Namen und Daten der 19 Könige von Israel und der 20 Könige von Juda erscheinen in einer getrennten Tafel.

HELLENISTISCHE PERIODE 332-63 v. Z.	Hellenistische Herrschaft im Land nach der Eroberung des Persischen Reiches durch Alexander von Makedonien (Alexander der Große), 332 Herrschaft der Ptolemäer, 312-198 Die Septuaginta Herrschaft der Seleukiden, 198-167 Makkabäischer Befreiungskampf, 167-141 Mattathias und sein Sohn, Judas Makkabi (166-160); Jonathan (160-142), Simon (142-134), Eleasar, und Johannes Neuweihung des Tempels, 164 Hasmonäische Dynastie (die Makkabäer), 141-63 (teilweise bis 37): Johannes Hyrkanus (134-104), Judas Aristobulos (104-103), Alexander Jannai (103-76), Salome-Alexandra (76-67), Aristobulos II. (67-63). Hohepriester Hyrkanus unter den Römern nach 63 zum nominalen Herrscher ernannt; die jüdische Freiheit unter Mattathias Antigonos vorübergehend wiedergewonnen (40-37) Pompeius' Eroberung (63) und Beginn römischer Herrschaft Die Weisen Hillel und Schammai	Beth Yerach Akko (Akka) Jüdische Gräber in Jerusalem Ramat Rachel Aschkelon Marescha Ein (En) Gedi
RÖMISCHE PERIODE 63 v.-324 n. Z.	Römisch-hellenistische Kultur Herodianische Dynastie (37 v.-70 n. Z.): Herodes der Große (37-4 v. Z.) Pontius Pilatus, römischer Statthalter	Galiläische Synagogen in Kapernaum, Bar'am und Khorazin Beth She'an (Schean) Beth She'arim (Schearim) Caesarea Jerusalem

	Jesus und Anfänge des Christentums Erster jüdischer Krieg gegen Rom, 66-70 n. Z. Fall Jerusalems und Zerstörung des Zweiten Tempels, 70 n. Z. Das Drama auf Masada, 73 n. Z. Jüdisches religiöses Zentrum in Yavne—Rabbi Jochanan ben Sakkei Zweiter jüdischer Krieg gegen Rom unter Bar Kochba, 132-35 n. Z. Rabbi Akiva Kaiser Hadrian ändert den Namen des Landes von Judäa in Syria Palestina (Palästina) und den Namen Jerusalems in Aelia Capitolina um Sammlung der *Mischna* — Rabbi Juda HaNasi Römische Theater Frühe Synagogen	Ramat Rachel Aschkelon Avdat Schivta Masada Bar-Kochba-Höhlen
BYZANTINISCHE PERIODE 324-640 n. Z.	Palästina Teil des Byzantinischen Reiches Bau von Synagogen Vollendung des "Jerusalemer" *Talmuds* Bau von Kirchen Hochentwickelte Mosaikkunst Persische Eroberung, 614 Rückeroberung durch Byzantium, 627 Beginn der muslimischen Eroberung, 634	Synagogen in Beth Yerach, Hammath (Tiberias), Beth She'an (Schean), Beth Alpha, Caesarea Kirchen und Klöster in Beth Yerach, Beth She'an (Schean), Beth She'arim (Schearim), Caesarea, Abu Ghosch, Jerusalem, Ramat Rachel, Avdat, Schivta
MUSLIMISCHE PERIODE 640-1099 n. Z.	Palästina wird eine unwichtige Provinz des Muslimischen Reiches Niedergang und Verarmung des Landes	Minya Tell Kasile (Qasila) Ramla Jerusalem Aschkelon

KREUZFAHRERZEIT 1099-1291 n. Z.	Entwicklung und Befestigung der Küstenstädte Bau von Burgen Die Kreuzfahrer als Feudalherren Rabbi Moses ben Maimon (Der *Ramban*, Maimonides)	Safad Hörner von Hattin Belvoir Akko (Akka) Berg Tabor Montfort Yehiam Athlit Caesarea Ramla Lod Abu Ghosch Jerusalem Aschkelon Marescha Beth Govrin
MAMELUCKENZEIT 1291-1517 n. Z.	Systematische Zerstörung der Küstenstädte Wirtschaftlicher Niedergang Vernachlässigung des Landes	Tell Kasile (Qasila) Jaffa Ramla Lod
OSMANISCHE PERIODE 1517-1917 n. Z.		Minya Tiberias Safad Akko (Akka) Jaffa Abu Ghosch Aschkelon

DIE HEBRÄISCHEN MONARCHEN

VEREINIGTE MONARCHIE

Saul	ca. 1020-1000 v. Z.
David	ca. 1000-961
Salomo	ca. 961-922

GETEILTE MONARCHIE

KÖNIGREICH VON JUDA, 922-587 v.Z.

Propheten	
	Rehabeam, 922-915
	Abia, 915-913
	Asa, 913-873
	Josaphat, 873-849
	Joram, 849-842
	Ahasja, 842
	Athalja, 842-837
	Joas, 837-800
	Amazja, 800-783
	Usia, 783-742
Jesaja	Jotham, 742-735
Micha	
	Ahas, 735-715
	Hiskia, 715-687
	Manasse, 687-642
	Amon, 642-640
Jeremias	Josia, 640-609
Zephanja	Joahas, 609
Nahum	
	Jojakim, 609-598
Habakuk	
	Jojachim, 598-597
Hesekiel	Zedekia, 597-587
	(Fall Jerusalems, 587)

KÖNIGREICH VON ISRAEL, 922-722 v. Z.

	Propheten
Jerobeam, 922,901	
Nadab, 901-900	
Baësa, 900-877	
Ela, 877-876	
Simri, 876	
Omri, 876-869	
Ahab, 869-850	
Ahasja, 850-849	Elia
Joram, 849-842	
Jehu, 842-815	Elisa
Joahas, 815-801	
Joas, 801-786	
Jerobeam II., 786-746	
Sacharja, 746-745	Amos
Schallum, 745	Hosea
Menahem, 745-738	
Pekachja, 738-732	
Pekach, 737-732	
Hosea, 732-724	
(Fall Samarias, 722)	

HINWEIS: Die Meinungen der Gelehrten über die Datierung mehrerer Regierungsperioden gehen auseinander. Die Differenzen betragen in einigen Fällen über ein Jahrzehnt. In anderen nur nur zwei oder drei Jahre. Die Autoren haben sich nach der Zeittafel des großen Bibelarchäolog W. F. Albright gerichtet.

LITERATURHINWEISE

ALLGEMEIN

F.M. Abel, *Géographie de la Palestine, I, II. Paris, 1932, 1938.*
Histoire de la Palestine, depuis la conquête d'Alexandre jusqu'à l'invasion Arabe, I. II. Paris, 1952.
S. Abramsky, *Ancien Towns in Israel. Jerusalem, 1963.*
Y. Aharoni, *The Land of the Bible. London, 1967.*
W.F. Albright, *The Archaeology of Palestine, New York (Penguin Books), 1949.*
From the Stone Age to Christianity, New York, 1957.
M. Avi-Yonah, *Historical Geography of Palestine, 3. Aufl., Jerusalem, 1963.*
M. Avi-Yonah, ed., *A History of the Holy Land. Jerusalem, 1969.*
B. Bagatti, *Plans of the Sacred Edifices of the Holy Land. Jerusalem, 1953.*
I. Ben-Zvi, *Eretz-Yisrael under Ottoman Rule. (Hebr.) Jerusalem, 1955.*
J. Bright, *A History of Israel. New York, 1960.*
C. Clermont-Ganneau, *Archaeological Researches in Palestine during the years 1873-1874. I, II. London, 1896-99. Nachdruck in Jerusalem, 1971.*
J. Comay, *Who's Who in the Old Testament. New York, 1971.*
The Hebrew Kings. New York, 1977.
C.R. Conder and H.H. Kitchener, *The Survey of Western Palestine, I, II, III. London, 1881-83.*
E.R. Goodenough, *Jewish Symbols in the Greco-Roman Period, I. New York, 1953.*
C. Enlart, *Les Monuments des Croisés dans le Royaume de Jérusalem, II. Paris, 1928.*
Josephus Flavius, *The Wars of the Jews with the Romans.*
H. Kohl und C. Watzinger, *Antike Synagogen in Galilaea. Leipzig, 1916, Nachdruck in Jerusalem, 1973.*
G. Le Strange, *Palestine under the Moslems. London, 1890.*
S.A.B. Mercer, *The Tell El-Amarna Tablets, I, II. Toronto, 1939.*
J. Parkes, *A History of Palestine from 135 A.D. to Modern Times. London, 1949.*
M. Pearlman, *The Maccabees. New York, 1974.*
G. Posner, *Princes et pays d'Asie et de Nubie. Brussels, 1940. (Material über die Ächtungstexte.)*
J. Prawer, *The Latin Kingdom of Jerusalem, New York, 1972.*
The World of the Crusaders. London, 1972.
I. Press, ed., *Encyclopaedia of Eretz-Yisrael, I, II, III, IV. (Hebr.) Jerusalem, 1946-55.*
J.B. Pritchard, ed., *Ancient Near Eastern Texts. Oxford, 1950.*
C. Roth, *Short History of the Jewish People. London, 1948.*
S. Runciman, *A History of the Crusades, I, II, III. London, 1951-55.*
George Adam Smith, *The Historical Geography of the Holy Land, London, 1894 (1. Aufl.)*
E.L. Sukenik, *Ancient Synagogues in Palestine and Greece. London, 1934.*
T. Wright, Hersgb., *Early Travels in Palestine. London, 1848.*
G.E. Wright und F.V. Filson, *The Westminster Historical Atlas to the Bible. Philadelphia, 1946.*
Y. Yadin, *The Art of Warfare in Biblical Lands. New York, 1963.*
Hersgb., *Jerusalem Revealed: Archaeology in the Holy City 1968-1974. New York, 1976.*
S. Yeivin und C.Z. Hirshberg, Hersgbs., *Eretz Kinnaroth. (Hebr.) Jerusalem, 1950.*

★

(In den folgenden Literaturhinweisen für einzelne Stätten werden einige Werke, die bereits im allgemeinen Verzeichnis erscheinen, erneut erwähnt, wenn sie besonderes Material über eine bestimmte Stätte enthalten. In solchen Fällen stehen sie an erster Stelle, und nur der Name des Verfassers ist angeführt.)

JERUSALEM

Press, *Bde. II und III.*
N. Avigad, *Ancient Monuments in the Kidron Valley. Jerusalem, 1954.*
M. Avi-Yonah, Hersgb., *The Book of Jerusalem, I. (From its origins up to the destruction of the Second Temple.) (Hebr.) Jerusalem, 1956.*
N. Avigad, *The Epitaph of a Royal Steward from Siloam Village. Jerusalem, IEJ, 1953.*
C. Clermont-Ganneau, *Les Tombeaux de David et des Rois de Juda, et le Tunnel-Aqueduct de Siloé. Paris, 1897.*
J. Comay, *The Temple of Jerusalem. London, 1975.*

H. Kendall, *Jerusalem, The City Plan — Preservation and Development during the British Mandate, 1918-48. London, 1948.*
T. Kollek und M. Pearlman, *Jerusalem, A History of Forty Centuries.* New York, *1968.*
L.A. Mayer und M. Avi-Yonah, *Concise Bibliography of Excavations in Palestine — Jerusalem. QDAP I, 1932.*
B. Mazar *in Encyclopaedia Biblica III. (Hebr.) Jerusalem, 1958.*
The Excavations in the Old City of Jerusalem near the Temple Mount. Jerusalem, IEJ, 1971.
J. Simons, *Jerusalem in the Old Testament. Leiden, 1952.*
George Adam Smith, *Jerusalem from the Earliest Times to A.D. 70, I, II. London, 1907-8.*
E.L. Sukenik und L.A. Mayer, *The Third Wall of Jerusalem. Jerusalem, 1930.*

BAR'AM

Goodenough; Khol und Watzinger; Sukenik.

HAZOR

J. Garstang, *The Site of Hazor. Annals of Archaeology and Anthropology XIV. 1927.*
Y. Yadin, *Hazor: The Rediscovery of a Great Citadel of the Bible. London, 1975.*
O. Tufnell, *Hazor, Samaria and Lachisch. PEQ 91, 1959.*

SAFAD

Conder und Kitchener *Bd. I; Press, Bd. IV.*
I. Ben Zvi, *The Jewish Fortress of the 16th Century ... in Safad. (Hebr.) BJPES X, 1943.*
J. Braslavski, *Geniza Fragments referring to Safad. (Hebr.) BJPES IX, 1942.*
E.W.G. Masterman, *Safed. PEFQst 46, 1914.*

MERON

Abel, *(Géographie), Bd. II; Goodenough:* Kohl und Watzinger; Press, *Bd. III.*
Y. Aharoni, *The Tribes of Israel in Upper Galilee. (Hebr.) Jerusalem, 1956.*

DAN

A. Biran, *Tel Dan.* In *The Biblical Archaeologist, 37, 3. Mai 1974.*
A. Biran, *Tel Dan.* In *Encyclopaedia of Archaeological Excavations in the Holy Land, I. Jerusalem, 1975.*

SEE GENEZARETH

Abel, *(Géographie), Bd. I; Eretz Kinnaroth, insbesondere die Beiträge von* D. Amiran, M. Stekelis, S. Yeivin, E.L. Sukenik und Y. Weitz.
J.G. Duncan, *The Sea of Tiberias and its Environs. PEFQst 58, 1926.*
A. Frei, *Beobachten vom See Genezareth. ZDPV IX, 1886.*
R. de Haas, *"Galilee", a Historical and Geographical Description of Lake Galilee and Surroundings. Jerusalem, 1933.*

KHORAZIN

Goodenough; Kohl und Watzinger; Sukenik.

MINYA

O. Grabar, J. Perrot, B. Ravani und Myriam Rosen: *Sondages à Khirbet el-Minyeh. IEJ 10, 1960.*
A.M. Schneider, *Hirbet El-Minje am See Genesareth. Les Annales Archéologiques de Syrie, II, 1952.*

WADI-AMUD

F. Turville-Peter, *Researches in Prehistoric Galilee 1925-6. (Mit Abschnitten von D.M. Bate und C. Bayness und einem Bericht über den galiläischen Schädel von A. Keith.) London, 1927.*

ARBEL

Abel, *(Gographie), Bd. II;* Goodenough; Kohl und Watzinger; Press, *Bd. I.*

SHA'AR HAGOLAN

M. Stekelis, *A New Neolithic Industry: The Yarmukian of Palestine. IEJ 1, 1950-51.*

SUSSITA

Abel, *(Géographie), Bd. II;* Press, *Bd. III.*

KAPERNAUM

Goodenough; Kohl und Watzinger; Sukenik.
G. Orfali, *Capharnaum et ses Ruines. Paris, 1922.*

TABGHA

A.M. Schneider, *The Church of the Multiplying of the Loaves and Fishes at Tabgha on the Lake of Gennesaret and its Mosaics. London, 1937.*

BERG DER SELIGPREISUNGEN

J.G. Duncan, *Mount of the Beatitudes. PEFQst 58, 1926.*

TIBERIAS

Abel, *(Géographie), Bd. II; Eretz Kinnaroth, particularly the contributions of* G. Landau, M. Schwabe. B. Klar, J. Barslavsky und Y.M. Toledano.
M. Avi-Yonah, *The Foundation of Tiberias. IEJ 1, 1950.*
S. Kindler, *The Coins of Tiberias. Tiberias, 1961.*
N. Slousch, *The Excavataions at Tiberias. (Hebr.) BJPES I, 1921.*
L.H. Vincent, *Les Fouilles juives d'El Hammam à Tiberiade. RB 30, 1921, und RB 31, 1922.*

BETH YERACH

P. Bar-Adon, *Sinabra and Beth Yerach in the light of the Sources and Archaeological Finds. (Hebr.) EI IV, 1956.*
P. Delougaz und R.C. Haines, *A Byzantine Church at Khirbet al-Karak. Chicago, 1960.*
B. Maisler (Mazar), M. Stekelis und M. Avi-Yonah: *The Excavations at Beth Yerach (Khirbet el-Kerak) 1944-46. IEJ 2, 1952.*

BERG TABOR

Abel, *(Géographie), Bd. I;* Conder und Kitchener, *Bd. I;* Press, *Bd. II.*
B. Meisterman, *Le Mont Thabor. Paris, 1900.*

NAZARETH

B. Bagatti, *Excavations in Nazareth. Jerusalem, 1969.*
E. Blyth, *Nazareth, A Forgotten Page in English History. PEFQst 52, 1920.*
G. Schumacher, *Das jetzige Nazareth. ZDPV XIII, 1890.*
P. Viaud, *Nazareth et ses deux églises de l'announciation et de St. Joseph d'après les fouilles récentes. Paris, 1910.*

BETH SHE'AN

Conder und Kitchener, *Bd. II.*
S. Applebaum, *The Roman Theatre of Beth She'an. BIES XXV, 1961.*
M. Avi-Yonah, *Mosaic pavements at El Hammam, Beisan. QDAP V, 1936.*
A Jewish Relief from Beth She'an. BJPES VIII, 1940.
Scypthopolis. IEJ 12, 1962.
A. Rowe, *The Topography and History of Beth Shan, I. Philadelphia, 1930.*
The Four Canaanite Temples of Beth Shan, II. Teil I. 1940.
G.M. Fitzgerald, *The Four Canaanite Temples of Beth Shan, II, Teil II.*
Beth Shan Excavations 1921-23, III: The Arab and Byzantine Levels. 1931.
A Sixth Century Monastery at Beth Shan, IV. 1939.
B. Maisler (Mazar), *The Chronology of the Beth She'an Temples. BIES XVI, 1951.*
Three contributions to "The Beth She'an Valley". (Hebr.) Jerusalem, 1962:
B. Mazar: *The Valley of Beth She'an in Biblical Times.*
S. Yeivin: *Beth She'an and its Temples in the period of Egyptian Rule.*
R. Amiram: *The Tell of Beth She'an.*

BETH ALPHA

Goodenough; Sukenik.
N. Avigad, *The mosaic pavement of the Beth Alpha synagogue and its place in the history of Jewish art. (Hebr.) Contributed to "The Beth She'an Valley". (Hebr.) Jerusalem 1962.*
E.L. Sukenik, *The Ancient Synagogue of Beth Alpha. Jerusalem, 1932.*

Beth She'arim

N. Avigad, *Excavations at Beth She'arim during 1953-1958. Jerusalem, 1959.*

B. Mazar, *Beth She'arim: Report on the Excavations during 1936-1940. (Hebr.) Jerusalem, 1957. (2. Aufl.) Gekürzte englische Fassung, 1973.*

Megiddo

P.L.O. Guy und R.M. Engberg, *Megiddo Tombs. Chicago, 1938.*

R.S. Lamon, *The Megiddo Water System. Chicago, 1935.*

R.S. Lamon und G.M. Shipton, *Megiddo I, Seasons of 1925-34. Chicago, 1939.*

G. Loud, Megiddo II, Seasons of 1935-39. *Chicago, 1948.*
The Megiddo Ivories. Chicago, 1939.

Y. Yadin, *New light on Solomon's Megiddo, Biblical Archaeologist XXIII, 1960.*
Hazor, Gezer and Megiddo in Solomon's times. (Hebr.) Contributed to "In the days of the First Temple", herausgb. von A. Malamat. Jerusalem, 1961.

Montfort

Conder und Kitchener, *Bd. I;* Prawer; Runciman, *Bd. III.*

B. Dean, *A Crusaders' Fortress in Palestine. Bulletin of the Metropolitan Museum of Art, September 1927.*

E.W.G. Masterman, *A Crusaders' Fortress in Palestine. PEFQst 60, 1928.*

Akko

Abel, *(Géographie), Bd. II;* Conder und Kitchener, *Bd. I;* Enlart, *Bd. II;* Prawer; Press, *Bd. IV;* Runciman, *Bde. II und III.*

R.G. Alderson, *Notes on Acre and some of the coast defences of Syria. London, 1844.*

C.N. Johns und M. Makhouly, *Guide to Acre. Jerusalem, 1946. 2. Aufl.*

Department for Landscaping and the Preservation of Historic Sites: *Acre, the Old City; Survey and Planning. Jerusalem, 1963.*

Z. Goldmann, *Accho.* In *Encyclopaedia of Archaeological Excavation in the Holy Land, I.* Jerusalem, 1975.

Haifa

L. Oliphant, *Haifa, or Life in Modern Palestine. Edinburgh, 1887.*

L. Schatner, *Haifa, a study in the relation of city and coast. IEJ 4, 1954.*

Z. Vilnay, *Haifa, Past and Future. (Hebr.) Tel Aviv, 1936.*

Karmel

M. Avi-Yonah, *Mount Carmel and the god of Baalbek. IEJ 2, 1951.*

Dorothy A.E. Garrod, *The Stone Age of Mount Carmel, I. Oxford, 1937.*

Th. D. McCown und A. Keith, *The Stone Age of Mount Carmel, II. Oxford, 1939.*

M. Stekelis und T. Yizraeli, *Excavations at Nahal Oren (Vorläufiger Bericht), IEJ 13, 1963.*

E. Wreschner, *Prehistoric Survey of the Carmel (Vorläufiger Bericht). (Hebr.). Beitrag in "Mitekufat Ha'even", II. Jerusalem, 1961.*

Athlit

Conder und Kitchener, *Bd. I;* Enlart, *Bd. II.*

R. Fedden und J. Thomson, *Crusader Castles, London, 1957.*

C.N. Johns, *Excavations at Pilgrim's Castle (Atlit). QDAP I, 1931; II, 1933; III, 1934; IV, 1935, V, 1936; und VI, 1938.*

Caesarea

M. Avi-Yonah, *The Synagogue of Caesarea, Preliminary Report. Bulletin III of the L.M. Rabinowitz Fund for the Exploration of Ancient Synagogues, 1960.*
A list of Priestly Courses from Caesarea. IEJ 12, 1961.

H. Hamburger, *Caesarea coin finds and the history of the city. (Hebr.) BIES XV, 1950.*

L. Kadman, *The Coins of Caesarea Maritima, Jerusalem, 1957.*

A. Reifenberg, *Caesarea: A Study in the Decline of a Town. IEJ I, 1950-51.*

S. Yeivin, *Excavations at Caesarea Maritima. Archaeology (U.S.A.) 8, 1955.*

Tel Aviv-Jaffa

F.M. Abel, *Jaffa au Moyen-Age. JPOS XX, 1946.*

M. Broshi *in Encyclopaedia Biblica III. (Hebr.) Jerusalem, 1958.*

C. Clermont-Ganneau, *Archaeological Research in Palestine 1873-1874. London, 1896.*
Y. Kaplan, *The Archaeology and History of Tel Aviv-Jaffa. (Hebr.) Tel Aviv, 1959.*
B. Mazar, *The Excavations at Tell Qasile, Preliminary Report. IEJ I, 1950-51.*
S. Tolkowski, *The Gateway of Palestine; a History of Jaffa. London, 1924.*
The Destruction of the Jewish Navy at Jaffa in the year 68 A.D. PERFQst 60, 1928.

RAMLA

Conder und Kitchener, *Bd. II;* Enlar, *Bd. II;* Press, *Bd. IV.*
S. Assaf, *Documents relating to the Jewish communities in Ramla and the Shephela. (Hebr.) BJPES VIII, 1941.*
Y. Kaplan, *Excavations at the White Mosque in Ramla. Atiqot II, Jerusalem, 1959.*
L.A. Mayer, *Muslim Religious Buildings in Israel. Jerusalem, 1950.*

LOD (Lydda)

Abel, *(Géographie), Bd. II;* Conder und Kitchener, *Bd. II;* Press, *Bd. III;* Clermont-Ganneau.
Z. Kallai *in Encyclopaedia Biblica IV. (Hebr.) Jerusalem, 1962.*
L.A. Mayer, *Muslim Religious Buildings in Israel. Jerusalem, 1950.*

GEZER

W.G. Dever, H. Darrell Lance, G.E. Wright, *Gezer I (Saison 1964-66). Jerusalem, 1970.*
W.G. Dever, H. Darrell Lance, R.G. Bullard, D.P. Cole, J.D. Seger, *Gezer II (Saison 1967-70). Jerusalem, 1974.*
W.G. Dever, *Excavations at Gezer.* In *The Biblical Archaeologist, 30, 2, ASOR. Cambridge,* Mass., Mai 1967.
W.G. Dever und andere, *Further Excavations in Gezer 1967-71.* In *The Biblical Archaeologist, 34. 4. Dezember 1971.*
H. Darrell Lance, *Gezer in Land and in History.* In *The Biblical Archaeologist, 30, 2, Mai 1967.*
R.A.S. Macalister, *The Excavation of Gezer, 1902-05 und 1907-09. London, 1912.*
J.F. Ross, *Gezer in the Tell el-Amarna Letters.* In *The Biblical Archaeologist 30, 2, Mai 1967.*

ABU GHOSH

M. Avi-Yonah, *Abu Ghosh.* In *Encyclopaedia of Archaeological Excavations in the Holy Land, I. Jerusalem, 1975.*
R. de Vaux und A.M. Steve, *Fouilles à Qaryet El-Enab, Palestine. Paris, 1950.*
J. Perrot, *Le Néolithique d'Abou Gosh. Syria XXIX, 1952.*

ASCHKELON

Conder und Kitchener, *Bd. III.*
M. Avi-Yonah und E. Ephal, *Ashkelon.* In *Encyclopaedia of Archaeological Excavations in the Holy Land, I. Jerusalem, 1975.*
U. Ben Horin, *Lady Hester Stanhope's excavations at Ashkelon in 1815. (Hebr.) BJPES XII, 1945-46.*
J. Garstang, *The Excavations at Askalon. PEFQst 53, 1921; 54, 1922; und 56, 1924.*
D. Mackenzie, *The Philistine City of Askelon. PEFQst 45, 1913.*
W.J. Phytian-Adams, *History of Ascalon, PEFQst 53, 1921.*

LACHISCH

Y. Aharoni, *Investigations at Lachish. Tel Aviv, 1975.*
N. Avigad und H. Tur-Sinai *in Encyclopaedia Biblica IV. (Hebr.) Jerusalem, 1962.*
H. Torczyner (Tur-Sinai) und andere. *Lachish I, The Lachish Letters. London, 1938.*
The Lachisch Ostraca. (Hebr.) Jerusalem, 1940.
O. Tufnell und andere. *Lachish II, The Fosse Temple. London, 1940.*
Lachish III, The Iron Age. London, 1953.
Lachish IV, The Bronze Age. London, 1958.

MARESCHA UND BETH GOVRIN

Clermont-Ganneau.
F.M. Abel, *Découvertes récentes à Beit-Djebrin. RB 33, 1924.*
F.J. Bliss und R.A.S. Macalister, *Excavations in Palestine 1898-1900. London, 1902.*
J.B. Peters und H. Thiersch, *Painted Tombs in the Necropolis of Maris (Mareshah). London, 1905.*
E.L. Sukenik, *A Synagogue Inscription from Beit Jibrin. JPOS X. 1930.*

Beerscheba

Y. Aharoni, Hersgb., *Beersheba I: Excavations at Tel Beersheba, Saison 1969-1971. Tel Aviv, 1973.*

Y. Aharoni, *Tel Beersheba.* In *Encyclopaedia of Archaeological Excavations in the Holy Land, I. Jerusalem, 1975.*

M. Dothan, *Excavations at Horvat Beter (Beersheba). Atiqot II, 1959.*

S. Hillelson, *Notes on the Tribes of Beersheba District. PEQ 69, 1937 and PEQ 70, 1938.*

J. Perrot, *The Excavations at Tell Abu Matar near Beersheba. IEJ 5, 1955.*
The Dawn of History in Southern Palestine. Archaeology (U.S.A.) 12, 1959.

Masada

M. Avi-Yonah. N. Avigad, Y. Aharoni, I. Dunayevsky, S. Guttman: *Masada, Survey and Excavations 1955-56. Jerusalem, 1957. (Auch in IEJ 7, 1957).*

Josephus, *Wars of the Jews.*

A. Schulten, *Masada. ZDPV 56, 1933.*

M. Pearlman, *The Zealots of Masada, Story of a Dig.* New York. 1967.

Y. Yadin, *Masada, Herod's Fortress and the Zealot's Last Stand.* New York, 1966.

Bar-Kochba-Höhlen

Y. Aharoni, *The Caves of Nahal Hever. Atiqot III, 1961.*

N. Avigad, Y. Aharoni, P. Bar-Adon, Y. Yadin und andere: *Judean Desert Caves: Survey and Excavations 1960. Jerusalem, 1961. (Auch in IEJ 11, 1961.)*
Survey and Excavations 1961. Jerusalem, 1962. (Auch in IEJ 12, 1962.)

P. Bar-Adon, *The Cave of the Treasure. (Hebr.) Jerusalem, 1971.*

Y. Yadin, *The Finds from the Bar Kokhba Period in the "Cave of the Letters". Jerusalem, 1963.*
Bar-Kokhba: The Rediscovery of the Legendary Hero of the Last Jewish Revolt against Imperial Rome. New York, 1971.

Ein Gedi

B. Mazar, Trude Dothan und I. Dunayevsky, *Ein Gedi, Archaeological Excavations 1961-62. Jerusalem, 1966.*

Avdat

M. Avi-Yonah und A. Negev, *A City of the Negeb, Excavations in Nabatean, Roman and Byzantine Eboda. Illustrated London News, 26.11.1960.*

N. Glueck, *Rivers in the Desert. New York, 1959.*

A. Negev, *Avdat, a Caravan Halt in the Negev. Archaeology (U.S.A.) 14, 1961.*
Nabatean Inscriptions from Avdat (Oboda), I und II. IEJ 11, 1960 und IEJ 13, 1962.

C.L. Woolley und T.E. Lawrence, *The Wilderness of Zin. PEFA III, 1914-15.*

Schivta

N. Glueck, *Rivers in the Desert. New York, 1959.*

Y. Kedar, *Ancient Agriculture at Shivta in the Negev. IEJ 7, 1957.*

C.L. Wooley und T.E. Lawrence, *The Wilderness of Zin. PEFA III, 1914-15.*

Salomos Bergwerk

N. Glueck, *The Excavations of Solomon's Seaport — Ezion Geber. The Smithsonian Report for 1941.*
Rivers in the Desert. New York 1959.
Elath and Ezion-Geber, (Hebr.) Address at Elath to the 18th Archaeological Convention, October 1962. Jerusalem, 1963.

ABKÜRZUNGEN

BASOR — *Bulletin of the American School of Oriental Research*
BIES — *Bulletin of the Israel Exploration Society. (Hebr.) Jerusalem*
BJPES — *Bulletin of the Jewish Palestine Exploration Society. (Hebr.) Jerusalem*
EI — *Eretz-Israel, archaeological, historical and geographical studies, herausgb. von der Israel Exploration Society. Jerusalem*
IEJ — *Israel Exploration Journal Jerusalem*
JPOS — *Journal of the Palestine Oriental Society. Jerusalem*
PEFA — *Palestine Exploration Fund Annual. London*
PEFQst — *Palestine Exploration Fund, Quarterly Statement, London*
PEQ — *Palestine Exploration Quarterly. London*
QDAP — *Quarterly of the Department of Antiquities in Palestine. Jerusalem*
EB — *Revue Biblique, Jerusalem und Paris*
ZDPV — *Zeitschrift des Deutschen Palästina-Vereins. Leipzig*

REGISTER

Abdal-Malik 26, 164
Abdi-Tarschi 37, 45
Abimelech 190
Abraham 11, 13, 190, 193, 196, 265
Absalom-Säule 32
Abu Ghosch 175–178
Abu Kebir 160
Ächtungstexte 11, 37 75, 89, 180
Adams, P. 184
Aelia Capitolina 16, 23
Ägypter, *siehe* Zeittafel
Ahab 45, 63, 75, 132, 192, 246
Aharoni, Yohanan 33, 186, 193, 195, 204, 211, 212, 214, 216
Ahasja 104
Ahmed al-Jazzar 122, 124, 126
Ajjalon 38, 166, 170
Akiva, Rabbi 70, 169
Akko (Akka) 88, 112, 120–128, 133, 135, 150, 160
Al-Akza-Moschee 17, 26
Albright, W. F. 171
Alexander der Große 14, 159, 246
Allenby 17, 103, 190
Amenophis II. 37, 103
Amenophis III. 170, 180
Amenophis VI. 104, 170, 180
Ami, Rabbi 70
Amon-Tempel 170
Amos 45, 132, 182
Andromeda 157
Ankündigung, Stätte der 79
Antiochos IV. Ephiphanes 14
Apollonius 141
Appelbaum, Shimon 89
Aqaba 241
Arbel 35, 58, 61
Arculf 81
Aretas IV. 228, 230
Aschdod 178, 181
Aschkelon 126, 178–184
Aschtori Haparchi 91
Assis, Rabbi 70
Assyrer 17, 91
Athlit 132, 133, 135–139
Augustus 141, 246
Avdat 224-235, 238
Avigad, Nahman 22, 23, 96, 204, 211, 214
Avi-Yonah, Michael 144, 204, 228, 236
Ayelet Haschachar 37
Azur 155

Babylonien 13, 154, 192
Babylonier, *siehe* Zeittafel
Baibars 112, 117, 144, 160, 166, 182
Bakchides, Seleukidengeneral 170, 175
Balduin I. 17, 122, 142
Balduin III. 182
Balduin IV. 122
Bar-Adon, Pesach 211, 216
Barak 38, 76, 79, 104
Bar'am 35–36
Bar Kochba 16, 35, 70, 97, 162, 169, 211, 212, 214, 216, 218, 220, 222, 254, 261
Bar-Kochba-Höhlen 211–222
Beerscheba (Beerseba) 73, 155, 164, 190–196
Benjamin von Tudela 144, 182
Bennia, Yossie, Rabbi 53
Berg der Seligpreisungen 58, 67
Berg Sinai 266
Berg Tabor 76–78, 103
Bertrandon de la Brocquière 81
Beth Alpha 93–95
Beth Govrin 189
Bethlehem 16, 185, 211, 256–259
Beth She'an (Beth Schean) 89–93
Beth She'arim (Beth Sche'arim) 96–100
Beth Yerach 58, 73
Bir Abu Matar 195–197
Biran, Avraham 75
Bir el-Ibrahim 195
Bir es-Safadi 195–196
Boas 256
Burdsch es-Sultan 128
Byzantinische Stätten, *siehe* Zeittafel

Caesarea 126, 133, 140–154
Caracalla 35
Chagall, Marc 34
Chan el Afrandsch 128
Chan el Umdan 126
Chan es-Schawarda 128
Château du Roi 112
Chorazin, *siehe* Khorazin 58
Clermont-Ganneau, Charles, 162, 170
Codex sinaiticus 142, 267
Codex syriacus 266
Coenaculum 30
Colt, Harris Dunscombe 228, 238

Daliyat HaCarmel 133
Dan 73–76
David 10, 11, 13, 17, 30, 63, 91, 107, 154–156, 170, 175, 181, 185, 233, 263

Debora 38, 76, 104
Degania 57
Dekapolis 63, 88, 91
Deutschritterorden (Deutschherren) 112, 117
Dever, W. G. 172, 173
Diokletian 228
Diospolis, *siehe* Lod 169
Dormitio-Kirche und-Kloster 30
Dothan, Moshe 71
Ein Avdat (En Avdat) 226
Ein Gedi (En Gedi) 211, 214, 216, 218, 220, 222, 223–224, 256
Ein Gev (En Gev) 58, 61, 63
Ein Karem (En Kerem) 34
El-Amarna, *siehe* El-Amarna-Archive
El-Amarna-Archive (Tell el-Amarna-Briefe) 37, 45, 89, 104, 157, 170, 180
Elath 226, 228, 241, 244
Eleasar ben Yair 200, 201, 204
Elia 78, 132, 133, 192, 249
Elisa 79, 249
Emmaus 177
Esdralon, *siehe* auch Jersrael 79, 103
Esra 10, 13, 159, 160, 168
Eusebius 142
Even-Ari, Michael 226, 239
Ezjon-Geber 242

Farchi, Chaim 124
Felsendom 17, 25, 26, 139, 164
Fisher, C. S. 89, 103
FitzGerald, G. M. 89
Frova, Antonio 144

Galiläischer Mensch 60
Gallus 97, 150
Garstang, John 40, 45, 184
Garten Gethsemane 31
Gath 181, 185
Geburtsgrotte 258
Gezer (Geser) 38, 43, 104, 107, 108, 170–175, 181
Gezer-(Geser-) Kalender 171
Gezer-(Geser-) Tonscherbe 171
Ghassul-Kultur 196
Gibbon 112
Gideon 79
Gihonquelle 32
Gilboa, Berg 89
Givat Hamitbachayim 155/156
Givat Rehov Habaschan 155
Glueck, Nelson 172, 224, 242, 244
Grab der Benei Hezir 32
Grab des hl. Hieronymus 259
Grab des Josaphat 32
Grab der Patriarchen 265
Grab der Tabea 162
Gutman, Shmaryahu 204
Guy, P. L. O. 103

Ha'Ari, *siehe* Luria, Rabbi Isaak 50
Habakuk 10
Hadrian 16, 17, 220
Haggai 10
Haifa 120, 132–133
Hammath, *siehe* Tiberias 71
Harmagedon, *siehe* Megiddo 104
Harvard Semitic Museum 172
Hasmonäer, *siehe* Zeittafel
Hazor 37–48, 89, 104, 107, 170, 172, 173
Hebrew Union College 172, 173
Hebron 263–266
Hefzibah 93
Hellenistische Stätten, *siehe* Zeittafel
Hermonberg 73
Herodes 14, 16, 22, 27, 30, 61, 67, 141, 142, 144, 150, 182, 188, 197, 198, 208, 228, 246, 254, 259, 261, 263, 265
Herodes Antipas 67, 71, 228
Herodes Agrippa I. 142
Herodes' Grab 33
Herodion 259–263
Hesekiel 107
Hillel 54
Hinnomtal 28, 192
Hippos, *siehe* Sussita (Susita) 63
Hischam-Palast 250
Hiskia 10, 32
Höhle der Briefe 218, 220
Höhle des Teiches 214
Horam, König von Gezer (Geser) 170
Hörner von Hattin 48, 61, 112, 144
Hospitaliter 111, 112
Hurva-Synagoge 28
Hyksos-Stätten, *siehe* Zeittafel
Hyrkanus, Johannes 91, 170, 188, 246, 254
Hyrkanus, Rabbi Eleasar ben 169
Ibrahim Pascha 124, 136, 182
Isaak 13, 26, 94, 190, 193
Isebel 79, 132, 192

Isifia 133, 135
Israel-Museum 33
Jaffa 111, 124, 150, 154–163, 166, 170
Jakob 190, 256, 265
Jannai, Alexander, 73, 141, 162, 197
Jehu 79
Jephtha 63
Jeremeia 10, 186
Jericho 31, 249–253
Jerobeam I. 75
Jerobeam II. 45, 75, 108
Jerusalem 10–34, 135, 166, 168, 170, 175, 177, 178, 186, 189, 200, 210, 212, 223, 244–246, 259, 265
Jesaja 10, 20, 132, 212
Jesreel 38, 89, 93, 103, 132
Jesus 10, 16, 27, 30, 33, 60, 65, 66, 67, 76, 79, 84, 166, 177, 256
Jochanan ben Sakkai 70
Hochanan-ben-Sakkai-Synagogen 28
Jochanan HaSandlar 54
Johannes der Täufer 34, 248
Johannes-Kloster 34
Johannes von Gischala 60
Jojakim 33
Jona 159
Jonathan (der Hasmonäer) 38, 159, 170, 197
Jopa, *siehe* Jaffa 141, 156, 157, 159, 160, 162
Jordanfluß 58, 73, 249
Josephus 20, 33, 53, 57, 60, 76, 96, 141, 152, 182, 184, 197, 200–204, 208, 261, 263
Josia 79, 104, 223
Josua 11, 89, 104, 168, 170, 185, 190, 249
Juda HaNasi 96, 100
Juda Makkabi 10, 14, 61, 91, 159, 162, 170, 188, 263
Judin, Burg 117
Jupiter Capitolinus 16
Justinian I. 94, 258, 226
Kabbalisten 50, 54–56
Kfar Kana 89
Kana in Galiläa, *siehe* Kafr Kana, 88
Kanaanäische Stätten, *siehe* Zeittafel
Kapernaum 35, 58, 65–66, 97
Kaplan, Yaacov 155–157, 160
Karmel 132–134, 135
Karo, Yosef, Rabbi 50, 52
Kefar Nahum, *siehe* Kapernaum 65
Kenyon, Kathleen 250
Khirbet el Bitar 195
Khorazin 35, 58
Kidrontal 28, 31, 32
Kirjath-Jearim, *siehe* Abu Ghosch 175
Kleopatra 250
Kloster der Dormitio-Abtei 30
Konstantin der Große 16, 20, 25, 94, 142, 168, 258, 266
Konstantin II. 169
Kreuzfahrerorden, *siehe* Hospitaliter, Tempelritter und Deutschherren
Kreuzfahrerstätten, *siehe* Zeittafel
Kreuzkloster 33
Krypta des hl. Johannes 126
Kyros 13

Lachisch 170, 185–189
Lawrence, T. E. 238
Layard, A. H. 186
Link, Edwin 144
Lod (Lydda) 164, 168–169
Loud, G. 103
Ludwig IX. von Frankreich 144
Luria, Rabbi Isaak 50
Lusignan, Guy von 122

Macalister, R. A. S. 171, 172, 173, 175
Magdala (Migdal) 58, 60
Maimonides, *siehe* Moses ben Maimon 17, 70
Maleachi 10
Mamelucken 17, 26, 157
Marescha (Marisa) 186, 188–189
Maria 31, 34, 79, 81, 84
Maria Magdalena 60
Mariamne 198
Mari-Briefe 37
Marienbrunnen 84
Masada 16, 197–210, 261, 263
Mattathias 14, 198
Mattathias Antigonos 61, 198
Maundeville, John 81
Maundrell, Henry 81
Mazar, Benjamin 19, 20, 22, 63, 96, 155, 156, 223
Megiddo 38, 40, 43, 89, 103–110, 170, 172, 173
Me'iliya 111, 112, 116
Meir Baal Haness, Rabbi 70
Merenptah (Pharao) 92, 170, 181
Meron 35, 50, 54–56
Moab 197, 249
Montefiore, Moses 18, 256
Montfort 111–117
Moses 266
Moses ben Maimon (Maimonides, Rambam) 17, 70

Muhraka 132, 133
Mischna, die 70, 96
Nabatäische Stätten, *siehe* Zeittafel
Nachmanides-Synagoge 28
Napoleon 122, 133, 154, 155, 160, 166
Nazareth 16, 65, 79–88
Neandertaler 60, 132
Nebukadnezar 13, 33, 186, 188
Negev, Avraham 89, 144, 150, 228
Nehemia 10, 13, 22, 160, 168, 192
Newcombe 238
Nisan-Bek-Synagoge 28

Obadja 248
Obodas II. 228
Ofer, Zvi 195
Ölberg 31, 97
Omri 63, 244, 246
Origenes 142

Palästina 16, 17, 35, 58, 97, 120, 124, 135, 164, 220
Palestine Exploration Fund 171
Palmer 228
Pekach 45
Perrot, Jean 156, 195, 196
Perser, *siehe* Zeittafel
Philipp Augustus, König von Frankreich 122
Philister 89, 91, 156, 175, 181, 182
Phöniker 141, 156
Pilgerburg, *siehe* Athlit 135, 138, 139
Plinius 223
Pococke, Bischof 139
Pompeius 141, 188
Pontius Pilatus 16, 27, 152, 154
Ptolemäer 14
Ptolemais, *siehe* Akko (Akka) 120

Qumran 23, 211, 224, 254–256

Rachels Grab 256
Ramat Rachel 33
Ramla 164–168
Ramses II. 89, 92, 160, 181
Ramses III. 92
Rehabeam 185, 188
Richard Löwenherz, König von England 70, 122, 159
Rivlin, Yosef 18
Robinson, Edward 238
Rockefeller Museum 32, 92, 189, 246
Roth, Cecil 50
Rowe, A. 89, 171
Ruth 256

Sacharja (Zacharia) 10, 32, 248
Saewulf 81
Safed 30, 48–53, 263
Saladin (Salah ad-Din) 17, 26, 61, 70, 112, 122, 144, 159, 164, 189, 248, 265
Salmanasser III. 63
Salomo 10, 13, 26, 38, 40, 45, 63, 75, 104, 107, 108, 120, 132, 154, 155–157, 170, 171, 172, 173, 223, 243, 244
Salomos Bergwerk 241–244
"Salomos Säulen" 241–244
Saltus Domini (Berg des Sprungs des Herrn) 88
Samaria 40, 103, 244–248
Sanhedria, Nekropolis 32
Sankt-Katharinenkloster 266–267
Sara 263, 265
Sarazenen 17, 81, 122, 144, 164
Sargon II. 246
Saul 79, 89, 91, 170, 181, 192, 223, 263
Scha'ar Hagolan 58, 61
Schammai 54
Schischak (Pharao) 173
Schivta 236–241
Schriftrollen vom Toten Meer 33, 211, 212, 224, 254
"Schulchan Aruch" 50
Schumacher, G. 103, 108
S'dom (Sodom) 197
Sebaste 244–248
See Genezareth 35, 37, 48, 57–65
Seger, J. D. 172
Seldschuken 17
Seleukiden 14, 17
Septimius Severus 35, 169, 189, 246
Serubabel 156
Sethos I. 37, 89, 92
Silva, Flavius 200–201
Simon bar Jochai, Rabbi 50, 54, 56
Simon der Makkabäer 170
Sisera 76, 104
Skopusberg 31
Skythopolis 91
Smith, George Adam 57, 79, 88, 132
Smithsonian Institution 172
Sohar ("Buch des Glanzes") 53
Starkenberg, *siehe* Montfort 112

Starkey, J. L. 185, 186
Stekelis, M. 60, 61
Sukenik, E. L. 35, 93, 154–155, 160, 211
Suleiman (Kalif) 164, 168
Sussita (Susita) 58, 63
Suzuki, Hitashi 60
Synedrium 32, 96

Taanach 38, 104
Tabgha 58, 55–67
Talmud 53, 70, 91, 96–97, 222
Tarfon, Rabbi 169
Tell Aviv–Jaffa 154–162, 178
Tell ed-Duweir, *siehe* Lachisch 185
Tell el-Amarna, *siehe* El-Amarna-Archive
Tell el-Hosn, *siehe* Beth She'an (Beth Schean) 89
Tell el Jerischa (Tell Gerisa) 154, 155, 160
Tell es-Sultan 250
Tell Kasile (Tell Qasila) 156–157
Tell Kudadi (Tell Qudadi) 155
Tempel (erster) 13, 19, 107, 156, 157, 175
Tempel (zweiter) 13, 14–15, 18, 19, 20, 60, 61, 73, 133, 142, 159, 175, 211
Tempelritter 26, 111, 112, 117, 135–136, 139
Thutmosis III. 37, 75, 89, 103, 157, 170
Tiberias 57, 67–71, 169, 228, 263
Tiglatpileser III. 38, 40, 45, 63, 156, 170, 173
Timna 242–244
Titus 16, 19, 20, 25, 61, 142, 263
Totes Meer 31, 197, 211, 222, 223, 241, 254–256, 261
Türkische Stätten, *siehe* Zeittafel

Ubeidiye 60

Venus 16
Vespasian 16, 61, 142
Via Dolorosa 27
Via Maris 170

Wadi Amud 58, 60
Watanabi, Hitoshi 60
West-("Klage-")Mauer 13, 16, 18, 19, 20, 28, 30
Wooley, C. L. 238
Wright, G. E. 172

Yadin, Yigael 38, 42, 45, 46, 108, 173, 206, 208, 210, 211, 212, 218, 220–222, 249
Yavne (Yabne) 70
Yehiam 117
Yeivin, S. 155
Yeivin, Z. 58
Yellin, David 18

Zedekia 186
Zephaniah 182
Zion 11, 13, 17
Zionsberg 30, 31
Zuri, Nehemiah 89

Die folgenden gaben ihre freundliche Genehmigung zur Reproduktion zahlreicher Abbildungen in diesem Band:
The Oriental Institute, University of Chicago
National Parks Authority
Israel Government Department of Antiquities
Israel Government Press Office
Israel Government Tourist Corporation
The Hebrew University, Jerusalem

Die übrigen Bilder wurden aufgenommen von:
A. Pratelli, Mailand
Werner Braun
I. Bochenek, Tel-Aviv
P. Csasznik, Jerusalem
E. Glass
P. Gross, Tel-Aviv
David Harris, Jerusalem
E. Ilani, Jerusalem
Mirlin-Yaron, Tel-Aviv
Israel Press Photographers Association
"Pri-Or", Tel-Aviv
J. Schweig, Jerusalem
A. Strajmayster
A. Volk, Jerusalem